Familienbande

Herausgegeben von Claudio Gallio

W0174793

BASTEI
LÜBBE

Aus der Reihe *Familienbande* sind bei Bastei Lübbe
Taschenbücher lieferbar:

61516 Die Krupps
61517 Die Wagners
61526 Die Kennedys
61527 Die Fondas
61537 Die Allendes
61538 Die Guccis
61550 Die Quandts
61562 Die Agnellis
61563 Die Burdas
61571 Die Thyssens
61572 Die Mohns

Über den Autor:
Thomas Rother, jahrzehntelang Redakteur bei der *Westdeutschen Allgemeinen Zeitung,* lebt als Schriftsteller und bildender Künstler in Essen. Für seine künstlerische und schriftstellerische Arbeit erhielt er zahlreiche Preise und Auszeichnungen, u.a. den Luise-Rinser-Preis 1981 und den Kulturpreis der Evangelischen Kirche des Rheinlandes für seine Ausstellung »OST« zum Thema Zwangsarbeit im Nationalsozialismus. In der Reihe FAMILIEN-BANDE erschien von ihm: *Die Krupps. Durch fünf Generationen Stahl.*

Thomas Rother

Die
Thyssens

Tragödie
der Stahlbarone

BASTEI LÜBBE TASCHENBUCH
Band 61571

1. Auflage: September 2005

Vollständige Taschenbuchausgabe

Bastei Lübbe Taschenbücher in der Verlagsgruppe Lübbe

Copyright © 2003 by
Campus Verlag GmbH, Frankfurt/Main
Lizenzausgabe: Verlagsgruppe Lübbe GmbH & Co. KG,
Bergisch Gladbach
Titelbild: Getty Images Deutschland, München
Umschlaggestaltung: Tanja Østlyngen
Satz: Presse- und Verlagsservice, Erding
Druck und Verarbeitung: Ebner & Spiegel, Ulm
Printed in Germany
ISBN 3-404-61571-9

Sie finden uns im Internet unter
www.luebbe.de

Der Preis dieses Bandes versteht sich einschließlich
der gesetzlichen Mehrwertsteuer.

Inhalt

Prolog:
Griechische Tragödien an Rhein und Ruhr 7

TEIL EINS
Der Gründer *(August Thyssen, 1842 – 1926)*

1. Der Mythos verbindet die Erben nur wenig:
Der Familienname 21

2. Schlösser aus flüssigem Metall:
Das Familienunternehmen 32

3. Landsberg, Rodin und die Sammelleidenschaft:
Der Familienbrauch 58

TEIL ZWEI
Der Sohn *(Fritz Thyssen, 1873 – 1951)*

4. Erst vertraut, dann verfolgt:
Nationalsozialismus und Zweiter Weltkrieg 79

5. Vom Kanzler wärmstens empfohlen:
Die Fritz Thyssen Stiftung 126

6. Schwägerinnen vor Gericht:
Der Erbstreit 141

TEIL DREI
Der Enkel *(Hans Heinrich Thyssen-Bornemisza, 1921 – 2002)*

7. Ungarische Hochzeit mit Folgen:
Der Baron 149

8. Vom Stahlerben zum Kunst-Tycoon:
Der Sammler 157

Zeittafel 214

Register 222

Literatur 231

Danksagung 236

Bildnachweise 237

Stammbaum 238

Prolog:
Griechische Tragödien an Rhein und Ruhr

Stahl und Eisen, Kohle und Geld. Zur Gründerzeit steht der Westen Deutschlands mit voller Kraft unter Dampf. »Kohlen für die Dampfmaschinen, Dampfmaschinen für Fabriken und Bergwerke, Eisenbahnen für den Kohlentransport, Kohlen für Lokomotiven, Eisen und Stahl für Schienen und Maschinen, Kohle, um Eisen und Stahl zu gewinnen, Eisen für die Kohlenschächte, mehr Kohle dank Eisen und Maschinen, mehr Eisen und Maschinen dank vermehrter Kohle ...« Ein schier unendliches und verzahntes Getriebe zerrt und treibt um 1900 das Land an Rhein und Ruhr vorwärts. Ein wildes und turbulentes Stück deutscher Geschichte. Mittendrin leben als Antreiber wie als Getriebene die Mitglieder einer Familie, die in diesen umwälzenden Jahrzehnten deutsche Wirtschaft, Geld und Einfluss mit wenigen anderen herausragend repräsentieren: die Thyssens.

Im brodelnden Hexenkessel des rheinisch-westfälischen Industriereviers, dem heutigen Ruhrgebiet, wie ihn Schriftsteller Wolf Schneider sieht, leben und wirken Anfang des 20. Jahrhunderts drei Familien auf Tuchfühlung miteinander in den Städten Essen und Mülheim an der Ruhr: Krupp, Stinnes und Thyssen. Dieser Landstrich ist »im Begriff, sich von einer bäuerlich-bürgerlichen Gesellschaft in eine Industriegesellschaft mit Eisenbahn und Dampfschiff, mit Bergbau und Fabriken, mit Aktiengesellschaften und Bankhäusern zu verwandeln«, formuliert der Historiker Wilhelm Treue. 1826 hatte Fürst von Pückler-Muskau noch einen weitaus sanfteren Landstrich vorgefunden. Auf der Rückreise von einem Goethe-Besuch in Weimar fuhr er durch das Ruhrtal und verliebte sich in diesen Flecken Erde: »Die Gegenden, durch welche mein Weg führte, gehörten einer angenehmen und sanften Natur an, besonders bei Stehlen an der Ruhr, ein Ort für den gemacht, der sich vom Getümmel des Lebens in heitere Einsamkeit zurückzuziehen wünscht. Nicht sattsehen konnte ich mich an der saftiggrünen Vegetation, den prachtvollen Eichen- und Buchenwäldern, die rechts und links die Berge krönen, zuweilen sich über die Straße hinzogen, dann wieder in die Ferne zurückwichen, aber überall den fruchtbarsten Boden bekränzten, braun und rot schattiert, wo er frisch beackert war, hell- und dunkelgrün schimmernd, wo junge Untersaat und frischer Klee ihn bedeckten. Jedes Dorf umgibt ein Hain schön belaubter Bäume, und nichts übertrifft die Üppigkeit der Wiesen, durch welche sich die Ruhr in seltsamsten Krümmungen schlängelt. Ich dachte lachend, daß, wenn einem prophezeit würde, an der Ruhr zu sterben, er sich hier niederlassen müsse, um auf angenehme Weise die Prophezeiung zugleich zu erfüllen und zu entkräften.«

Anfang des 19. Jahrhunderts leben in diesem von Feldern und Wäldern, von Dörfern und wenigen kleinen Städten geprägten unbekannten Land gerade mal 150 000 Menschen. Hundert Jahre später sind es zehnmal so viele. Die großen Gründerfamilien Thyssen, Stinnes, Krupp & Co. haben zweifellos entscheidenden Anteil daran. Doch Stinnes' Bedeutung vergeht im Laufe mehrerer Jahrzehnte. Jene von Krupp und Thyssen ist langlebiger, und schon zu ihren Lebzeiten sind diese Namen außer mit Kohle und Stahl mit Geld, mit unermesslichem Reichtum verbunden. Aber auch mit Glück?

Selbstredend mit dem Glück des Tüchtigen. Doch war Gründer August Thyssen auch ein glücklicher Mensch? Ein erfolgreiches Leben hatte er zweifellos, doch ein zufriedenes ...? In vielen Unternehmerfamilien ereignet sich, als wären sie besonders anfällig für Umstände im Stil griechischer Tragödien, Katastrophales. Gerade bei den Thyssens häufen sich Familienstreit und Unglücklichsein – von Streit um Geld, Ehebruch, gestörten Vater-Sohn-Verhältnissen, Flucht und anderen Unsäglichkeiten wird zu berichten sein. Nicht nur jede Menge Kohle, Eisen, Stahl und erlesene Kunst sind die bestimmenden Faktoren im Leben der vier Generationen Thyssen. Um Millionen und Milliarden geht es oft – hier liegt die Quelle des Streites.

Bei Thyssen wird auch von Politik die Rede sein, vom Komplott der Mächtigen der Industrie mit den Mächtigen der Politik. Zwar ließe sich bei ihnen wie bei anderen Familien aus dem Ruhrgebiet auch deren Welt als »Wille zum Stahl« definieren. Doch während bei den Krupps beispielsweise Biografien und Historie, Familie und Firma, Menschen und Maschinen kaum voneinander zu trennen sind, wirken sich bei den Thyssens schon in der zweiten Generation so unterschiedliche Interessen aus, dass sie nicht allein nur auf Stahl als den alleinigen Nenner festzulegen wären.

»Die Lebensläufe, die sich an die einzelnen Namen knüpften, waren in vielen Fällen nervenpeitschender als mancher Roman«, schrieb Anfang der 1950er Jahre Edgar Bissinger über Gründer und Erben. Ein Beispiel: Mit Hugo Stinnes, dem 28 Jahre Jüngeren, gründet August Thyssen 1897 die Rheinische Bank Essen, 1899 dann die Lothringische Saar-Mosel Bergwerksgesellschaft, 1902 den Mülheimer Bergwerksverein, 1904 die Rheinisch-Westfälischen Elektrizitätswerke (RWE). Bergwerke, Reedereien, Papier- und Zellstofffabriken, Erdölunternehmen und Handelsketten und mehr nennt Stinnes sein Eigen. Stinnes' Reichtum regt sogar zum Reimen an. »Alles hat er schon am Bandel/ Autos, Werften, Kohlenhandel,/ Grandhotels, Parteien, Minister,/ Alles schluckt er, alles frißt er,/ Von dem Rohstoff bis zur Zeitung/ Alles unter seiner Leitung.« Lange arbeiten beide erfolgreich zusammen: Stinnes als aktiver Sanierer aufgekaufter Betriebe, Thyssen als Geldgeber, der durch Aktienkäufe seinen Konzern absichert. 1900 haben sie sieben Steinkohlen-Tiefbauanlagen mit mehr als 90 Koksöfen und zwei Brikettfabriken im Ruhrgebiet »zusammengetragen«.

Zehn Jahre später kommt es zum Bruch, der etwas von der Freundschaft unter Großunternehmern erzählt. Stinnes hält an einem Kanalbauprojekt fest, das wirtschaftliche Interessen von Thyssen beschneidet. Stinnes hat Thyssen nicht in die Pläne eingeweiht, die Ruhr so auszubauen, dass sie auch von größeren Transportschiffen befahren werden kann. Die Friedrich-Wilhelms-Hütte von Stinnes liegt an der Ruhr. Thyssen, dessen Hütten nicht am Flusslauf stehen, fürchtet eine einseitige Förderung des Konkurrenzunternehmens. Er geht mit seinem Protest an die Öffentlichkeit: Vor der Mülheimer Stadtverordnetenversammlung wendet er sich gegen den Ausbau. Ohne Erfolg. Thyssen verlässt die Versammlung still, besucht sie nie wieder. Was den Älteren obendrein aufbringt: Heimlich sichert sich Stinnes die erforderlichen Ratsstimmen – Ende des erfolgreichen Kapitalistengespanns. Ein Biograf meint beschönigend, Thyssen habe Stinnes nicht diese bessere Ausgangsposition geneidet, vielmehr hätte er wohl mit seinem Gerechtigkeitssinn nicht akzeptieren können, »... dass der Vorteil für einen Einzelnen auf Kosten des Gemeinwesen erreicht werden sollte«.

Etwa 15 Jahre später scheidet der Tod die beiden Industriellen. Stinnes, »der König von der Ruhr«, stirbt 1924 – zwei Jahre vor Thyssen. Das Milliardenreich von Hugo Stinnes, in den zwanziger Jahren des 20. Jahrhunderts so groß, dass Zeitgenossen selbst Petrus davor warnen, Stinnes werde den Himmel aufkaufen, verlischt vor Gericht. Der Sohn, gleichfalls den Namen des Vaters Hugo tragend, geht am Krückstock, als er 1973 buchstäblich auf der Arme-Sünder-Bank sitzt und, mittellos vom Geld seiner Frau lebend, Armenrecht in Anspruch nehmen muss.

Ähnlich wirkt Dr. Fritz Thyssen, erstgeborener Sohn des Gründers August Thyssen, von August bis Oktober 1948 auf fotografischen Dokumenten von seinem Entnazifizierungsprozess. Da sitzt ein ausgezehrter alter Mann, hält sich wie einst Stinnes am Krückstock fest mit gequältem und angewidertem Gesichtsausdruck, wartet nach acht Jahren Nazi- und Alliiertenhaft vor dem Entnazifizierungstribunal auf das Urteil, das ihn entweder zu einem der Finanziers Hitlers oder nur zu einem Mitläufer stempeln wird. Wenige Tage vor Beginn seines Verfahrens geht ein anderer Prozess zu Ende. Alfried Krupp von Bohlen und Halbach, Sohn des Dr. Gustav Krupp von Bohlen und Halbach, wird in Nürnberg von einem Siegergericht zu zwölf Jahren Gefängnis und zur Einziehung seines gesamten Vermögens verurteilt. Sollte im Herbst 1948 der 74-jährige Dr. Fritz Thyssen als Vorzeigeindustrieller für die unheilvolle Allianz von Wirtschaft und Politik während der Naziherrschaft herhalten? Oder ist der 41-jährige Krupp die idealere Gestalt, um Naziherrschaft plus Wirtschaftsherrschaft in einer Person von einem amerikanischen Militärgericht verurteilen zu lassen? Eines haben der Alte und der Jüngere gemeinsam: Ihren Besitz und ihr Geld werden sie später zurückgewinnen. Als kein Träger dieser beiden Namen mehr in den Unternehmen mitmischt, werden die Familiennamen Ende des 20. Jahrhunderts verbunden: ThyssenKrupp. Der Bogen der Thyssens spannt sich über die Ringe der Krupps. Ein Kreis, um beide geschlagen, soll wohl die Wirtschaftsehe signalisieren, doch nun muten die Symbole beider Familien wie das verunglückte Logo einer Wäschemarke an.

Die Träger der Markennamen waren jedenfalls nicht immer so hart wie ihr Stahl: Als Sohn reicher Eltern startet Firmengründer Friedrich Krupp ins Berufsleben und endet 1826, nicht einmal vierzigjährig, erfolglos, nahezu verarmt. Der unmündige 14-jährige Sohn übernimmt den Betrieb, wird später zum legendären

Alfred, steigt zum bedeutendsten Stahlverarbeiter seiner Zeit auf – doch Familienglück bleibt ihm versagt. An die Stelle von Liebe treten bei Alfred Krupp Pflicht, Gehorsam, Zucht, Verantwortung und vor allem das Werk: Produktion und nochmals Produktion. August Thyssen verhält sich in dieser Hinsicht ähnlich. Alfred Krupps Sohn Friedrich Alfred, wirtschaftlich sogar erfolgreicher als der Vater, stürzt durch Presseberichte über homosexuelle Neigungen. Sein Tod bleibt bis heute geheimnisumwittert. Tochter Bertha, Alleinerbin und reichste Frau Deutschlands, heiratet den Diplomaten Dr. von Bohlen und Halbach. Das kruppsche Verhängnis als Kanonenhersteller der Nazis kulminiert 1948 im Urteil gegen den Sohn Alfried Krupp als Kriegsverbrecher. Dessen zweite Ehe scheitert und Sohn Arndt, Playboy und bekennender Homosexueller, verprasst sein Erbe. Der letzte Krupp, wortkarg und menschenscheu, vermacht 1967 die Firma einer Stiftung mit seinem Namen. Wenige Monate danach stirbt er – einsam wie sein Urahn Alfred.

Es ist sicherlich kein Zufall, dass gerade diese zwei Familiengeschichten in vielen Teilen nahezu deckungsgleich erscheinen. Was mit atemberaubenden Industriekarrieren im 19. Jahrhundert begann, entwickelt sich mit zunehmender Glücklosigkeit zu bürgerlichen Trauerspielen. Und in den Familien fast aller anderen Gründer geschieht Vergleichbares. Thomas Mulvany zum Beispiel, den heute kaum noch einer kennt, hat willensstark den Zusammenschluss allen industriellen Fachwissens im 19. Jahrhundert zur ersten deutschen Wirtschaftsvereinigung bewerkstelligt, Vorläufer des »Industrieclubs« Düsseldorf. Dieser Gigant sitzt am Ende krank und kläglich im Rollstuhl. Fritz Harkort, gleichfalls kaum erinnert, entwickelt im 19. Jahrhundert auf Burg Wetter an der Ruhr die erste deutsche Fabrik, ein Vorbild, nach dem später die großen Firmen verfahren, insbesondere Thyssen. Dieser vorausschauende Industrielle und Sozialpolitiker hockt am Ende fast mittellos wie einer seiner ausgemusterten Arbeiter auf der Bank vor einer kleinen Hucke.

Es gab einen noch Unbekannteren unter den industriellen Riesen der Gründerzeit, dessen Name auf den der Thyssens verweist: Friedrich Grillo. Fachleute stellen ihn neben Alfred Krupp, August Thyssen und Thomas Mulvany als einen der vier Giganten des Ruhrgebiets und nennen ihn den Pionier deutschen Wirtschaftslebens. Der Wirtschaftspublizist Hans Baumann bezeichnet ihn als den »ersten Manager« Deutschlands. Grillo, Nachkomme eingewanderter Italiener, ist der Erste in Deutschland, der sich und andere dazu anstiftet, verschiedene Branchen unter einem Firmendach zu vereinen. Hütten-, Walz-, Berg- und Brauwerke, Spiegelmanufakturen und Bankunternehmen gründet er. Am Ende erkennt dieser Mann die Welt nicht mehr. Als sich Genie und Wahnsinn mischen, wird er in die Irrenanstalt am Grafenberg in Düsseldorf eingeliefert, deren Gründung und Finanzierung eine seiner letzten Taten als Unternehmer gewesen ist. In geistiger Umnachtung stirbt er – einsam.

Mit Grillos Tod taucht der Name des Ur-Thyssen auf. Nach Grillos Ableben erwirbt August Thyssen Beteiligungen am Schalker Verein, tritt in den Grubenvorstand ein, wird Vorsitzender des steinkohlenreichen und ebenso eisenstarken Unternehmens, komplettiert mit diesem Schachzug seine Beteiligungen am Bergbau und an Erzgruben sowie an der Stahlindustrie. Ein Riese beerbt den anderen. Thyssen steigt nach Grillos Tod zum größten Bergherrn an Ruhr und Rhein, an Emscher und Lippe auf.

Als ob er die Vergänglichkeit des irdisch Erreichbaren, auch des eigenen, geahnt hätte, philosophiert August Thyssen bei seinen Tischgesprächen mit dem Mitglied einer anderen millionenschweren Familie, mit Adeline Stinnes-Coupienne. Das Thema ihrer Gedankenspiele ist der Tod. An diesen Gesprächen teilnehmen zu dürfen, galt als Auszeichnung; sie waren geheimnisumwittert und legendär zugleich. Zu Adeline, die der Stahlherr besonders schätzt, sagte Thyssen einmal: »Nach dem Tod ist man schnell vergessen. Als wir hier in diese Gegend kamen, war weitaus der größte Mann Grillo. Wer spricht heute noch von Grillo?«

In Duisburg-Marxloh gibt es zwei Firmen, deren Hauptaktionäre Träger dieses Namens sind: Gabriela und Rainer Grillo. Sie handeln mit Zink, Blei, Kupfer und seltenen Legierungen wie Wismut, Antimon und Kobalt. Gabriela, Nachfahrin des Bruders des legendären Gründervaters Friedrich Grillo, macht 1976 in Montreal als »Goldmädchen« Schlagzeilen durch ihren Olympiasieg im Dressurreiten. Bruder und Schwester halten die Familientradition hoch, sind Stifter von Sozial-, Kultur- und Sporteinrichtungen. Sie verwalten, so das Familiencredo, das Erbe von Vater und Mutter. Mit 70 Jahren ist Mutter Marita Hauptaktionärin des Familienunternehmens. Sie und ihre Kinder Rainer und Gabriela feiern 1992 gemeinsam Weihnachten, der Tannenbaum bleibt über die Jahreswende stehen und in einer Januarnacht 1993 leuchten die Kerzen noch einmal auf. Da brennt der Baum, lichterloh, nach ihm brennt die Villa. Bis auf die Grundmauern zerstört das Feuer den Bau. Die Kinder hätten versucht, die Mutter aus der brennenden Villa zu retten, berichten die Zeitungen. Marita Grillo stirbt in den Flammen. In den Lokalzeitungen liest es sich zum Teil so, als sei der Verlust der Villa das zuvörderst zu Beklagende.

Tatsächlich war der Bau von besonderer Bedeutung. Er war die denkmalgeschützte Jugendstilvilla von Fritz Thyssen, Sohn des Gründerzeitindustriellen August Thyssen. Als Vater August sein Schloss Landsberg auf den Ruhrhöhen bezieht, will und soll auch der Sohn nach Vaterwillen entsprechend seines Reichtums und seiner wirtschaftlichen Stellung ausgestattet sein. Im englischen Landhausstil bauen ihm englische Architekten 1912 ein Haus mit über dreißig Zimmern, Musiksalon, Herren- und Damenzimmern,

Bügelzimmer, Gesindeflügel, mit prachtvollem englischen Park, Wege-Labyrinth und vielen Extras. Wie Vater August ist auch Sohn Fritz Familienmensch. Er gibt der Villa den Namen seiner Tochter Anita. Die Ruine Anita ist mittlerweile verkauft worden. Sie wird von den neuen Besitzern renoviert und in Eigentumswohnungen aufgeteilt. Wo einst Stahlbaron Fritz Thyssen residierte, ziehen 2002 die ersten von dreißig Eigentümern ein. Der Park blüht wieder auf. Eine Gedenktafel erinnert an den Bauherrn.

So unterschiedlich die Leben der verschiedenen Thyssens auch sind, es gibt eine verbindende Klammer für alle ihre Handlungen: das Verständnis von Geld und Arbeit. Zwar hat August Thyssen in 40 Jahren eines der größten deutschen Vermögen erarbeitet, das 1914 um ein Drittel höher als das der reichsten Deutschen, Bertha Krupp, geschätzt wird. Doch ein Thyssen-Analyst erkennt wohl richtig: August Thyssen hat Achtung vor dem Geld als Macht-, Produktions- und Freiheitsfaktor – genossen hat er es nicht, also auch nicht verschwendet. August Thyssen war kein Dagobert Duck, der sich am Reichtum berauscht, war auch nicht der Typ des reichen Onkels aus Amerika und auch keiner, der immer reicher des Reichtums wegen werden wollte. Geld war für ihn dazu da, ins Werk gesteckt zu werden, damit es wächst, immer größer und immer mächtiger wird.

Was ihn umtreibt, in panischer Besessenheit Werke zu gründen und andere hinzuzukaufen, riskant zu borgen, unablässig zu bauen und zu expandieren, stets zu investieren (und das alles immer und immer wieder), ist kaum zu ergründen. Der kleine unscheinbare Kleinbürger, der mit einer abgeschabten Reisetasche von der Straßenbahn zur Fabrik geht, ist wenig später der Alleinherrscher seines Reiches, der wie ein »aufgebäumter Bussard mit flaumigem Schädel« und kaltem Stahlblick seinen Direktoren konzentriert gegenüber sitzt und kurze und treffende Rechenschaft verlangt. Aber auch denen kann er, wie anderen auch, als großer Schweiger geduldig zuhören. Herrscher? Das bezeichnet nur seine Macht. Ein Stahlaristokrat wie Krupp mit Reitgerte und fürstlichem Gehabe – auch das ist er nicht. Im Gegensatz zu den übrigen Industriellen seiner Zeit tritt der kantige Einzelgänger nicht ins Rampenlicht.

Sicher, am Ende seines Lebens besitzt er ein Schloss, doch auch Schloss Landsberg hat durch Gesellschaften dem Unternehmenszweck zu dienen. Thyssen – ein kultivierter Mann? Eigentlich kaum, wohl auch kein Bildungs- und Genussmensch. Die Wertschätzung, besser: die Liebe zum Bildhauer Auguste Rodin und dessen weißen Marmorskulpturen lässt sich schließlich auch ins Bild des ruhelosen Mehrers deutscher Produktionsgüter fügen. Wie Thyssen hält auch Rodin »gute Arbeit« für den Schlüssel zum Erfülltsein. Und das Soziale, wie hält er's damit? »Mein Werk ist in sich selbst sozial, je mehr ich baue und verdiene, umso besser ergeht es meinen Arbeitern.« Seine Kinder, Schwiegertöchter, Enkelkinder und Neffen entwickeln einen anderen sozialen Sinn, stiften unermessliche Summen, geben ihres Urahnes und ihren Kunstbesitz für jedermann frei.

Für heutige Betriebs- und Volkswirtschaftsstudenten ist der Begriff vom Vertikalunternehmen selbstverständlich. Als August Thyssen seinen Gemischtkonzern Ende des 19. Jahrhunderts aufbaut, von der Kohle über die Kokerei zum Hochofen und über das Walzwerk bis zur Fabrik für Maschinenbau, also vertikal vom Rohstoff bis zum Fertigprodukt, ist es eine Revolution, mit der er auch die Landschaft am Niederrhein von Duisburg bis Dinslaken mitformte. Die Großindustrie von damals beschränkt sich traditionell auf ein Gebiet, auf ihr Fach. So wird der kleine Mann zum kühnen Riesen, zum wirtschaftlichen Vorbild für Tausende.

August Thyssen wird aber auch zum Gründer einer Dynastie, die für weitaus mehr als nur Stahl und Kohle stehen wird. Und hier liegt vielleicht auch der Unterschied zu den anderen großen Familien aus dem Ruhrgebiet. Die Thyssens haben über mehrere Generationen hinweg nicht nur deutsche Wirtschaftsgeschichte geschrieben. Vielmehr haben insbesondere drei herausragende Protagonisten der Thyssen-Saga ihre Zeit ebenso unverwechselbar und umfassend bestimmt, wie die Epochen sie individuell geprägt haben. Und so setzt auch dieses Buch drei biografische und zeithistorische Schwerpunkte: Der erste gilt August Thyssen und mit ihm der deutschen Industrialisierung und dem Erwachen des Ruhr-Kapitalismus. Der zweite Teil handelt von Sohn Fritz und dessen tragischer Verstrickung mit den Nationalsozialisten. Aber auch Ehefrau Amélies Hinüberrettung des Familienerbes in die neue Bundesrepublik spielt eine prominente Rolle. Im dritten Teil überwindet der Name Thyssen deutsche Grenzen und wird – ganz im Sinne der anbrechenden Globalisierung – zur Weltmarke. Allerdings nicht durch Stahl, sondern mit Kunst: Enkel Hans Heinrich Thyssen-Bornemisza, Sohn des Fritz-Bruders Heinrich Baron von Thyssen-Bornemisza, prägt durch seine Sammlerleidenschaft den letzten Teil der Familiengeschichte.

Was bleibt von dieser Größe – ohne riesige Walzstraßen, ohne unendliche Zahlenbilanzen, ohne Ländereien und ohne Werke, ohne Glanz und Pracht milliardenschwerer Kunst? Nur ein legendärer Name? Nur eine Geschichte?

TEIL EINS

Der Gründer
(August Thyssen, 1842–1926)

1. Der Mythos verbindet die Erben nur wenig:
Der Familienname

Einen Totenschein auszustellen, ist für einen Mediziner meist nicht schwer. Liegt der Tote bereits im Sarg, wird der Deckel abgehoben, um den Leichnam begutachten zu können. Als dieser Deckel abgenommen wird, stockt den Beteiligten der Atem. Jener, der dort im Sarg hätte leblos liegen müssen, ist nicht da. Der vermisste Tote hat lange in Fehde gelegen mit Vater August Thyssen – seines aufwändigen Lebensstils, seiner amourösen Abenteuer, seines zwar brillanten, doch unsteten Geistes, seiner Misserfolge als Geschäftsmann und seines Begehrens nach Vaters Millionen wegen. Nun soll die Art seines Ablebens festgestellt werden. Doch im Sarg, mit dem der Leichnam aus dem Münchner Hotel Continental geschafft worden ist, liegt ein anderer. Der geheime Rat, zu Lebenszeiten Leibarzt des abhanden gekommenen Toten, starrt auf die sterbliche Hülle eines wesentlich jüngeren Herrn, eines Soldaten. »Ihr« Leichnam, so vermerken es Familienmitglieder, nämlich August Thyssen junior, ist unauffindbar. Wohin sich der an einem Junitag 1943 in dem Münchner Hotel verschiedene Thyssen-Sohn verfluchtigt hat, ist bis heute nicht bekannt. Es heißt, er sei verschollen. Mit dieser Erklärung haben sich bis heute alle abgefunden. Die Familiensaga der Thyssens ist eine Folge abenteuerlicher Einzelschicksale. Sie ist voll sagenhafter Geschichten: unerklärlich, rätselhaft, staunenswert, einige undurchsichtig. Und noch eines ist auch sie nicht: unbefleckt.

Bei den Thyssens bestimmen drei herausragende Gestalten die

Familiengeschichte. August Thyssen, der Alte und Gründer, auf dessen Wirken hin der Reichtum der Nachfolgenden zurückgeht, ist nicht nur die sagenhafte Gestalt dieser Familie, sein Name ist Teil deutscher Wirtschaftsgeschichte. Schon zu seinen Lebzeiten entstehen so viele Legenden, das aus ihnen – wie bei den Krupps – der Thyssen-Mythos geboren wird. Im Leben seines Sohnes Fritz spiegelt sich deutsche Geschichte der ersten Hälfte des 20. Jahrhunderts höchst dramatisch wider; Fritz Thyssen erleidet sie mit Flucht, Exil, Verhaftung, Konzentrationslager – und wirkt doch als millionenschwerer Wissenschaftsförderer über den Tod hinaus. Enkel Hans Heinrich Thyssen-Bornemisza schließlich wird zur schillerndsten Gestalt der Familie Ende des 20. und Anfang des 21. Jahrhunderts.

Am letzten Apriltag 2002 stehen vier Witwen am Sarg dieses bedeutendsten Vertreters der dritten Thyssen-Generation. Vier der fünf Ehefrauen des Milliarden-Barons erweisen Gatten und Exgatten die letzte Ehre. »Er war ein Caballero«, rühmt ihn die fünfte der Witwen, Carmen Thyssen-Bornemisza, geborene Cervera. Caballeros sind die meisten Männer der Thyssens, sie sind regelrechte Prototypen einer immer kleiner werdenden männlichen Spezies: Herren! Dieser aber, der nun zu Vater Heinrich und Großvater August in die Familiengruft von Schloss Landsberg auf den Ruhrhöhen zwischen Essen und Kettwig getragen wird, ist ein Herr der besonderen Art – ein Kosmopolit. Hans Heinrich Thyssen-Bornemisza ist überall zu Hause gewesen. Sein Leben dokumentiert wahrlich den Aufstieg der Familie vom anfänglich kleinen Bandeisenhersteller August Thyssen um 1900 zum Unternehmen von Weltruf. Die Trauerfeier im Frühjahr 2002 hat internationales Flair, wird in Spanisch, Deutsch und Englisch gehalten. Obendrein sind an diesem Apriltag Milliardenvermögen auf den Ruhrhöhen versammelt.

Nach einem illustren Leben, jahrzehntelang von der Öffentlichkeit genüsslich begafft, stirbt der Mann mit 81 Jahren. Getrauert wird im engsten Kreis. Hochadel ist anwesend. Otto Erzherzog von Habsburg beispielsweise, Schwiegervater der Thyssen-Bornemisza-Tochter Francesca. 42 Trauergäste begrüßt die letzte der fünf Gattinnen, Carmen (59 Jahre alt). Mit ihr trauern die erste seiner Frauen, Prinzessin Teresa zu Fürstenberg (76), die anderen Gattinnen Baronesse Fiona (69) und Baronesse Denise (59), immer noch mit langen blonden Haaren. Die zweite Ehefrau, das englische Model Nina, stirbt 1965. Die fünf Kinder sehen ihres Vaters Sarg in die Familiengruft gleiten. Der uneheliche Sohn seiner letzten Frau, Borja, nun 21 Jahre jung, weicht Mutter Carmen nicht von der Seite. Hat ihn Adoptivvater Thyssen-Bornemisza milliardenschwer bedacht?, wird gerätselt.

Es werde ein Wiedersehen geben, irgendwann, sagt Carmen. Als gläubige Katholikin glaubt sie daran. Doch wird es für diese Trauergemeinschaft an diesem Ort kaum ein Wiedersehen geben. Keiner der Lebenden, der den Namen Thyssen trägt, bleibt nach der Totenfeier im schönen Schloss Landsberg. Nur die Toten nehmen das Hausrecht wahr. Was Imperiumsgründer August Thyssen inständig erhoffte, findet nicht einmal zu seinen Lebzeiten statt: Schloss Landsberg als behütender Hort für die Familie, die dort wohnen und sich wohl fühlen sollte. Wie sie sich doch gleichen, die beiden großen Stahlfürsten von der Ruhr: Der lang aufgeschossene Kanonenkönig Alfred Krupp mit seinem Traum vom andauernden Familienglück auf Villa Hügel und der kleinwüchsige August Thyssen mit seiner Hoffnung, Kinder und Kindeskinder mögen das Schloss auf den herrlichen Ruhrhöhen mit Freude erfüllen. Bei beiden wird es nichts mit der ersehnten Harmonie folgender Generationen.

»Wir sind bei Thyssen.« Um 1900 teilt dies der Publizist Jules Huret vom Pariser *Le Figaro* lapidar seinen Lesern mit – und das spricht damals für einen publizistischen Sieg. Zu Beginn des 20.

Jahrhunderts wird der Name des Konzernherrn von der Ruhr mit Hochachtung in Europa genannt. Er »hat in Deutschland eine große Macht«, konstatiert der Franzose, der in Deutschland recherchiert und sich als erster ausländischer Autor sogar ins verrußte rheinisch-westfälische Industrierevier wagt, wo er zu einem der neuen Mächtigen dieser eruptiv aufsteigenden Region vorgelassen wird, zum Fürsten von Kohle und Stahl, August Thyssen. Dass Thyssen mit einem französischen Schriftsteller ausgiebig frühstückt und plaudert – à la Bonheur. »Herr Thyssen gehört zu den Männern, auf welche unsere Nachbarn zurzeit mit Recht stolz sein dürfen; er ist einer von den Leuten, die in den letzten dreißig Jahren unter heißem Bemühen die großartigsten kommerziellen und industriellen Unternehmungen Deutschlands gegründet haben.« August Thyssen: ein »vollkommener Typus des Deutschen der Jetztzeit«. Ihm sei es nicht anders ergangen »als seinem Vaterlande. Im Jahre 1867, als er sich mit seinem väterlichen Erbteil von 10 000 Mark selbstständig machte, war er noch ein kleiner Mann, und heute leitet er vier Hüttenwerke ... ein gewaltiges Unternehmen.«

Der weitgereiste, weltgewandte, kritische Beobachter Huret misst Thyssen, dem »berühmtesten und einflussreichsten Hütten- und Zechenbesitzer des Ruhrbeckens«, mehr Bedeutung zu als Krupp. Der Franzose arbeitet zudem feinsinnig einen Unterschied heraus. Alle wichtigen Industriellen Deutschlands ständen »nicht gleich hoch in der Gunst des Kaisers«. Einige strebten nach dieser Gunst, einige »lassen sie mit Würde an sich herankommen, ... andere wieder weichen ihr aus«. Während Krupp und Kaiser 1900 nahezu ein so dickes Ei sind, das beide sogar in Kinderspottversen vereint werden und nicht genau zu unterscheiden ist, ob Krupp der Schmied des Kaisers ist oder der Kaiser durch Aufträge der Schmied kruppschen Glücks, gehört Thyssen zu denen, die nicht nach des Herrscherhauses Wohlwollen schielen. Und doch trägt das größte

Stolzer Schlossherr: August Thyssen Pfingsten 1911 im Torbogen von Schloss Landsberg, das er im Jahr 1903 gekauft hatte.

der Thyssen-Bergwerke den Namen »Deutscher Kaiser«; aber den trägt es schon, als Thyssen dieses Werk, wie viele andere auch, seinem eigenen durch Kauf und Übernahme einverleibt.

Von dieser einstmals mythologischen Größe mit Namen Thyssen ist nicht viel geblieben. Fasziniert am Beginn die unerschütterliche Treue der beiden Brüder August und Joseph Thyssen, die Schreibtisch an Schreibtisch in einem ehemaligen winzigen Backhaus des Dorfes Styrum bei Mülheim an der Ruhr in den 1870er Jahren die Bleistifte spitzen, um im Zeitalter des aufkommenden Stahlkapitalismus so viel Bandeisen wie möglich schaffen und verkaufen zu können, verkommt zur Jahrtausendwende der Umgang von Enkel und Urenkel zur süffisanten Klatschstory in internationalen Boulevardblättern.

In der ersten Hälfte des 20. Jahrhunderts steht der Name Thyssen für Stahl und wirtschaftlichen Aufstieg Deutschlands, vor allem der Kohle-und-Stahl-Region im rheinisch-westfälischen Industrierevier. Dahinter (richtiger: davor) steht der Name August Thyssen (1842 – 1926). Er ist Begründer des Imperiums, des damaligen größten Montankonzerns, dessen wichtigste Betriebe im Ruhrgebiet liegen und die bahnbrechend in der Entwicklung der Verbundwirtschaft sind. Im Sprachgebrauch der Wirtschaft heißt das, »Thyssen gründet 1871 als ein Pionier des integrierten Hüttenwerkes ein Unternehmen, das er zu einem vertikalen Konzern von der Erz- und Kohlegewinnung über die Eisenerzeugung bis hin zur Stahlverarbeitung und -veredelung im Laufe der Jahrzehnte ausbaut«. Für die Familie, an die er glaubt und die er erhofft, bleibt ihm bei dieser Titanenarbeit kaum Zeit. Als er im Wortsinne oben angekommen ist, endlich wie Krupp auf den Ruhrhöhen als Besitzer von Schloss Landsberg, ist er ein geschiedener, allein stehender Herr auf seiner Burg. Auch da ist er dem anderen Stahlkönig, Alfred Krupp, ähnlich, den seine Frau eines Tages gleichfalls sitzen lässt.

Für zweifelhafte politische Positionen und persönliche Tragik, aber auch für Förderung von Wissenschaft durch immense Millionenbeträge steht der Name des Sohnes Fritz Thyssen (1873 – 1951) und seiner Frau Amélie (1877 – 1965). Dieser Thyssen konzentriert seine Interessen vor allem auf jene Teile des Konzerns, die später in die Vereinigten Stahlwerke aufgehen, dem größten deutschen Stahlkoloss – eine Zusammenfassung der wichtigsten Stahlwerke in einem Trust. Das Erzkatholische und Schwärmerische für eine Politik des Völkischen wirkt bei ihm als Auslöser eines tragischen Schicksals. Durch die unglückliche Verquickung seiner Träume mit der nationalsozialistischen Ideologie wird er zur ungewöhnlichen Einzelpersönlichkeit deutscher Großunternehmer. Er glaubt, der Nationalsozialismus werde die katholischen Vorstellungen von einer Volksvertretung neben der eigentlichen Volksvertretung, einer Ständekammer, möglich machen. Finanzielle Unterstützungen durch Thyssen und seine Industriefreunde an Rhein und Ruhr helfen Adolf Hitler auch zur politischen Macht, von dem er sich jedoch öffentlich lossagt. Er bezahlt seinen Irrglauben und seine Standhaftigkeit mit KZ-Haft. Der dunkelbraune Fleck der Familiengeschichte wird nie richtig bloßgelegt, gerät im Nachkriegsdeutschland gar in Vergessenheit – Deutschlands Wiederaufbau braucht Stahl und damit Thyssen. Wenn sein Neffe, Hans Heinrich Thyssen-Bornemisza zur schillernden Figur der Familie wird, ist Fritz Thyssen ein tragischer Held, dem Mitgefühl nicht versagt werden kann.

In der zweiten Hälfte des 20. Jahrhunderts verliert sich der Name als der eines Industrieimperiums. Doch ein Hang zu Grafen, Freiherren, Baronen und anderem Adel scheint der Familie zu eigen zu werden. Das dritte Kind, Heinrich Thyssen (1875 – 1947), beginnt, indem er die Ungarin Margit Baronin von Bornemisza de Kászon (1887 – 1971) heiratet, sich vom Schwiegervater adoptieren lässt und dadurch zum Baron von Thyssen-Bornemisza wird. Die Töchter machen es dem Vater nach: Margareta (1911 – 1989) ehelicht den ungarischen Grafen Batthyány, Gabriele (*1915) den Baron Bentinck. Heinrichs Sohn, Hans Heinrich (1921 – 2002), hat eine Tochter Francesca (*1958). Die heiratet ganz hoch den Kaiserenkel Karl von Habsburg. Anita Thyssen (1909 – 1990), Tochter von Fritz Thyssen, wird 1936 vom Kölner Erzbischof einem »ungarischen Schweinegrafen« (*Spiegel*) ange- traut – doch nicht ohne anfänglichen Schwierigkeiten. Anitas Eltern mussten schon mehrere Tanzabende in der Hoffnung ver- anstalten, ein Herr aus Adelskreisen von Rhein und Ruhr möge beherzt zugreifen. »Die griffen nicht zu«, schreibt Publizist Thomas Kielinger, und allenthalben schwang »leises Bedauern« mit, »als läge so etwas wie Glücklosigkeit in der Luft ... bis der ungarische Graf Zichy auftauchte, der ersichtlich am heftigsten flirtete, wenn auch weniger mit seiner zukünftigen Frau als mit ihrem Geld.« Durch Ladislaus Josef Maria Graf Gabor Zichy erhebt Anita schließlich ihre Söhne Frederico (*1937) und Claudio (*1942) durch Geburt in den Adelsstand als Grafen de Zichy-Thyssen. Gründer August Thyssens Tochter Hedwig (1878 – 1960) nimmt die Adelsvermählung besonders ernst: Sie wird durch Heirat gleich zweimal Baronin. Ihr erster Mann ist Graf Ferdinand von Neufforge, ihr zweiter der Baron Max von Berg. Die Töchter folgen der Mutter nach: Mignon wird Ehefrau des Grafen Wurmbrand-Stuppach, während Maximiliane sich als ersten von vier Männern den Freiherrn Seßler als Gemahl er- wählt.

Sonst verbindet die Erben des Großindustriellen August Thyssen wenig. Man sieht sich, wie Georg Heinrich Thyssen- Bornemisza (geboren 1950), ein Thyssen der vierten Generation, sagt, »ganz selten«. Dem ersten Namen Thyssen fügt sich in der zweiten Generation dieser zweite hinzu: Bornemisza. Den trägt zunächst des Firmengründers drittes Kind, Sohn Heinrich Baron von Thyssen-Bornemisza (1875 – 1947), dann dessen Sohn Hans Heinrich (1921 – 2002). Vor allem durch Hans Heinrich, im Jetset- und Boulevardblätter-Milieu »Heini« genannt, liefert dieser Doppelname öffentlich, nahezu genüsslich breitgetretene Details aus der Welt der Reichen und Superreichen einem Millionenpublikum sozusagen frei Haus: Kunstbesitz in Milliardenhöhe, Scheidungen und erneute Eheschließungen, Streit ums Erbe, um Geld und Kunstbesitz. Dieser Milliardär stirbt im Frühjahr 2002 nach langjährigem Familienstreit, wenige Monate nach einer stillen Einigung und nachdem sein Testament noch einmal neu geschrieben ist. Bei den Thyssens war und ist es wie meist bei anderen Prominenten auch: Mit stetig aufgehäuftem Reichtum wuchern die Familienprobleme, auf die die Mediengesellschaft wartet.

In dieser speziellen Familiengeschichte scheint das Prozessieren zum festen Bestandteil jeder Biografie zu gehören. Wenn nicht die Gerichte bemüht werden, grenzt das eine und andere an Skandal, gerät zum Eklat. Reine Familienangelegenheit, die niemanden etwas angeht? Im Fall Thyssen wird es nicht nur öffentlich verklatscht, vor Gerichten wird es nahezu automatisch sichtbar. Rein? Es war unendlich viel Hütten-und-Berg-Arbeiterschweiß, der den Reichtum der Thyssens ermöglichte, zeitweilig Deutschlands größter Privatbesitz, ohne den die Familie den Grundstock ihres Kunstbesitzes nicht hätte legen können, nämlich jene feinen weißen Marmorskulpturen des französischen Bildhauers Auguste Rodin, begehrt und bestellt vom Imperiumsgrunder August Thyssen. Kaum ein Bewunderer von Rodin-Plastiken ahnt, dass es dessen heimliche Liebe gewesen ist, die den Künstler zu diesen Werken gedrängt, ja nahezu getrieben hat, und aus denen ein gutes Menschenalter später die größte private Kunstsammlung der Welt neben jener der britischen Königin erwachsen ist.

Auch diese Familiengeschichte fängt klein an. August Thyssen

ist ein Mann von niedrigem Wuchs: einen Meter und 54 Zenti-
meter. Der Rundfunkjournalist Ulrich Hinz nennt ihn einen
Gnom. Doch der kleine Katholik aus dem Aachener Raum wird
zum Riesen unter den ausschließlich protestantischen Gründer-
kapitalisten an Rhein und Ruhr. Offenbar hat ihn die napoleo-
nische Energie der Kleinwüchsigen befeuert, nicht nur zu einer der
Wirtschaftsgrößen des Stahl- und Kohlereviers zu werden,
sondern zur Spitze der deutschen Industriellen aufzusteigen. Wie
Alfred Krupp, der erst um eine Baugenehmigung für sein unge-
schlachtes Industriellenschloss Villa Hügel auf den Ruhrhöhen bei
Essen nachsucht, als der Bau nicht mehr zu stoppen ist, stellt auch
August Thyssen den Bauantrag für seine gigantische Stahlhütte in
Bruckhausen erst, als das Dorf bei Duisburg quasi vom Hüttenwerk geschluckt ist, das Bauen nicht mehr rückgängig gemacht
werden kann und der wütende Protest der übergangenen Bauern
und Dorfbewohner in ohnmächtige und vergebliche Wut verkehrt
ist. Beide mächtigen Herren sterben nicht nur einsam, sondern
auch allein. Keiner von ihren Familien oder einer von denen, auf
die sie ihre Hoffnungen setzten, sitzt an ihrem Sterbebett. Bei
Thyssen ist es die Frau eines Neffen, die sich um den Alten kümmert, bei Krupp die ungeliebte Schwiegertochter.

Am Anfang des 21. Jahrhunderts heißt es dann Vater gegen
Sohn Thyssen-Bornemisza. Mitten im Stück geschieht ein Skandal:
Der Richter schmeißt die Brocken hin. Er könne, gesteht er, die
Unsummen dieses Prozesses nicht länger ertragen. Mit einer heim-
lichen außergerichtlichen Einigung, dem Tod des Vaters Hans
Heinrich Thyssen-Bornemisza und seiner Beerdigung im Frühjahr
2002 scheint der Vorhang über das öffentliche Schauspiel gefallen
zu sein. Eine Grablegung als letzte Zurschaustellung des Namens
Thyssen? Wahrlich liegt, wie Heinrich Heine sagt, unter jedem
Grabstein eine Weltgeschichte. Die Thyssens haben keine Grab-
steine. Sie liegen, wie verborgen, in Gruften. Ihre Geschichte ist

nicht klarsichtig, birgt weiter Geheimnisse. Wie von einem Roman-autor geschaffen, schreit am Ende des Streites und der Toten-legung ein Kind: Simon von Thyssen-Bornemisza, 2002 geboren. Da ist sie, die nächste Generation: Thyssen, die fünfte.

2. Schlösser aus flüssigem Metall: *Das Familienunternehmen*

»Ostersonntag war ein schöner Tag. Die Kirschbäume blühten. Da hat mein Mann den Sarg mit Kirschblüten geschmückt.« Die Witwe des Obergärtners von Schloss Landsberg denkt gern an diesen Sonntag, den 4. April 1926. Ihr Patron wird beerdigt. So wurden damals die Chefs genannt. Ihrer ist 84 Jahre alt geworden. Der sei immer freundlich gewesen. Es stimme nicht, dass er nur an Arbeit gedacht habe, Herzlichkeit habe vermissen lassen und schrecklich einsam gewesen wäre. Die Obergärtnerswitwe, die das 1981 einem Reporter ins Mikrofon spricht, ist lange tot. »Da hinten herum, dann bei uns vorbei und dann zum Schloss. Das jeden Tag. Und immer freundlich.« Ein leitender Angestellter dieses Patrons notiert über seinen Chef, den Stahlherrn August Thyssen, anderes: »Die Stimme ist ruhig und leise und fragt freundlich. Aber man tut gut, dieser Freundlichkeit nicht zu trauen, sondern sich auf getane Pflicht und gute Arbeit, auf Ziffern und Vernunft zu verlassen. Denn nur diese Dinge bestehen vor den stählernen Blicken des alten Mannes.«

Der Biograf Wilhelm Treue nennt Thyssen den »Grand Old Man« der deutschen Montanindustrie, der stets unvermutet in einem seiner vielen Betriebe auftaucht – »... mit dem allseits gefürchteten scharfen Blick aus den kleinen Augen über der langen Nase«. Einige Fachleute sprechen vom »Baumeister der deutschen Eisen- und Stahlindustrie«, selbst nüchterne Historiker rühmen ihn als »rheinischen Kohlengrande« und »Pionier des

Fortschritts«, andere sagen kurz »der Amerikaner«. Thyssen hat sich früh für amerikanische Unternehmensführung interessiert. Noch bevor er so genannt wird, stellt dieser Mann die Arbeit in den Mittelpunkt seines Lebens. Er ist davon überzeugt, »dass wir ohne Mehrarbeit nicht wieder hochkommen«. Ihn treibt ein regelrechter Arbeitsfanatismus an. In einer unveröffentlichten Biografie heißt es, Thyssen soll gesagt haben: »Ich kann mir nichts Schlimmeres vorstellen als einen Mann ohne Arbeit.« Es sei *die* gesellschaftliche Aufgabe, »... stets für den Fortschritt und damit für neue Arbeitsmöglichkeiten zu sorgen«. Nach dem Ersten Weltkrieg empfiehlt er Arbeit als Heilmittel einer zusammengebrochenen Nation. Arbeit gilt ihm als »das beste Gesundungsmittel und zugleich auch als das einfachste«. Denn, so konstatiert er, »die Zeiten sind schwer, die Aussichten sind trübe«. Aber da sei »das Fünklein Hoffnung, das wir in uns fühlen«, sozusagen der Antrieb für »unermüdliche und fleißige und freudige Arbeit, verbunden mit größter Sparsamkeit«. So sitzt er frühmorgens oft schlafend im Sessel, in welchem ihn bei nächtlicher Arbeit Müdigkeit übermannte.

Es scheint auch, als habe er sein Credo »arbeiten und nochmals arbeiten« vererbt und dies teile sich anderen mit. Sein Bruder Joseph, mit dem er zusammen im ersten Büro die Firma hochbrachte, ist gleichfalls bienenfleißig. Die Söhne Fritz und Heinrich tun es dem Vater nach. Enkel Hans Heinrich Thyssen-Bornemisza hält Arbeit für seine erste Tugend, rühmt an seiner fünften Frau Carmen deren Arbeitsamkeit, und von dessen Sohn wiederum heißt es, er sein ein gewissenhafter Arbeiter. August Thyssen ist wahrlich ein Workaholic.

Vier Jahre vor seinem Tod schreibt August Thyssen über August Thyssen: »Man wird mich ja wohl oder übel zur Klasse der Kapitalisten rechnen. Aber sei denn wie ihm wolle: Ich bin mir bewußt, auch als solcher in meinem Leben ebenso viel gearbeitet

*Porträt des jungen Mannes als glücklicher
Unternehmer: 1871 errichtete August
Thyssen mit seinem Vater das Stahl- und
Walzwerk Thyssen & Co.*

zu haben wie der tüchtigste und fleißigste Werksangehörige, der in den Werken meiner Firma oder in einem anderen Betriebe gearbeitet hat.« Den Wahlspruch »Rast ich, so rost ich« hat er täglich in seinen Stahlwerken durch herumliegendes Metall vor Augen. Er weiß sehr wohl, sich ins rechte Licht zu setzen: »Ich habe es immer als meine Pflicht angesehen, auch in den schlechteren Zeiten, als die Preise nicht mehr auskömmlich waren, die Betriebe durchzuhalten und den Arbeitern auch in diesen Zeiten Verdienst zu verschaffen, um sich und ihre Familie zu erhalten. Wie schwer diese Zeiten aber auch auf dem Werksbesitzer lasten, der dafür die Verantwortung zu tragen hat, welche Schwierigkeiten zu überwinden sind und welche Sorgen es macht, wenn die Schulden

*Bruder und Kompagnon: Joseph Thyssen um
1900. Mit ihm arbeitete August Thyssen
im ersten Büro des Unternehmens, einem
kleinen Fachwerkgebäude, Tisch an Tisch.*

drängen und die Löhne regelmäßig bezahlt werden müssen, das
kann nur einer ermessen, der es mit durchmacht. Ich darf wohl
von mir sagen, daß ich oft habe Zeiten durchmachen müssen, in
denen der einfachste und bescheidenste meiner Werksangehörigen
gewiß nicht hätte mit mir tauschen mögen, wenn er die Sorgen
hätte mit übernehmen müssen, die den Werksbesitzer nicht tage-
lang, sondern monatelang und jahrelang drückten.« Als wolle er
den Volksmund bestätigen, von nix kommt nix, betont er: »Es
mag leicht sein, den Besitzenden, den so genannten Kapitalisten,
um seinen Besitz zu beneiden, wenn man annimmt, daß sein
Leben nur Wohlleben und Genuss wäre, aber selbst wenn das
Wohlleben so hoch eingeschätzt würde, so kann es, vorausgesetzt,

daß es überhaupt da ist, doch bei weitem nicht die Arbeit und Sorgen aufwiegen, die auf demjenigen ruhen, der es mit seiner Lebensaufgabe und seiner Verantwortung als Leiter eines Unternehmens ernst nimmt.«

Thyssen wäre nicht der Geld und Zeit sparende Thyssen, wenn er nicht andere zur Arbeit (besser: Mehrarbeit) ermahnt: »Mir liegt es vollständig fern, an dem Achtstundentag zu rütteln, wenn das wirklich das Ideal der werktätigen Klasse ist und sie darin ihr Glück und die Lösung der großen Lebens- und Wirtschaftsfragen sieht.« Dann kommt sein großes Aber: »... wir können unsere Wirtschaft ... nur dadurch wieder zur Geltung bringen, daß wir unsere wirtschaftlichen Leistungen über das normale Maß hinausgehend auf das höchste steigern.« Immer wieder werden sie gebetsmühlenartig beschrieben, seine »übergroße Bescheidenheit, Schlichtheit und Liebenswürdigkeit«. Doch am Ende seiner Selbstdarstellung erscheint der Mann nicht ganz uneitel: »Was Kapitalist und Werksbesitzer persönlich an dauerndem Vorteil haben können, ist wirklich wenig, nicht einmal ein sorgenfreies Alter. Ich glaube aber wohl, ohne mich dabei zu überheben, sagen zu dürfen, daß von meiner Lebensarbeit die Allgemeinheit mehr Vorteile gehabt hat als ich selbst. Was ich erschafft und erarbeitet habe, bleibt schließlich doch nur der Allgemeinheit, denn ins andere Leben mit hinübernehmen kann ich nichts davon.«

Ist der beliebt, der so von sich und über andere denkt? Immerhin ist er Einzelgänger und keineswegs ein der Mitwelt aufgeschlossener Mensch. Biograf Wilhelm Treue: »Beliebt war er wohl eher in der etwas skurrilen Mischung von Furcht, Achtung und Neigung, wie sie hart arbeitende Menschen im Revier seit jeher jedem entgegengebracht haben, der selbst harte Arbeit leistet.« Der 1922 in der *Mülheimer Lokalzeitung* veröffentlichte Bericht des August Thyssen über sich und seine Arbeit ist das längste, wohl auch einzige Selbstzeugnis. Es ist umso erstaunlicher, da

Thyssen zunächst und vor allem in seine Arbeit verschlossen ist und keine großen Worte macht. Und doch ist dieser Mann, der stets einen bescheidenen Eindruck erwecken will, wohl anders: »... was die Selbstdarstellung angeht – durchaus selbstbewusst, man kann sogar sagen: eitel«, urteilt Thyssen-Archivar Manfred Rasch. Immerhin lässt er von sich drei Büsten anfertigen, eine davon vom bedeutenden Bildhauer Georg Kolbe. Und zu seinem 80. Geburtstag versendet er mindestens 600 Postkarten mit seiner Porträtfotografie an Gratulanten.

Schon zu Lebzeiten ist der Mann, der einen der größten deutschen Konzerne der Eisen- und Stahlindustrie aufbaut, eine Legende. Es ist ein Leben, das Geschichte wird, eines, wie es heute keines mehr gibt. Bei ihm hat das Wort Arbeit tatsächlich eine ebenso große wie beinahe schrecklich zu nennende Bedeutung. Darin sind sie sich alle ähnlich, die Gründer der Epoche vor und um 1900. Von sich und anderen verlangt er Höchstleistung. Thyssen war keine imposante Erscheinung, ein unauffällig und einfach gekleideter Mann. Mit seiner hohen Stimme kein Adonis. Er macht das mit energischem Auftreten wett. Ulrich Hinz nennt ihn »einen Imperator im Gehrock«. Zeitgenossen schildern ihn als zähen, kühlen, cleveren Rechner mit ausgezeichnetem Gedächtnis. Er hatte kleine, glänzende Augen, einen schmallippigen Mund und schmale schlanke Hände. Geschäftliche Besprechungen mussten kurz sein; es gab keine großen Protokolle, dafür sofortige Entscheidungen.

Thyssen zählt zur dritten Generation der Wirtschaftsführer, die die Entwicklung im letzten Drittel des 19. Jahrhunderts bestimmen. Er versucht, alles selbst zu machen. Thyssens erstes Chefbüro wird häufig als umgebauter Stall beschrieben, ist jedoch ein »Backes« (wörtlich: Backhaus), ein Nebengebäude eines größeren Bauernhofs, in denen früher zum Beispiel Tagelöhner und Heuerleute untergebracht waren. Da liegen und stehen alle möglichen

Materialien herum, die ein Metallbetrieb braucht, Putzlappen ebenso wie Schmieröl. Mittendrin sitzt er und rechnet, kalkuliert, entwirft, organisiert, verbissen, beinahe zwanghaft. Als junger Unternehmer ist er sein eigener Buchhalter, Ingenieur und Reisender zugleich. Mit jeder Mark haftet der Mann für seine Firma. Das ist wohl sein Geheimnis: Ich will, ich muss und ich werde es schaffen!

Den rasanten Aufstieg fasst ein Historiker so zusammen: »Um Stahl und Eisen zu machen, wird Kohle gebraucht. August Thyssen kauft Zechen. Er erfindet neue Schachtbauverfahren, die den Bergbau revolutionieren. Er wird zum größten Bergherrn an Rhein und Ruhr. Er kauft Erzgruben in Lothringen, engagiert sich in Russland. Die Werke brauchen Wasser, er gründet Wasserwerke. Das überschüssige Gas aus seinen Kokereien leitet er in Fernleitungen und wird so zum Pionier der Fernheizung. 1891 baut Thyssen in Duisburg-Bruckhausen ein gewaltiges Stahlwerk. Seine Unternehmungen müssen finanziert werden. So kauft er sich in Banken ein. Dann will er nicht nur Eisen und Stahl produzieren, sondern die Produkte auch verarbeiten. Der Thyssen-Maschinenbau blüht auf, eigene Handelshäuser und Niederlassungen werden gegründet.«

Den Lebensweg dieses kleinen Mannes nachzuvollziehen, macht regelrecht schwindelig. Alles will er selbst erledigen und überwachen. Seine Herrschaft will er nicht teilen. Das verleitet ihn dazu, einen unbändigen Machttrieb zu entwickeln. Wahrscheinlich merkt er es nicht einmal. Die Zeitschrift für das deutsche Hüttenwesen *Stahl und Eisen* will dies in einem Nachruf Mai 1926 entschuldigen mit der Andeutung der familiären Misere: »Die stählerne Härte, die den Grundzug seines Wesens ausmachte und seine Erfolge begründet hat, ist durch trübe Erfahrungen persönlicher Art zweifellos noch gesteigert und verstärkt worden.«

Viele seiner Handlungen muten skurril an. Er, aber auch seine

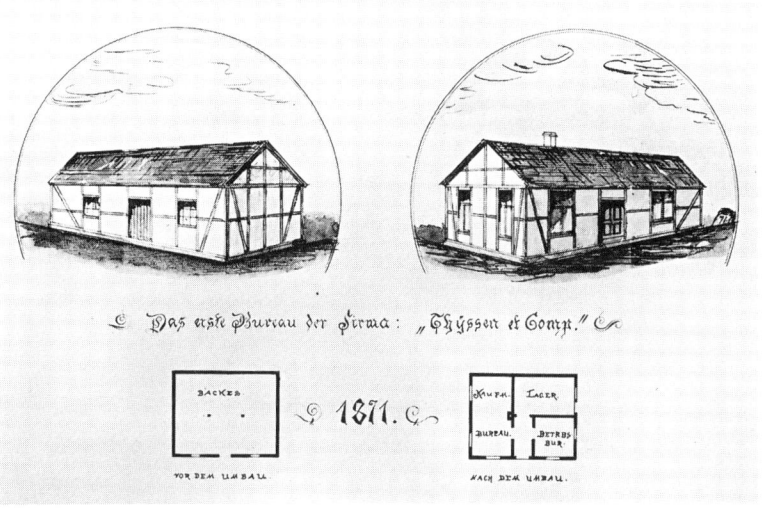

*Alles begann in diesem kleinen Fachwerk-Gebäude: Thyssen & Co.
in Styrum bei Mühlheim.*

Geschwister, haben wohl das Geldzählen des Vaters verinnerlicht, der auch eine Wechselstube betrieb. Gerade August Thyssen ist von einem Sparsamkeitsgedanken besessen, der bis zum grotesken Geiz reicht. Sparsamkeit ist für ihn die Grundlage jeder Vermögensbildung. Selbst als Multimillionär sammelt er Briketts, verbogene Nägel und kleine Eisenteile im Werk auf, legt sie vorwurfsvoll als »Verschwendung« seinen Betriebsleitern auf den Tisch. Im Zentralbüro des Unternehmens gibt es nur einen Fernsprechanschluss, als alle anderen Unternehmen bereits Haustelefone besitzen. Als ihn Direktoren von der Notwendigkeit einer Haustelefonanlage überzeugen wollen, fragt Thyssen bei Nachbargesellschaften an, wie viele Laufjungen durch Haustelefone eingespart worden seien. Keiner. Abgelehnt. Erst Jahre später hat auch Thyssen Haustelefone.

Vor der Ruhrbrücke muss der Kutscher halten. Thyssen geht zu

Fuß. Um den Brückenzoll von zehn Pfennig nicht zahlen zu müssen? Das auch. Thyssen hat noch andere Beweggründe. Tatsächlich will der Mann Bewegung haben, denn nur bei schlechtem Wetter lässt er sich und andere mit der Kutsche abholen. Besuchern und Mitarbeitern mutet er den Fußweg von zehn Minuten vom Bahnhof »Kettwig vor der Brücke« nach Schloss Landsberg zu, schlägt deshalb einen bestimmten Zug vor. Dritter Grund: Auf der Brücke kommt es zu Staus von Kutschen und den ersten Automobilen. Thyssen kann vieles, aber warten kann er nicht; für ihn ist das Zeitverschwendung. Ein Automobil besitzt er nie. Außer mit der Kutsche (sein Kutscher geht als Erster bei Thyssens Beerdigung hinter seinem Sarg, vor den Kindern) fährt er am liebsten mit der Eisenbahn, natürlich dort in der »Holzklasse«, nimmt die Pferdebahn, später die »Elektrische«.

So gilt Thyssen schon früh als reicher Sonderling. Wenn er verreist, müssen ihm Butterbrote eingepackt werden, denn ins Gasthaus zu gehen, kommt ihm nicht in den Sinn: Es ist zu teuer. Das verlangt er auch von anderen. Zu einer Grubenvorstandssitzung schreibt er: »Ich werde die Herren bitten, sich Donnerstag einige Butterbrote mitzubringen, damit wir durch das Mittagsessen keine Zeit verlieren.« Orden, Titel und Ehren bleiben ihm fremd. Ehrendoktorwürden lehnt er ab. Rom verleiht ihm den höchsten päpstlichen Orden. Er habe ihn nie angelegt, heißt es. Tatsächlich wird er nur ein einziges Mal mit Ordensleiste gesehen. Als ihn ein Regierungspräsident bei einer Veranstaltung immer mit »Herr Generaldirektor« anspricht, sagt Thyssen schroff: »Ich bin kein Generaldirektor, aber ich verfüge über mehrere Generaldirektoren.« Nicht abgestempelte Briefmarken löst er ab und schickt sie dem Absender zurück: »... damit es nicht den Anschein gewinnt, als ob ich dieselben behalten hätte.« Er überprüft alles: »Ihre Briefbögen für Kontrakte sind viel zu schwer, weshalb Sie doppeltes Porto zahlen müssen. Bitte Sache prüfen und abstellen.«

Im Tode jedoch kann er sich gegen Ehrungen nicht wehren. Der Erzbischof von Köln segnet den Sarg und lobt den Toten. Bei der Totenfeier geht es beim »alten Herrn«, wie ihn alle respektvoll nennen, doch wieder anders zu als bei anderen. Als die Rappen mit den gleichfalls schwarzen Federbüschen den Leichenwagen anziehen wollen, hebt ein Blitzlichtgewitter der Fotoreporter der großen Berliner Zeitungen an. Die schwarzen Pferde bäumen sich auf. Jeder fürchtet, der Alte kommt zum letzten Mal in Bewegung, sein Sarg werde sich vom Leichenwagen machen und herabstürzen. Nein, auch diese stürmische Situation übersteht Thyssen unbeschadet bei einer Beerdigung im thyssenschen Sinne – riesig: »Zu Zehntausenden waren sie herbeigeeilt ...«

Aber wie, wo und wann ist in so einem Leben Platz für eine Familie? Gerade danach sehnt sich dieser Mensch. Als er dann doch eine hat, Frau, drei Söhne, eine Tochter, ruiniert er sie gründlich mit einem Lebensstil, der zunächst und vor allem aus Arbeit besteht. Tatsächlich werden seine Häuser nie »zu einer Wohnung des Friedens, der Freude und der Glückseligkeit«, die damaliger Zeitgeist erhofft. 1940 notiert ein höherer Angestellter zur Erinnerung: »August Thyssen hat sich weder um seine Frau noch um seine Kinder gekümmert.« Wie auch? Biograf Wilhelm Treue, der zweifelt, ob eine Biografie dieses Mannes überhaupt möglich sei, kommt zu der Überzeugung, dass Arbeit, Leben und Werk bei diesem Menschen »eine wirklich unlösliche Einheit bilden«. So hat die Historikerin Ingrid Bauert-Keetmann wohl trotz bombastischer Formulierungen Recht: Thyssens Leben »weist in seinen Grundzügen die Tragik und das Schicksal so vieler überragender Persönlichkeiten auf, die einsam, ohne Wärme und innere Anteilnahme am Menschen lebten und ein gewaltiges Lebenswerk hinterließen. Er war ein Mann, den man nicht liebte, sondern eher fürchtete und allenfalls bewunderte ... August Thyssen hat diese Liebe auch nicht gesucht. Er war ein von seinem

Werk und dem Willen zur Macht Besessener, ... ein großer Einsamer, eingehüllt in den eisigen Mantel der Macht und Menschenverachtung, ein Eigenbrödler, der im Alleingang Leben und Werk bewältigte.«

Vom ökonomischen Standpunkt aus betrachtet, ist das Leben des August Thyssen eine Erfolgsgeschichte amerikanischen Formats. Aus familiärer Sicht grenzt es an ein Fiasko. Ein harmonisches Familienleben misslingt gründlich. In Duisburg gibt er einer Zeche den Namen seines Vaters Friedrich. Sein Sohn Fritz macht es dem Vater nach und gibt seiner Villa im englischen Jugendstil den Namen seiner Tochter Anita. Doch zeitlebens hat August Thyssen ein besseres Verhältnis zu seinen vielen Geschwistern als zu seinen Kindern. Anders als Friedrich Krupp, der zwar die besten finanziellen Voraussetzungen von Geburt an und später durch großzügige verwandtschaftliche Zuwendungen hat, dem schließlich doch das meiste durch die Finger rinnt und dessen Traum vom »deutschen« Stahl durch die Erfindung des nahtlos geschweißten Eisenbahnradreifens sich erst in Sohn Alfred außerordentlich erfüllt, weiß Thyssen gleich zu Beginn seines Wirtschaftslebens die familiären Geldgaben gewinnbringend zu nutzen und im großen Still zum eigenen Vorteil umzumünzen. Als Unternehmer wird er mehr und mehr zur unangreifbaren und legendären Einzelpersönlichkeit gegenüber dem »alten Herrn«. Als Familienmensch muss er zunehmend Streit, Ehebruch und Zwist mit den Kindern ertragen. Am Ende zwar steinreich, ist er doch ein Hagestolz mit goldenen Wasserhähnen im Traumschloss auf dem Berge.

Doch als Eigenbrödler kommt keiner auf die Welt, dazu wird man. Das Schicksal seiner Ehe trägt entscheidend dazu bei. Thyssen ist 30, als sich der Katholik 1872 mit der 18-jährigen Hedwig Pelzer vermählt, einer Protestantin. Das gute Bürgertum von Mülheim an der Ruhr ist evangelischen Glaubens. Die Pelzers,

Gerbereibesitzer, gehören zur Oberschicht. Mutter Pelzer stammt aus einer reichen Familie mit feudalem Lebensstil. Thyssen wohnt zur Untermiete in einem Haus neben den Pelzers. So lernt er wohl das junge Mädchen über den Gartenzaun kennen. In seinem Lebensbericht schreibt Sohn Fritz, dass seine Mutter »meinen Vater nicht aus Liebe, sondern auf Wunsch der Eltern heiratete, die in dem jungen, aufstrebenden Industriellen eine gute Partie für ihre Tochter sahen«. Auch Joseph Thyssen, Augusts jüngerer Bruder, will nach oben. Er wird durch Heirat acht Jahre später Mitglied der protestantischen Oberschicht. Hedwig Pelzers Mitgift ist, als sie die junge Frau Thyssen wird, stattlich. Das Geld wird in den weiteren Ausbau des Werkes ihres Mannes und in Börsenprojekte investiert. Für August Thyssen wird dies später zum Familienverhängnis.

Das junge Paar ist fruchtbar. 1873 wird der erste Sohn geboren: Fritz. Der so genannte kleine August kommt 1874. Er wird dem Vater viel Kummer bereiten. Heinrich, der sich als Ehemann adoptieren und adelig umbenennen lässt, erscheint 1875. Hedwig, die Tochter, erblickt 1878 das Licht der Welt. Aus den unterschiedlichsten Berichten über diese Familie schält sich doch dieses Bild heraus: Ein kühler und distanzierter Ehemann und Vater, viel beschäftigter Geschäftsmann, hat kaum Zeit für die Familie, kann sich Frau und Kindern wenig, ja kaum zuwenden. Gesellschaftliches Leben und Zerstreuung lehnt er als vertane Zeit ab. Die weitaus jüngere Ehefrau ist lebenslustig. Ihr Sohn Fritz wird sie später als »das hübscheste Mädchen weit und breit« bezeichnen. Sie ist freundlich, leidet doch unter der Abwesenheit und der Kühle des Mannes. Abwechslung gibt es kaum. Den Lebensstil, den sie sich als Unternehmergattin erträumt hat, findet sie nicht. Zutaten für eine handfeste Ehekrise.

Wie es dazu kommt, schildert Stephan Wegener, ein Mitglied der Familie Thyssen, Nachkomme des Gründerbruders Joseph:

Sie »… versuchte ihre ehelich-familiären Enttäuschungen durch den Besuch mondäner Badeorte, besonders Wiesbaden, zu vergessen. Hier traf sich die ›europäische Gesellschaft‹. So konnte es nicht ausbleiben, dass sie Bekanntschaften machte, die ihrem Naturell eher entsprachen und für ihre Erwartungen mehr Verständnis hatten. Erwähnt wird zunächst Georg Carl Freiherr von Rotsmann, Major der Kavallerie und Großherzoglicher Badekommissar zu Nauheim. Als Anfang der 80er Jahre Hedwig eine Fehlgeburt hatte, leugnete August Thyssen die Vaterschaft und erwirkte die Scheidung.« Thyssen fürchtet auch um sein Ansehen. Nach 14 Jahren ist die Ehe 1885 gescheitert.

Von nun an ist dieses Leben voller Tücken. Ehefrau Hedwig Thyssen stellt Bedingungen: Ihre Mitgift habe zum Aufbau des Unternehmens entscheidend beigetragen. Das gesamte Vermögen müsse auf die vier Kinder übertragen, ihr eine entsprechende Apanage ausgesetzt werden. August Thyssen willigt ein, stellt seinerseits Bedingungen: Den Zeitpunkt der Übertragung des Unternehmens müsse er von sich aus festlegen können, bis dahin bleibe er alleiniger Inhaber. So kommt es. Doch der Vater denkt nicht daran, in seiner Lebenszeit das Unternehmen auf die Kinder zu übertragen. Unbeabsichtigt ziehen die Kinder nach dem Tode durch diesen Scheidungsvertrag enormen Nutzen. Vater August Thyssen, der zwar von sich immer vom Werksbesitzer spricht, ist durch diesen Vertrag nicht mehr Eigentümer, sondern nur noch Nutznießer des Vermögens. Das setzt später die Erben in die glücklichste Lage: Nach dem Tod des Alten brauchen sie keine Erbschaftsteuer zu zahlen.

August Thyssen wird das Sorgerecht über die minderjährigen Kinder übertragen. Er stellt eine Erzieherin ein. Verwandte berichten vom Streit der Kinder untereinander und mit dieser »Vizemutter«. Verbürgt ist, dass die Mutter den Kindern fehlt; sie kommt von Zeit zu Zeit zu Besuch. Hedwig Thyssen zieht nach

Ohne den distanzierten und kühlen Vater: die vier Thyssen-Kinder August Junior, Fritz, Heinrich und Hedwig (von links nach rechts) mit ihrem Kindermädchen (sitzend).

Wiesbaden zum Freiherrn Rotsmann, den sie 1887 heiratet. Der stirbt allerdings drei Jahre später. 6 000 Goldmark jährlich erhält sie, später wird die Summe sogar verzehntfacht. 1893 zieht sie mit dem Captaine-Commandant François Delhove als dessen Ehefrau nach Gent. Auch der stirbt drei Jahre nach der Heirat. Nach drei weiteren Jahren ist wieder ein Militär ihr Favorit: Der belgische General Emanuel de Neuter nimmt sie als Gattin mit nach Brüssel. Die drei Ehen hatten ihr »Zugang zur Gesellschaft« gar bis zur politischen und königlichen Spitze Belgiens verschafft und zum »Lebensstil, den sie bei August vergeblich gesucht hatte«. Erst 1948, beim Entnazifizierungsprozess ihres Sohnes Fritz, wird bekannt, dass sie in den 1930er Jahren, inzwischen belgische Staatsangehörige, in Brüssel die Familienstiftung Pelzer gründet, »… da sie«, wie ein Familienangehöriger kündet, »die ihr zustehenden Beträge infolge ihrer diversen Ehen offensichtlich nicht in vollem Umfange benötigte«. Sohn Fritz und Schwiegertochter Amélie Thyssen besuchen 1940 Mutter Hedwig auf dem Sterbebett; kurz danach werden sie an Hitlers geheime Staatspolizei ausgeliefert.

Die Kinder sehen den Scheidungs- und Vermögensvertrag anders als der Vater; sie wollen schon zu dessen Lebzeiten an ihr Eigentum. Sie empfinden sich als die Inhaber des Unternehmens. Ergebnis: Streit, auch vor Gericht. Lieblingssohn August junior und Tochter Hedwig prozessieren gegen den Vater. August junior ist von Statur und Stimme dem Vater ähnlich. Der »kleine August« ist intelligent, gleichzeitig sprunghaft und nervös, und er hat Affären, von denen geredet wird. Dennoch erteilt ihm der Vater, als der 24 ist, Kollektivprokura. Doch der Junior will Karriere bei Hofe machen. Er tritt in die feudale Leibschwadron der Gardehusaren in Potsdam ein, ohne Wissen des Vaters. Er wird der erste bürgerliche Reserveoffizier, »... wohl nicht ohne die Hilfe finanziell hilfsbedürftiger Regimentskameraden«. Er wird Mitglied eines feudalen Klubs. Auch der Erwerb eines Ritterguts und wechselnde Heiratspläne sollen ihm zur Erhebung in den Adelsstand verhelfen.

Vater August ist entsetzt. Der Junior streut Gerüchte an der Berliner Börse aus, schreibt an die Banken, mit denen der Vater zusammenarbeitet. Bruder Joseph versucht vergeblich zwischen Vater und Kindern zu vermitteln. 1900 schreibt August Thyssen einem Vertrauten: »Ich fühle mich so unglücklich wie nie zuvor in meinem Leben.« Als sich auch die anderen Brüder Fritz und Heinrich den Forderungen von August junior und Schwester Hedwig anschließen, beklagt er 1902 sein Leid: »Ich sehe alle meine Hoffnungen vernichtet, weil meine Kinder von meinen Errungenschaften den unwürdigsten Gebrauch machen wollen und werden.« Als 1904 Mutter Hedwig eingreift, wird der Zwist

Zu seinen Geschwistern hatte August Thyssen ein besseres Verhältnis als zu seiner Frau und zu seinen Kindern: links Balbina Bicheroux, rechts Theresia Hoosemans. Ein Bild aus dem Jahr 1906.

dramatisch. Der große August will den kleinen August entmündigen und in eine Nervenheilanstalt einweisen lassen. Das geht schief. August junior verlässt die Intimität des Wohnzimmers und sucht die Öffentlichkeit. Das Berliner Klatsch- und Gesellschaftsblatt *Der Roland von Berlin* berichtet genüsslich.

Seit jeher schlachtet der *Roland* Streitigkeiten im Hause Thyssen weidlich aus. Fritz Thyssen erwählt die Kölnerin Amélie zur Helle als Braut. Vater August meint, Erbkrankheiten in dieser Familie vermuten zu müssen, hält die Familie nicht für standesgemäß und will diese Ehe unbedingt verhindern. Erfolglos. Das Klatschblatt schreibt: Vater droht Sohn mit Entmündigung, Sohn soll in eine Nervenheilanstalt. Unter Einfluss von Alkohol und mit der Hilfe einer Hausdame soll der Sohn gewaltsam nach Berlin geschafft werden. Der flieht zur Mutter nach Brüssel. Fritz verlobt sich trotz des Terrors des Vaters. Doch drei Jahre lang muss er die Verlobung geheim halten. Die Heirat kann der Vater nicht verhindern. Es ist, so meinen Familienkenner, das einzige Mal, dass sich der Sohn nicht dem Willen des Vaters fügt. Und ausgerechnet die Ehe zwischen Amélie und Fritz Thyssen ist die einzige seiner Kinder, die hält. Sie hält trotz Flucht und Gestapoverfolgung, trotz KZ- und Alliiertenhaft.

Das Familienbild des 19. Jahrhunderts sieht Mann und Frau als zwei Seiten ein und desselben Wesens und die Kinder als deren Vervielfältigung. Der Mann und Vater sei »mutig, kühn, heftig, trotzig, rauh, verschlossen«, Weib und Ehefrau dagegen »furchtsam, nachgiebig, sanft, zärtlich, gutmütig, geschwätzig, verschmitzt«. Für die Kinder gilt: Um Glückseligkeit erreichen zu können, hat jeder in dem Lebenskreis, in den er hineingeboren wird, seine Pflichten zu erfüllen. Dazu zählt das ungeschriebene Gesetz, dass gut geartete Kinder bei der Partnerwahl Urteil und Willen der Eltern nicht übergehen. Obwohl sie als Unternehmer dem Fortschritt gegenüber offen stehen, erweisen sich August und sein Bruder Joseph Thyssen als Familienoberhäupter stockkonservativ. August Thyssen will diesem Bild einer heilen Welt entsprechen, doch sitzt er ihm am Ende auf. Er »... wollte mit aller Macht eine Dynastie bilden, wünschte, dass sein Sohn beziehungsweise seine Söhne ihm in der Leitung des Unternehmens nachfolgten, ohne dass er bereit war, frühzeitig auf Macht zu verzichten«. Manfred Rasch bringt den neuralgischen Punkt dieser Vater-Kind-Störung auf den Punkt: Thyssen »... hatte nicht von seinem Vater gelernt, der ihn als jungen Mann auf eigene Beine gestellt hatte. Seine Söhne mussten wie Angestellte im gemeinsamen Unternehmen arbeiten.« Bereits nach dem Gymnasium erfährt Sohn Fritz als Mitarbeiter im Unternehmen die gleiche Härte des Vaters wie andere Auszubildende auch. Zur »dienstlichen Haltung«, die Thyssen von allen Mitarbeitern im Verkehr mit Vorgesetzten verlangt, gehört »unbedingter Gehorsam« ohne Widerrede. Erst 1918 gesteht er Söhnen und Neffen größere Beteiligung an der Führung des Unternehmens zu. Da ist der Mann 76 Jahre alt. Vier seiner geliebten Geschwister, zwei Schwestern und zwei Brüder, sind bereits tot. Er wird zunehmend einsamer in dieser Zeit und menschenscheuer. Den Dynastieplan allerdings verwirft er in den 1920er Jahren zugunsten eines riesigen Konzerns, der Vereinigten Stahlwerke AG. In diesem Stahltrust kann der alte Thyssen den Sohn Fritz, wie Manfred Rasch geschickt Vaters mächtiges Wollen umschreibt, »auf den Vorsitz im Aufsichtsrat beschränken ..., ohne (ihn) zu brüskieren, der sich seit Jahrzehnten auf die Nachfolge im Unternehmen vorbereitet hatte«.

Väterliche Strenge erfahren auch die Vettern Julius und Hans, Söhne von Joseph Thyssen. Joseph Thyssen ist sogar noch strenger zu seiner Nachkommenschaft als sein Bruder, sodass Onkel August sie oft gegenüber ihrem Vater in Schutz nimmt. Joseph gewährt seinem Filius Julius ein so niedriges Gehalt, dass Onkel August es aus eigener Tasche aufbessert. Trotz dieser Strenge fügen sich die beiden Vettern den Erziehungs- und Betriebsführungsansprüchen ihres Vaters und ihres Onkels – Pflicht, Disziplin, Sparsamkeit, Ordnung, Ehre, Verantwortung.

Ganz im Gegensatz zu ihren Vettern verhalten sich die Söhne August junior und Heinrich. Sie wollen sich nicht als Vaters Mitarbeiter der Unternehmensdisziplin fügen. Sie wollen auch nicht den einfachen Lebensstil führen, den sie als unpassend ansehen. Bis auf Fritz scheinen die Thyssenkinder unter dem in Unternehmerkreisen grassierenden Adelsfimmel zu leiden: Sie drängen Vater August, er solle die ihm mehrfach angetragene Nobilitierung, die Erhebung in den Adelsstand, annehmen. Davon erhoffen auch sie sich gesellschaftlichen Aufstieg bis zum kaiserlichen

Hof. August Thyssen bringt das in Rage. Doch betreibt er kompromissbereit den Erwerb einer zu seiner Stellung passenderen Wohnung: Die wird gleich zur Burg. Schloss Landsberg nutzt seinen Plänen, da es, wie Manfred Rasch analysiert, »zur Idee der Dynastiebildung passt«.

Im Gegensatz zu August Thyssen wünschen Bruder Joseph und seine Frau Klara, ihre Kinder sollten in Adelsfamilien einheiraten. Es kommt anders. Die Söhne Julius und Hans heiraten bürgerliche Frauen, Töchter aus betuchten Unternehmerfamilien. Julius ehelicht sozusagen eine Banknachbarin, ein Mädchen, dessen Familie in der katholischen Kirche die Bänke neben den Thyssens ihr Eigen nennt. Ähnlich wie Vater August sträubt sich auch Vater Joseph gegen die Heirat des Sohnes Hans mit der Tochter eines Reichsbankfilialleiters. Das junge Paar flieht aus dem Rheinland nach Berlin und wird dort getraut. Bruder Julius und dessen Frau sind als einzige Familienmitglieder anwesend. Die Neffen, die in die Unternehmensführung eingebunden sind, bedenkt August Thyssen bei der durch ihn festgelegten Erbschaftsteilung nach Abzug der Abfindung für Tochter Hedwig und Sohn August junior mit je 12,5 Prozent des Erbes, die Söhne Fritz und Heinrich mit je 37,5 Prozent. Allein der Aktienbesitz an der Thyssen und Co. entspricht 1928/29 für die Neffen je drei Millionen Reichsmark, für Fritz neun Millionen. Doch nach einer fortschreitenden Lähmung bei Hans ziehen sich beide Neffen aus den Entscheidungsgremien der Firma zurück, überlassen Fritz die Verantwortung. Hans stirbt 1943, Julius 1946.

Zurück zum Finanzstreit, der, wie noch ausgeführt werden wird, bis in die 1950er Jahre schwelt. 1906 bitten Hedwig und August junior den superreichen Hugo Stinnes, im Geldstreit mit dem Vater zu vermitteln. Der junge August bietet Stinnes gar seinen Anteil am Vermögen zum Verkauf an. Stinnes lehnt dies ab. Im gleichen Jahr hecken die Kinder einen Plan aus, mit dem sie

Vaters Willen umgehen und gleichzeitig ihre Finanzverhältnisse korrigieren könnten. Bei einer holländischen Bank nehmen sie Kredite auf, für die sie sich gegenseitig Bürgschaften ausstellen. Hedwig und August junior konsolidieren ihre Finanzen dadurch nicht, was zu erneuten Auseinandersetzungen führt. Hedwig, Hede genannt, heiratet einen Bekannten ihres Bruders August, den Grafen Ferdinand Neufforge. Nun ist sie Adelsfrau. Doch die Ehe scheitert. 1908 wird sie Baronin Hedwig von Berg durch eine Ehe mit Maximilian von Berg. Heinrich wird gleichfalls adlig, da ihn 1907 der Schwiegervater nach der Heirat mit einer ungarischen Baronesse adoptiert. Er ist nun Heinrich Baron von Thyssen-Bornemisza. Doch der, der die treibende Kraft im Finanzstreit mit dem Vater ist, August junior, wird trotz aller Bemühungen nicht adlig. »Infolge des väterlichen Unverständnisses (fand er) weder seinen Platz in den Unternehmen noch in der Familie.« Er reist unstet quer durch Europa und Amerika, und im Juni 1943 endet sein Leben rätselhaft.

Dabei hatte alles so bilderbuchreif begonnen. August Thyssen, Begründer der Dynastie, ist eines von sieben Kindern. Von einer treuen und geschwisterlichen Verbundenheit dieser sieben Thyssen-Kinder wird berichtet. Später, auf des Stahlherrn Schloss Landsberg, finden immer wieder Zusammenkünfte der Familie mit Schwägern und Anverwandten statt. Mittelpunkt ist immer August Thyssen. Die Geschwister handeln in wirtschaftlichen Dingen unter seiner Führung stets gemeinsam. Verbürgt ist sein nachhaltiger Schmerz über den Tod des Bruder Joseph, mit dem er Schreibtisch an Schreibtisch zusammengearbeitet hat. Joseph, engster Mitarbeiter von August Thyssen, stirbt 1915. Pflichterfüllt. Spätabends kontrolliert er Güterwagen, die das Werk verlassen. Dabei verunglückt er. Als er stirbt, ist auch er Millionär. »Ein schwererer Verlust hätte August Thyssen gar nicht treffen können«, urteilt ein Biograf. Mit Bruder Joseph sei der tägliche

Gesprächspartner dahingegangen, mit dem der ältere Bruder August jede Kleinigkeit besprochen habe.

Zum Verständnis jeder Persönlichkeit ist auch entscheidend, wie sie weltanschaulich erzogen wird und welche kirchlich-religiöse »Luft« sie atmet, glaubt der Theologe Hans Küng. Die kirchlich-religiöse Luft des Erzherrn Thyssen und die seiner Kinder ist von Weihrauch geschwängert. Unter den sagenhaften Karrieren an Rhein und Ruhr ist seine die katholischste. Dort befindet er sich unter den Fabrik- und Zechenherren sogar in einer Diaspora: Fast alle anderen Gründerzeitkapitalisten sind protestantisch. Obwohl Thyssen Katholik ist, »ist es ein wohl oft erzähltes Märchen, daß er mit Geldern der katholischen Kirche gearbeitet hat«, geben nach hundert Jahren die Berichte des Franzosen Huret Gerüchte um 1900 preis. »Ebenso wenig befaßt er sich mit der Politik der Zentrumspartei, und wenn diese, was andere Parteien ja auch tun, mit ihm rechnet, so geschieht es nur, weil man höheren Orts sehr wohl weiß, daß er in seinen Kohlenzechen und Hüttenwerken in Bruckhausen, Dinslaken, Meiderich und Mülheim an der Ruhr mehr als 25 000 Arbeiter beschäftigt und daß Bruckhausen im Jahr 1890 nur 10 000 Einwohner hatte, während es deren heute 80 000 zählt und vielleicht schon 90 000 bis 100 000 zählen könnte.« Der Franzose gerät ins Schwärmen ob dieses gewaltigen Werkes.

Auch andere prominente Besucher faszinieren die Orgelpfeifen der Hochöfen-Batterien, das pausenlose Zirren und Surren der emsigen Hafenkräne, die schier unendlichen Kohlenzüge, die schwarzen und rostroten Reihen der tief gehenden Erzschiffe auf dem Rhein, geraten angesichts des Werkes von August Thyssen ins Schwärmen. Am 5. Juli 1905 überfällt auch den französischen Komponisten Maurice Ravel der optische und akustische Eindruck an der Mündung der Ruhr in den Rhein. Der schroffe Gegensatz zur beschaulichen Ruhe der holländischen und der von

Thyssen-Arbeiter des Bergwerks »Deutscher Kaiser« um 1900: Grubenpferd, Pferdejunge und Steiger.

Kopfweiden bestimmten Landschaft des Niederrheins, die zuvor auf seiner Reise über den »deutschen« Fluss an ihm vorüberzieht, beeindruckt den Komponisten des »Bolero« besonders: »Nach einem schlammigen Tag auf einem sehr breiten Fluss zwischen trostlos flachen Ufern ohne Charakter, entdeckt man eine Stadt von Schloten, von Domen, die flammen und rötlich oder blaue Raketen ausspeien. Es ist Hamborn, eine gigantische Gießerei, in der Tag und Nacht 24 000 Menschen arbeiten. … Wie soll ich Ihnen den Eindruck dieser Schlösser aus flüssigem Metall, dieser glühenden Kathedralen, der wunderbaren Symphonie von … Pfiffen, von furchtbaren Hammerschlägen schildern, der uns umhüllt. … Wie musikalisch das alles ist. Ich habe die feste Absicht, es zu verwenden.« Tatsächlich lebten in Hamborn 1890 knapp 5 000 Menschen, 20 Jahre später jedoch 120 000.

»Ohne die finanzielle Unterstützung seiner Eltern und Geschwister und der fast ausschließlich nach innen gerichteten unternehmerischen Mitarbeit seines jüngeren Bruders Josephs (1844 – 1915) wäre diese beispiellose Expansion nicht möglich gewesen«, urteilt der Thyssen-Archivar Manfred Rasch. Die Verhältnisse der Familie, aus der August Thyssen stammt, verhalten sich wohltuend konträr zu denen der Familie, die er gründet und mit der er scheitert. Letztere kommt nie zur Ruhe. Durch unablässige Probleme ist sie wahrlich eine Quelle des Lärms.

Geboren am 17. Mai 1842 wächst August als drittes Kind und erster Sohn mit sechs Geschwistern in einer streng katholischen Unternehmerfamilie in Eschweiler bei Aachen auf. Dort bei Mutter Katharina und Vater Friedrich verläuft das Leben nahezu beglückend. Vater Friedrich hat als Leiter des ersten Drahtwalzwerks im Rheinland und später als Privatbankier eine doppelte Begabung: Kaufmannsgeschick und Technikverständnis. Das teilt sich dem Sohn mit. Mit seinen Geschwistern hat er als Erwachsener zwar zusammen geknausert und auf die Pfennige gesehen, doch sie haben stets zusammengehalten, auch zusammen gefeiert und manchmal waren sie gar lustige Leute.

Beispielsweise bei Threschen, der jüngsten Schwester von August, Therese (1860 – 1920). Sie ist mit Fritz Hoosemans verheiratet, einem Lebemann der Wilhelminischen Zeit, holländischer Margarine- und Spirituosenfabrikant. Im Hoosemans'schen Park sind Klingelknöpfe an Bäumen angebracht mit Schildern: 1 x schellen = Sekt, 2 x schellen = Bier, 3 x schellen = Schnaps. Dort treffen sie sich, Geschwister und weitere Verwandtschaft. Bei Bruder August kommen sie zusammen, dem Familienmittelpunkt, vor allem auf dessen Schloss Landsberg. Sie spazieren gemeinsam durch Düsseldorf, wenn sie sich in Schwester Balbinas Haus versammeln, wo auch Mutter Katharina nach dem Tod des Vaters wohnt. Sie besuchen gemeinsam Düsseldorfer Kunstgalerien, suchen gemeinsam Gemälde für ihre Häuser aus, die sie dann, wenn sie hängen, gemeinsam betrachten, um sich gegenseitig zu verstehen zu geben, wie schön das alles ist. Diese Bimmelei an den Bäumen passt nicht so recht ins Bild der Thyssens. Sparsamkeit und asketische Lebensführung war bei den Eltern angesagt. August übt sich darin, als er nach Studien in Karlsruhe und in Antwerpen zwei Jahre im Bankgeschäft des Vaters arbeitet.

Strenge, Ordnung, Disziplin, Gehorsam, die später seine Unternehmensführung bestimmen, entstammen nur bedingt dem Elternhaus. Thyssen erwirbt sie sozusagen als Leutnant der Reserve beim Militär. »Ganz offensichtlich lieferten ihm Kommando- und Organisationsstruktur des preußischen Heeres Muster für seine Betriebsorganisation«, schreibt Familienmitglied Stephan Wegener.

So durch Elternhaus und Preußentum geprägt, macht sich der junge August Thyssen 1867 daran, Unternehmer zu werden. Die Familie hilft. Mit vier Belgiern gründet Thyssen ein Bandeisenwerk in Duisburg. Einer der Teilhaber ist sein Schwager, der Belgier Désiré Bicheroux, Ehemann seiner Schwester Balbina (1846 –

1935). 8 000 Taler steckt Thyssen ins Geschäft. Als er 1871 aus der Firma aussteigt und in Mülheim sein eigenes Unternehmen gründet, Thyssen & Co., hat er zunächst 32 000 Taler, die er aus der ersten Firma zieht. Sein Vater stellt ihm einen gleich hohen Betrag zur Verfügung, ohne sich an der Firmenführung zu beteiligen. Ein Jahr danach wird die ansehnliche Mitgift der jungen Frau Hedwig Thyssen Kapital der jungen Firma. Vier Jahre später stirbt Schwager Bicheroux. Schwester Balbina ist Haupterbin und gibt alle frei gewordenen Mittel als Investitionskapital dem Bruder. Von nun an wird Balbina lebenslange Vertraute des Bruders.

So familiär geht es in Thyssens Unternehmungen weiter. 1877 stirbt Vater Friedrich. 230 000 Taler erbt Sohn August. Schwester Balbina und Bruder Joseph erben gleichfalls. Was machen mit dem Geld!? Ins Geschäft des Bruders, Joseph als Gesellschafter, Balbina als Gläubigerin. 1880 heiratet Bruder Joseph Klara Bagel, die 15 000 Taler Mitgift erhält, die zu großen Teilen ins Unternehmen geflossen sein sollen. August und Joseph teilen sich die Aufgaben im Geschäft. Joseph sorgt für das Funktionieren im Betrieb, August führt die Verhandlungen, macht Kundenbesuche im In- und Ausland. Zwei Brüder als Gesellschafter, die niemandem Rechenschaft schuldig sind. Alle übrigen Familienmitglieder, das sind nicht wenige, vertrauen ihnen ihr Geld an als Kredite fürs Geschäft. August und Joseph rechtfertigten es: Sie mehren und mehren die Gelder ohne Unterlass als so genannte »Familiennahrung«. Vor allem August, doch der, ohne von seiner Arbeit aufzusehen – zu Frau und Kindern.

So findet er später zwei seiner Kinder, Hedwig und August junior, als Erben ab. Die Söhne Fritz und Heinrich, Erst- und Drittgeborener, bestimmt er zu Unternehmenserben. Sie erhalten zu gleichen Teilen das Unternehmen, das des Vaters Namen trägt, der eine, Fritz, Stahl- und Bergwerke, der andere die anderen, gleichfalls riesigen Aktivitäten. Doch mit diesen Erbschaftsentscheidungen ist nicht nur Grund gelegt für weiteren Streit, sondern auch für unterschiedliche Biografien. Hans Heinrich Thyssen-Bornemisza, der Enkel von August, Sohn des Imperiumserben Heinrich und Neffe des Erben Fritz, sieht das so: »Mein Vater wollte lieber in einem kleineren Teiche, aber dafür in seinem eigenen Teich fischen. Mein Onkel wollte der große Boss eines großen Teiches sein.« Die Persönlichkeitsentwicklungen der Thyssen-Kinder sind so unterschiedlich, wie sie unterschiedlicher nicht sein könnten. Doch keine steht der anderen an Spannung und Dramatik nach. Von treuer und geschwisterlicher Verbundenheit, wie sie vom alten Gründer-August und seinen Brüdern und Schwestern überliefert ist, kann bei seinen Nachkommen nicht gesprochen werden. Einige von ihnen, vor allem die männlichen, geraten zu außerordentlich bemerkenswerten Figuren.

3. Landsberg, Rodin und die Sammelleidenschaft:
Der Familienbrauch

» Herr Thyssen ist ein kleiner, einfach gekleideter Mann mit schwarzem Schlips und goldener Uhrkette; er sieht gesund und kräftig aus. Seine Nase, die fast das ganze Gesicht einnimmt, erinnert an diejenige Pierpont Morgans; sie ist knorrig und von rötlich-violetter Farbe; an der Unterlippe hat er einen kleinen violetten Auswuchs, der den Mund ein klein wenig nach seitwärts verzerrt, aber dieser Mund und dieser ganze Kopf sind von einer außerordentlichen Intelligenz. Die kleinen Augen, über welche die Lider tief herabhängen, funkeln von Geist und Scharfsinn, die Stirn ist breit und schön, und diese ganze Häßlichkeit hat etwas so Ausdruckvolles und Packendes, daß sie gewinnend und sympathisch wirkt. ... Wenn er spricht, so geschieht es mit leiser und schleppender, aber klarer Stimme, indem er den Kopf ein wenig neigt ... und die Hände über der Weste gekreuzt hält. ... Sein Gesundheitszustand flößte mir Bewunderung ein. Mit 64 Jahren fährt er noch in seine Gruben hinab, ißt mehr als ich, schreibt täglich Briefe, ohne je eine Abschrift zu behalten, da er sich auf sein Gedächtnis verlassen kann, schläft er neun Stunden lang, ohne zwischendurch aufzuwachen, und kennt keine Müdigkeit. Man könnte ihm stundenlang ohne Ermattung zuhören, so ergiebig und kraftvoll ist sein Geist.«

So beschreibt der französische Schriftsteller Jules Huret in der Pariser Zeitung *Le Figaro* einen der zwei um 1900 wichtigsten deutschen Industriellen: August Thyssen. Später erscheinen Hurets

Berichte in einem viel gelesenen vierbändigen Werk: *En Allemagne*. Im Rheinland und in Westfalen interessieren ihn vor allem Krupp und Thyssen. Während Krupp sich nicht sprechen lässt, führt Sohn Fritz Thyssen – »... ein sehr liebenswürdiger, freundlicher Mann von etwa dreißig Jahren; sein Schnurrbart ist knapp über der Oberlippe abgeschnitten, wie es in Deutschland augenblicklich Mode ist« – ein wenig gebückt und mit schlenkernden Armen den neugierigen Franzosen durch Fabrikhallen und über die Hafenkais am Rhein von Duisburg. Zur Überraschung Hurets lädt Vater August Thyssen für den nächsten Tag zum Frühstück. Dabei spricht der Alte »mit gutem Appetit dem Essen zu«, entwickelt viel Esprit. Zwei Stunden lang, berichtet Huret, hört er Thyssens Erzählungen gebannt zu.

Knapp 20 Jahre später beeindruckt Thyssen noch immer. In den Lebenserinnerungen des Reichsbankpräsidenten Hjalmar Schacht sind die Besuche auf Schloss Landsberg, dem Wohnhaus Thyssens, beschrieben: »Obwohl August Thyssen nach außen hin im persönlichen Verkehr den bescheidensten Eindruck zu machen suchte, wußte er doch auf der anderen Seite fürstlich zu repräsentieren. Die zahlreichen, stattlichen Räume wiesen alte Gemälde der besten Meister auf, eine Reihe von Rodin-Skulpturen schmückte die Halle, gepflegte Parkanlagen umgaben das Schloss, in denen herumstolzierende Pfauen uns mit ihren spitzen Stimmen schon früh aus dem Schaf weckten. Tafel, Dienerschaft, Gedecke, alles hatte den Zuschnitt eines echten Grandseigneurs.« Vom »bescheidensten Eindruck« berichten auch andere Quellen: »... daß er von herausfordernder Nachlässigkeit in seiner Kleidung und äußeren Erscheinung war.« Biograf Carl-Friedrich Baumann beschreibt es genauer: »Seine äußere Erscheinung spiegelt sein Inneres: sparsam und konservativ. Er war stets gediegen, aber altfränkisch gekleidet. Die bevorzugte Anzugfarbe war Schwarz, das bevorzugte Kleidungsstück, besonders im Alter, der Gehrock.

Seine Wäsche wurde angefertigt, weil er auf den unmodern gewordenen Stehumlegekragen und die ›Röllchen‹ nicht verzichten wollte.« Schacht zeichnet den alten, 83-jährigen Thyssen als einen Mann mit auffallend hoher Stimme, trippelnden Schritten, raschen, ein wenig hastigen Bewegungen, der »klein von Gestalt mit einem weißen Spitz- und Schnurrbart ... von weitem« aussehe »wie ein alt gewordener Lenin«.

Sowohl der Bericht von 1900 durch den Franzosen Huret als auch jener spätere durch den Deutschen Hjalmar Schacht sagen in wenigen Zeilen viel über August Thyssen, den Begründer des damals größten Montankonzerns und Bahnbrechers der Verbundwirtschaft. Tatsächlich besitzt Thyssen wie der Revolutionär Lenin ungeheures Organisationstalent, das sich bei ihm mit dem kühnen Unternehmungsgeist des amerikanischen Finanziers und Großunternehmers Pierpont Morgan paart. Als solle das deutsche Sprichwort bestätigt werden, man begegne einem Menschen im Leben stets zweimal, taucht der Name Morgan im Leben und in der Kunstsammlung des Enkels Hans Heinrich Thyssen-Bornemisza Generationen später wieder auf, als vormaliger Besitzer eines der grandiosesten Frauenbildnisse florentinischer Malerei. Zwar sind Hurets Berichte von Rhein und Ruhr nicht umfangreich, aber gleich zu Beginn analysiert er die beiden damaligen wirtschaftlichen Größen des aufstrebenden Ruhrgebiets treffend: Die Namen Thyssen und Krupp hätten um 1900 beide einen gleich guten Klang, doch »... während das Haus Krupp schon in der fünften Generation steht, hat Thyssen das Verdienst, allein dazustehen und immer allein dagestanden zu haben. Sein Vermögen und sein Einfluss sind nicht ererbt«. Huret hat Thyssens Wirtschaftskarriere sehr richtig beschrieben. Doch Thyssens familiäre Bande und die seiner Nachkommen sind weit facettenreicher.

August Thyssen – auch dieses Kapitalistenleben beginnt gutbürgerlich, nahezu beschaulich. August Thyssen wurde im vorindustriellen Zeitalter geboren, als das Handwerk sich von der Anfertigung einzelner Stücke auf die Serienproduktion von Teilen umstellen musste. Die Voraussetzungen zur fabrikmäßigen Herstellung von Gütern entstanden in dieser Zeit gerade erst unter dramatischen Umständen. Doch der klein gewachsene August ist ein Stiergeborener. Das wird sich später in seiner Zuverlässigkeit zeigen, in seinem zum Wort stehenden Wesen, vor allem jedoch in der Eigenschaft, zupacken zu können, wenn andere zaudern. Zu Anfang des 20. Jahrhunderts lobt Sohn Fritz diesen Charakterzug des Vaters: »... mein Vater hat ein Talent für Geschäfte und besitzt einen äußerst scharfen Verstand und eine erstaunliche Entschlußfähigkeit. So gab es vor 25 Jahren eine Zeit, in der die Gruben sich nicht rentierten und keine Dividende zahlten. Die großen Kapitalisten überließen sie ihrem Schicksal. Mein Vater dagegen benutzte die langjährige Krisis im Kohlenbergbau dazu, seine Werke für alle Zeit durch Ankauf zahlreicher Konzessionen vom Kohlenmarkte unabhängig zu machen, was ihm auch in vollem Maße gelungen ist.«

August Thyssen ist ein »Sprößling der fünfziger Jahre des 19. Jahrhunderts, als sich die Bodenschätze dem Gründergeist erschlossen hatten«. So beginnt der Schriftsteller Erik Reger eine Thyssen-Charakterisierung. Reger, in den zwanziger Jahren des 20. Jahrhunderts Pressereferent des Stahlgiganten Krupp, nach 1945 Herausgeber und erster Chefredakteur des Berliner *Tagesspiegel*, lernt die Bosse der damaligen Zeit im inneren Zirkel kennen. In seinem 1931 mit dem Kleist-Preis gekrönten Roman »Union der festen Hand« beschreibt er den Ur-Thyssen so: Er stammt aus »... einer zwar ehemals nicht unbegüterten, doch zuletzt nicht mehr übermäßig wohlhabenden Familie ... und gehörte noch jenem aussterbenden Industriellentypus an, der in der Hauptsache aus technischem Erfinderdrang zum Unternehmer geworden war und niemals, abgesehen von der Beschaffung des

Anfangskapitals, sich Geld geliehen hatte. Er hat seine Werke immer nur nach Maßgabe ihres Ertrages ausgedehnt. Seine riesigen Hüttenanlagen, ... Hochöfen ... und Walzwerke mit Brücken- und Eisenbauwerkstätten, ... waren die größten und modernsten der Zeit. Er war ein Patriarch, eine mythologische Größe. ... Es mag dahingestellt bleiben, ob die Geschichte von den rostigen Nägeln, mit deren Sammlung angeblich ... (sein) Glück und Reichtum begonnen hatte, auf Wahrheit beruhte; wahr oder nicht, sie war ein Symbol für den Mann, der noch aus dem, was anderen abgedient und unbrauchbar erschien, seinen Vorteil zu ziehen wußte.« Da fügt sich diese Geschichte ein: Der Milliardär August Thyssen reibt Zweipfennigstücke blank, um sie dem Vorsteher und dessen Gehilfen einer kleinen Bahnstation in Ruhrnähe als Trinkgeld in die Hand zu drücken und mit ihrem güldenen Blinken die Männer zu täuschen. Selbst Thyssen-Direktoren machen sich heimlich lustig ob des Sparticks der Thyssen-Geschwister August, Joseph und Balbina.

Als wolle er es den Krupps gleichtun, sucht und findet auch Thyssen im Alter ein Schloss. Zu diesem Zeitpunkt ist er 63 Jahre alt. So etwas wie Krupps Villa Hügel bei Essen will auch er vorweisen! Frische Luft und viel Natur! Ein Biograf glaubt jedoch, Thyssen hätte es nicht mehr nötig gehabt, »seinem Essener Nachbarn gesellschaftlich Konkurrenz zu machen«. Physische Ruhe wäre sein besonderes Bedürfnis. Doch beide, Alfred Krupp und August Thyssen, zieht es an die Ruhr. Sie hoffen, angekommen auf der Höhe ihrer Macht, in einem prachtvollen Gebäude auf den Ruhrhöhen – von denen Pückler-Muskau so geschwärmt hatte – das Glück ihrer letzten Jahre und das ihrer Nachkommen gefunden zu haben. Sie täuschen sich.

Alfred Krupps Traum vom anderen Wohnen ist gewaltig. Er nimmt gar an, ein Monumentalbau wie die Walhalla, eine Mischung zwischen Kölner Dom und Berliner Siegessäule auf den stillen Ruhrhöhen in reiner Luft werde für die seinen und ihn zum Kurort, sogar zum »Mittel zur Lebensverlängerung« werden. Es gerät vollkommen daneben. In der Villa Hügel, die er aus kühlem Stahl und abweisendem Ziegelmauerwerk errichten lässt, zieht es entsetzlich; der Wind heult durch die Belüftungsrohre und es ist lausig kalt, dass auch spätere Generationen in Pelzmänteln an ihren Schreibtischen sitzen müssen. Das ändert sich wenig, als Sohn Friedrich Alfred durch Einbauten von Holz und Gobelins Vaters Haus wohnlicher machen will. Nach 1945 fliehen die Krupps aus ihrer kalten Pracht und ziehen in moderne Villen.

Auch Thyssen macht sein Schloss Landsberg auf den Ruhrhöhen nicht glücklich. Er ist 60 Jahre alt, als er sich zum ersten Mal Gedanken macht, seinen Wohnsitz Haus Froschenteich in Mülheim an der Ruhr aufzugeben. Im April 1903 wird er Schlossbesitzer. Im August des folgenden Jahres bezieht er das Schloss – allein. Ein Diener und ein Kutscher sind seine Hausgenossen. Und der Rest der Familie? Er und seine Frau als Großeltern? Nein, der reiche Mann allein. Schreiende Pfauen, Gemälde, Skulpturen, goldene Wasserhähne. Allein auf dem Hügel.

Thyssen sehnt sich nach diesem Platz und einem großen und prachtvollen Haus weit oben über dem Fluss: »Landsberg ist das einzige Gut, was man per Wagen von Mülheim aus erreichen kann. Dabei hat es guten Wald und Wasser. Auch ist die Lage in den Bergen mir erwünscht ... für eine Schloßwohnung.« Auch Thyssen spricht wie Krupp von Gesundheit, spricht sogar von diesem Schloss wie von einem »Genesungsheim«. Das schreibt er seinem Vertrauten in allen Grundstücksfragen. Ein gewaltiges Schloss mit Prunk und Pracht. Wie geht das mit der bis zum Tagelöhner bekannten Bescheidenheit des Kapitalisten Thyssen zusammen? »August Thyssen hat nicht den Ehrgeiz besessen, seine wirtschaftliche Macht in gesellschaftliches Ansehen umzumünzen«, urteilt der Biograf Horst A. Wessels. »Zum Leidwesen seiner Frau und seiner Kinder hat er, abgesehen von einer repräsentativen Wohnung, die er jedoch erst im Alter erwarb, auf die entsprechenden Statussymbole keinen Wert gelegt. Die Erhebung in den Adelsstand hat er abgelehnt, weil ihm der Umgang mit der Hofgesellschaft nicht behagte und dieser ihm auch zu viel der ohnehin knappen Zeit weggenommen hätte.« Wozu braucht einer, der jedem Luxus abhold ist, ausgerechnet ein Schloss, obendrein auch noch eine ehemalige Raubritterburg? »Dies ist eine Frage der Repräsentation gewesen«, kommentiert der Biograf Baumann Thyssens Schlossgelüste. »Krupp saß auf Villa Hügel. Stinnes führte in Mülheim ein großes Haus. Ebenfalls in Mülheim hatte sein wirtschaftlicher Widersacher, Emil Kirdorf, den ›Streithof‹ in Besitz. So blieb ihm gar nichts anderes übrig, als mitzuziehen – dort, wo andere Unternehmer bereits Maßstäbe gesetzt hatten. Er selbst hat zwei bescheidene Zimmer bewohnt. Die anderen großen Räume waren für Besuche und Bewirtungen vorgesehen.«

Sein letzter Wille aber, im Testament vom 26. März 1926 festgeschrieben, erfüllt sich nicht: »Es ist mein Wunsch, daß Schloß Landsberg nebst sämtlichem dazugehörigem Grundbesitz von circa 130 Hektar meiner Familie für immer in Form einer Stiftung erhalten bleibt. Ich spreche ferner den Wunsch aus, daß meine Kinder und Enkel alle möglichst viel auf dem Schloß wohnen.« Zwar bringen die Söhne nach dem Tod von August Thyssen das Anwesen Landsberg in eine Stiftung ein, doch ähnlich wie bei den Krupps bleibt sein Wunsch, die Nachkommen mögen sich dort wohl fühlen, unerfüllt. Anstelle der Nachkommen kommen später Thyssen-Mitarbeiter. Seit 1993 dient der Wohntraum vom alten August der Thyssen AG als Seminar- und Tagungsstätte, renoviert und teilweise umgebaut.

Allgemeine Not zur Zeit der Inflation in den 1920er Jahren rückt Thyssen auf andere Art erneut in die Nähe von Krupp. Der Kanonenkönig im benachbarten Essen lässt sehr früh auf dem

Schloss Landsberg, Thyssen-Stammsitz und steingewordener Traum des Dynastiegründers, auf einer Postkarte von 1906.

Land um seine Villa Hügel eine professionelle Gärtnerei einrichten, die das große Anwesen mit frischem Gemüse und frischen Blumen versorgt. Sie ist sozusagen im großen Stil vergleichbar den bescheidenen Arbeitergärten zur Selbstversorgung Kruppscher Stahlwerker und Bergarbeiter. August Thyssen bleibt im Gegensatz zu Krupp als Gärtner und Förster auch ein Pfennigfuchser. Den Auswirkungen der Geldentwertung in der Inflationszeit will er durch verstärkten Holzeinschlag in den Landsbergschen Wäldern begegnen und durch Blumen- und Gemüseanbau rund ums Schloss. Doch Blumen und Gemüse werden nicht zum Eigenbedarf des Schlosslebens gezogen. Thyssen lässt Holz verkaufen, auch Gemüse und Blumen auf den umliegenden Märkten bis nach Düsseldorf.

Die von August Thyssen privat genutzten Räume sind bei der Renovierung und Restaurierung wieder so hergerichtet worden, wie sie zu seinen Lebzeiten waren. Der Journalist Ulrich Hinz hat Glück und besucht Thyssens Gemächer vor dem Umbau. Er sieht neben dem prächtigen Jugendstilbad mit den goldenen Wasserhähnen, die später dem staunenden Publikum vorgeführt werden, in einer angrenzenden Kammer die alte Badewanne, in der sich der alte Herr im warmen Wasser aalte. Das angeblich bei der Weltausstellung in Paris erstandene Prachtstück aus Marmor, das Thyssen dort ab- und in seinem Schloss aufbauen lässt, dient nur zur Zurschaustellung und zur Benutzung für besondere Gäste. Er jedoch planscht darin nicht. Reporter Hinz betritt vor der Renovierung auch Thyssens Schlafzimmer, das nach seinem Tode verschlossen bleibt. Der Teppich um das Himmelbett ist noch nicht erneuert. »Rund um das Bett war eine regelrechte Laufstraße«, erzählt Hinz, »als wenn der Alte ständig um sein Bett getrabt ist.«

Schloss Landsberg lässt angeblich ein fünfter Adolf Graf von Berg zwischen 1276 und 1289 als Burg errichten. Andere Quellen meinen, der Ursprung sei im 7. Jahrhundert zu suchen; aus dieser Zeit stamme auch der Name, der abgeleitet wäre vom Gutsherrn Lando, der auf dem Berg eine Befestigungsanlage angelegt haben soll. Ursprünglich war es eine Raubritterburg, sagen andere Historiker. August Thyssen gibt führenden Architekten den Auftrag, sie nach seinem Geschmack umzuarbeiten. Er wusste, was seiner Zeit gefällt, wählte beispielsweise für die dekorative Innenausstattung eine Firma, die einen bedeutenden Ruf für die Einrichtung der Passagierräume von Überseedampfern hat. Thyssen ist da in bester Gesellschaft: Zwei weitere honorige Kunden des Dampfereinrichters sind die Krupps und die Familie Stinnes. Doch sparsam, wie Thyssen ist, lässt er die Prunkmöbel sorgfältig mit Schutzüberzügen versehen. Nun steht er da: klein, reich und spitzbärtig, mit goldener Uhrkette am Westenknopf, hält im Torbogen seines Schlosses die Hände sicher hinterm Rücken verschränkt und sieht mit blitzenden Augen verschmitzt in die Kamera. Ein einsamer Mann? Vielleicht. Ein stolzer alter Herr gewiss.

So sind die Berichte von Zeitgenossen über Thyssens Schloss mehr als bloße Architekturbeschreibungen. Sie sagen auch viel über den Besitzer, der eben doch »fürstlich zu repräsentieren« wusste. Als Thyssen seinen Sohn Heinrich zu einem größeren Treffen einlädt, weist er ihn an: »Etwas Toilette musst Du schon mitbringen.« Als einige Direktoren zum Essen mit einem Herzog erscheinen müssen, verfügt er handschriftlich, die Herren hätten im Gehrock zu erscheinen.

Auf den französischen Schriftsteller Jules Huret macht Schloss Landsberg einen nachhaltigen Eindruck. Mit den vielen Bäumen und »Bächen, grünen Matten, … den Hügeln« wirke »die Landschaft wie eine kleine, einsame und ländliche Schweiz. Und doch liegt nur wenige Kilometer von hier das fürchterliche, im Rauch erstickende Essen, und Mülheim mit seinen Stahlwerken, und Duisburg und Ruhrort mit ihren zahllosen mit Eisen und Kohlen beladenen Schiffen. Wir fahren auf einer hölzernen Brücke über die Ruhr – über diesen Fluss mit seinen grünen, mit Maßliebchen und Löwenzahn besäten Ufern, der weiterhin zur Fahrstraße von Millionen Tonnen Kohle wird. Ein gewundener Weg führt zu dem Schloss empor, das dieses ganze Tal beherrscht.«

Auch Huret bleibt das eitle Federvieh in Erinnerung: »Unter hohen Bäumen schlagen weiße Pfauen ihr Rad und betrachten sich in Spiegeln, die am Fuß der Bäume angebracht sind. Auf einer Terrasse, von der aus man den Wald und das ferne Ruhrtal überblickt, plaudern etwa 14 bis 15 Personen. Es ist die Elite der deutschen Industrie. Ich besinne mich nicht mehr auf die Namen dieser Hüttenbesitzer, dieser Direktoren von Elektrizitätsgesellschaften, dieser Ingenieure und Bankiers. Anfangs überraschen mich vor allem die Toiletten: Wir befinden uns auf dem Lande und im Frühling, und die Männer tragen lange schwarze Röcke; die Damen sind alle in Dinnertoilette – grüne Crêpe de Chine mit weiß und goldener Stickerei, schwarzer Tüll, Flitterkleider und so weiter. Die Schwiegertochter des Hausherrn, eine hübsche junge Blondine, trägt ein elegantes Prinzesskleid aus granatfarbenem Tuch, das tadellos gearbeitet ist. An der Brust, an den Ohren, an den Fingern und am Halse funkelt es von Schmuck.« Monsieur Huret kommt aus dem Staunen nicht heraus.

Der Mann hat Glück. Er kommt zu einem der Feste auf Schloss Landsberg: »Man feiert die Verlobung eines jungen Kavallerie-offiziers mit einem niedlichen jungen Mädchen aus einer der ersten Familien. Die Tafel (für fünfundzwanzig Personen) ist in einem großen, mit hellem Eichenholz getäfelten Saal gedeckt, dessen Fenster auf den Hof und den bewaldeten Horizont hinaus-blicken. Auf alten Kredenztischen und Schränken von reich ge-schnitztem Ebenholz prangen schöne alte Porzellansachen. Das Frühstück ist einfach: Kaviar mit Brot und Butter, Suppe, Rhein-lachs, Schinken mit Stangenspargel, Braten mit Salat und Kom-pott, Ananaseis.«

August Thyssen selbst ist anspruchslos, was Essen und Trinken betrifft. Morgens um sieben Uhr nimmt er sein frugales Frühstück ein, wird berichtet, wobei er Hausmannskost bevorzugt. Abends gibt es einen Teller Milchsuppe oder ein Butterbrot. Legendär sind die Erzählungen über Thyssens Glas Wasser, mit dem er sich meistens begnügt. Nach einem Essen mit Direktoren auf Lands-berg komplimentiert er die Herren hinaus, da er ein Stündchen schlafen wolle. Die Direktoren suchen die nächste Gaststätte auf, damit sie endlich ein Glas anständigen Wein trinken können. Bei einer anderen Besprechung geht es um die Erschließung eines neuen Kohlengrubenfelds. Thyssen fragt, ob genügend Kohle ab-gebaut werden könne. »Das kann niemand sagen, das ist Ihr Risi-

ko.« – »Was wird die Sache kosten?« – »Etwa fünf Millionen.«
Thyssen zieht ein Butterbrot aus der kleinen Aktentasche, bittet
um ein Glas Wasser, lehnt die angebotene Tasse Kaffee ab, wartet
aufs Wasser, beißt ins Butterbrot und trinkt einen Schluck: »Ich
bewillige die Summe.«

Während er sich in seinen Werken um jede Kleinigkeit kümmert, überlässt er auf Schloss Landsberg alles der Dienerschaft –
fast alles. Die Menüs zu Gesellschaften allerdings müssen ihm vor
deren Anrichten vorgetragen werden. Da macht er Unterschiede
nach Rang und Stellung. Beispielsweise weisen die Menüs aus
Anlass seines 70. Geburtstags für die Prokura und für das Direk-
torium erhebliche Unterschiede auf. Früh geht der alte Herr zu
Bett. Sind Gäste im Haus, fordert er die Gesellschaft auf, ruhig
weiterzufeiern. Sein Konkurrent Gustav Krupp von Bohlen und
Halbach verfährt da anders. Gegen zehn Uhr zieht der sich zurück. 15 Minuten zuvor hatte ein Diener den Gästen auf Villa
Hügel ins Ohr geflüstert, die Wagen seien vorgefahren. Thyssen
liebt die Geselligkeit, am meisten doch die anderer Leute. An
Sonn- und Feiertagen sind Verwandte auf dem Schloss, aus ge-
schäftlichen Anlässen werden viele Gesellschaften gegeben. Der
Schloss- und Hausherr Thyssen, Nichtraucher, begnügt sich bei
Gesellschaften mit einem Glas Weißwein. Beim Duisburger Brauereibesitzer König, Stammvater von König Pilsener, lässt er häufig
den Wagen anhalten, um mit dem über Land und Leute zu plaudern, doch mit dem Hintergedanken, sich über Besitzverhältnisse
der Ländereien zu informieren. Später kommt ihm sein Wissen bei
Landkäufen seiner Hütte zugute. Natürlich lädt Brauer König den
Stahlherrn zum Bier ein. Thyssen aber bleibt bei einem Glas
sauren Weins.

Beobachter Huret speist vorzüglich auf Schloss Landsberg,
dann begutachtet er Räume und Gänge der umgebauten Burg.
Seine Eindrücke gibt er mit großer atmosphärischer Dichte und

Genauigkeit wieder: »Der Kaffee wird nach Tisch in einem großen Wintergarten mit marmornen Wänden und Fußböden serviert; ich entdecke hier zwei Werke von Rodin: eine reine Jungfrau, die ihr Geheimnis der Isis zuflüstert, und Athene, die verzweiflungsvoll auf den Ruinen von Athen niedergesunken ist. Herr Thyssen schien diese beiden prachtvollen Marmorwerke sehr zu lieben.« Thyssen, der für Theater, Sport, Literatur und Kunst im Allgemeinen keine Zeit hat, dem modischer Zierrat und Luxus fremd sind, erlaubt sich diesen Luxus: Skulpturen des in seiner Zeit berühmtesten und teuersten Bildhauers. Er hat sie ersehnt, die Marmorbildwerke Rodins. Ein Zeitzeuge berichtet: Bei Gesellschaften wurden stets »... nach Tisch die Rodins bewundert«. Angesichts der Arbeiten von Rodin, ja angesichts des Meisters selbst, ist der Kapitalist von Rhein und Ruhr offenbar ein anderer Mensch. Thyssen, der gut Französisch spricht, ist oft geschäftlich in Paris. Häufig begleiten ihn Hugo Stinnes und sein wirtschaftlicher Widersacher Kirdorf. So oft wie möglich versucht Thyssen, Auguste Rodin aufzusuchen. Von einer dieser Begegnungen gibt es folgende Schilderung: »Er betrat dann vorsichtig das Atelier, in welchem Rodin beim Scheine einer Kerze seine Werke aus dem Marmor schlug und von niemanden gestört zu werden wünschte. Er wartete dann so lange, bis Rodin zufällig sich einmal umdrehte und ihn begrüßte.«

Auch der erste Kontakt des Erzkapitalisten zum Marmormeister zeigt einen anderen Thyssen. Sind es Worte von Rainer Maria Rilke, dem großen deutschen Lyriker, die Thyssen für den großen französischen Bildhauer entflammen? Thyssen-Biografen sind dieser Meinung. Rilke über Rodin: »›Avez-vous bien travaillé?‹ – ist die Frage, mit der er jeden begrüßt, der ihm lieb ist; denn wenn die bejaht werden kann, so ist nichts weiter zu fragen, und man kann beruhigt sein: Wer arbeitet, ist glücklich.« Thyssen hat ähnliche Vorstellungen vom Leben.

Während das Sammeln anderer Kunstwerke mehr wie teures, doch dilettantisches Kaufen wirkt, erscheint das Erwerben der Marmorskulpturen des Auguste Rodin vom drängendem Begehren des wahren Kunstliebhabers bestimmt zu sein. Bei den meisten seiner Bilder handle es sich doch nur um Kopien, wagt ein Besucher August Thyssen anzugehen. Die hätten aber doch auch Geld gekostet, erwidert der kaufmännisch. Bei Rodin verhält er sich anders. 1905 bestellt Thyssen drei, 1908 vier weitere Plastiken. Der Kohle-, Stahl- und Geldmeister überschüttet den Bildnismeister mit verehrendem Lob. Über seine Gefühle beim Betrachten von »Le Christ et la Madelaine« schreibt er an Rodin: »Ich bin ganz begeistert von dieser bedeutenden Arbeit. Die Gruppe hat mir tiefen Eindruck gemacht, und ich entdecke ohne Ende immer neue Schönheiten daran. Ich bin stolz, sie zu besitzen. Die Ausgewogenheit der sich berührenden Figuren verwirklicht für mich den Gipfel an Schönheit.« In anderen Schriftzeugnissen zeigt sich die Ungeduld des begehrenden Sammlers. Rodin arbeitet für Thyssens Gefühl zu lange an den bestellten Arbeiten: »Ich bitte Sie, mir ein paar Worte zu schreiben, wann die beiden Marmorplastiken, die Sie mir liefern wollen, so weit sind, damit ich sie sehen und mich daran erfreuen kann die Zeit lang, die mir in meinen Leben noch bleibt. Ich bitte Sie darum, sie so bald wie möglich zu beenden, da ich schon 68 Jahre alt bin.« Ein Jahr später gesteht Thyssen dem Bildhauer: »Ich bin sehr traurig, dass ich sie (die Plastiken) entbehren muss, und meine Freunde fragen mich täglich, wann ich sie bekomme.«

Einige Skizzen, kleine Modelle stehen am Anfang der sieben Rodin-Skulpturen, die durch Thyssens Auftrag entstanden sind und zum grandiosen Grundstock der späteren Kunstsammlung Thyssen-Bornemisza werden, einer der beiden größten Privatsammlungen der Welt; die zweite ist die der britischen Königin. Auch die Vorarbeiten sind extrem teuer. Meister Rodin ist unwirsch, macht keine verbindlichen Terminzusagen, lässt, wenn überhaupt, Briefe von einem Sekretär beantworten, auch vergisst er nach einiger Zeit Vereinbarungen. Wie es oft bei Liebenden passiert, auch im Verhältnis Thyssen-Rodin kommt es zu Spannungen. Rodin will einige Skulpturen nur gegen Vorkasse liefern. Gleichzeitig träumt Thyssen davon, der Bildhauer möge ihn in Stein meißeln. Er fragt nach Preis, nach der Zeit zur Anfertigung der Büste, aber auch danach, wie lange er dem Künstler in Paris Modell sitzen müsste. Obwohl Rodin ausweichend ablehnt, er habe diffizile Porträts in Arbeit, so etwas sei besonders teuer, wiederholt der Rodin-verliebte ein Jahr später seine Bitte, ihn von Bildhauerhand zu formen. Doch es wird nichts daraus.

August Thyssen versteht sich als Rodin-Sammler. Da ist sich Thyssen-Biograf Carl Friedrich Baumann sicher. Schon als er die ersten Skulpturen bestellt, erbittet Thyssen deren Beschreibungen auf Deutsch und Französisch. Und: Rodin möge sie signieren. Thyssen will sie »Freunden und Besuchern des Schlosses Landsberg« zeigen. Zweimal bittet er um die Unterschrift des Künstlers. Gleichzeitig fordert er: Von jedem der von ihm erstandenen Werke dürfe es nur eine Replik geben: »Ich habe die Überzeugung, daß ich von Ihnen wirklich nur schöne Kunstwerke erhalten werde, daß ich Ihnen dagegen als Gegenleistung einen hohen Preis vergüte und Ihre Kunstwerke auf meinem Schloß einem ausgewählten Kreis zeigen werde, der zwar Ihren Namen, nicht aber Ihre Leistungen kennen gelernt hat.«

Am Ende der Beziehung zwischen Künstler und Kapitalisten stehen sieben Skulpturen. Fünf von ihnen werden im Wintergarten von Schloss Landsberg aufgestellt. Zwei schenkt der alte Thyssen dem jungen Thyssen, Sohn Fritz, für dessen Villa in Mülheim an der Ruhr, damit der dort als Leiter der August Thyssen-Hütte repräsentieren könne. Eine dieser beiden Arbeiten ist verschollen: »Psyché«. Die andere wurde später auch im Wintergarten platziert. Als nach dem Zweiten Weltkrieg Hans Heinrich Thyssen-Bornemisza die Wiederherstellung der Kunstsammlung seines Vaters sich zur Lebensaufgabe auferlegt, will er 1957 auch den Beginn dieser privaten Kunstgeschichte in den größeren Sammlungs-Zusammenhang stellen und erwirbt fünf Skulpturen. »Le Christ et la Madelaine« bleibt zunächst auf Schloss Landsberg und soll in die Familiengruft kommen. »Aus Raumgründen« sei dies nicht möglich gewesen, heißt es heute. Thyssen-Bornemisza ist das nur zu recht, er kauft auch diesen Rodin-Marmor für seine Sammlung.

Zurück bleiben »allerlei schlechte Malereien von Düsseldorfer Malern«, berichtet Zeitzeuge Jules Huret. »Man möchte heulen, wenn man diese garstigen Dinger ansieht.« So schlecht, Monsieur Huret? Immerhin sind drei Bilder von Lenbach dabei, allerdings Bismarck- und Kaiserporträts, obendrein nur aus Lenbachs Werkstatt. Vieles aus der Zeit des Rundgangs des französischen Schriftstellers durch das Gebäude ist auch nach gründlicher Renovierung geblieben. »Ein Louis-XVI.-Salon mit goldenen Möbeln macht mir einen kalten und sozusagen unbewohnten Eindruck. Auch in das oberste Stockwerk steigen wir hinauf und besehen das in gelbem Samt gehaltene Arbeits- und Ruhezimmer des Hausherrn. Ein großer Tisch ist ganz mit Papieren beladen; an den Wänden hängen zahlreiche Portraits, unter anderem auch von Bismarck, dem Abgott der Westfalen, von Moltke und von dem alten Kaiser Wilhelm. ... In den Schlafzimmern fällt mir hier ein bretonisches Bett mit geblümter weißer Seide auf und weiterhin eine Stube in reinem Empirestil. Das Badezimmer ist ein großes Bassin von herrlichem Marmor. Dann folgt eine ganze Flucht von Fremdenstuben und am Ende eines langen Ganges die Kapelle. ... Schließlich begeben wir uns in den Park hinaus, der von mehreren hundert Hektar Wald umschlossen ist. ... Herr Thyssen unterhielt sich mit dem Hüttenbesitzer Stinnes, der mit

Herrn Thyssen zusammen die neue Elektrizitätsgesellschaft in Essen gegründet hat; die Herren hegen die ehrgeizige Hoffnung, den Bedarf für die ganze Gegend liefern zu können – hunderttausend Pferdekräfte! ›Herr Stinnes ist der tüchtigste Geschäftsmann, den ich kenne‹, sagt Herr Thyssen. Aus solchem Munde bedeutet das ein unvergleichliches Lob.«

Obwohl sie ein Altersunterschied von über 20 Jahren trennt, sind Thyssen und Stinnes vor allem in zwei Punkten wesensverwandt, einer davon ist erstaunlich: Thyssen und Stinnes haben alles im Kopf abgespeichert, regieren ihre Werke wohl allein nur mit ihrem phänomenalen Gedächtnis, und beide haben den Willen zur Macht, regieren ihre Unternehmen allein, als wären es Königreiche. Während andere lange konferieren müssen, erkennen beide bei Transaktionen, gerade bei gemeinsamen, früher als andere Nutzen oder Nichtnutzen. Die räumliche Nähe, beide leben in derselben Stadt Mülheim an der Ruhr, begünstigt das gemeinsame Vorgehen. Beide bewegen sich zwar in so genannten höchsten Kreisen, man hofiert sie, Kaiser und Präsidenten voran, doch bleiben sie auch lokalpatriotische Mülheimer Stadtbürger. Und so groß ihre Werke und wirtschaftlichen Erfolge auch sind, ihre Methoden bleiben denen von Krämern verwandt, erfolgreichen Kramladenbesitzern. Von Stinnes, dem Zahlengenie, ist verbürgt, dass er alle Spekulationen, Transaktionen, Firmenaufkäufe und Firmenübernahmen, Kredite und Bürgschaften in seinem Kopf lässt und sie aus seinem Gedächtnis abruft. Notizen könnten verräterisch werden. Als er stirbt, ist der Niedergang seines Imperiums unter anderem auch damit zu erklären, dass sein Sohn dieses Gedächtnis nicht erben konnte. Über die Furcht von Stinnes und Thyssen, man käme ihnen auf die kaufmännischen Schliche, gibt es das Zeugnis des Professor Dr. Dr. Wiedenfeld, der dem alten Thyssen Fragen zur Industriegeschichte stellt und nach dem Organisationsplan des Thyssen-Konzerns fragt. Thyssen

Familientreffen auf Schloss Landsberg: Theresia Hoosemans geb. Thyssen,
Joseph Thyssen, Klara und Amélie Thyssen, Balbina Bicheroux geb.
Thyssen, Familienoberhaupt August Thyssen, Julius Thyssen, Juliana
Thyssen und Fritz Hoosemans (von links nach rechts).

lehnt ab. Der Wissenschaftler zeigt ihm daraufhin sein Material,
das er aus öffentlichen Quellen erarbeitet hat. Thyssen will die
Quellen wissen. Es sind nur die Nachrufe, die nach dem Tod von
Joseph Thyssen, Bruder von August, 1915 in der *Cöllnischen
Zeitung* erscheinen. Thyssen ist entsetzt. Selbst Todesanzeigen
seien verräterisch, selbst bei denen müsse man um seine Existenz
fürchten. Auf sein Geheiß werden die Todeszettel von Familien-
mitgliedern auf amtliche Lebensdaten beschränkt – nach seiner
Verfügung »verraten« seine eigenen Todesanzeigen wenig über
das Unternehmen.

Selbst geschäftliche Korrespondenzen schreibt Thyssen mit der
Hand. Er vertraut im Wesentlichen nur sich selbst. Nach dem Tod
seines Bruders verstärkt sich das. Mit der Schreibmaschine ge-

schriebene Briefe tragen zwar seine Unterschrift, doch sind sie, so sind sich Thyssen-Forscher einig, nicht von ihm, sondern sind im Werk entstanden. Die meisten seiner Briefe schreibt er mit schnörkelloser Schrift bereits vor dem Frühstück auf kleine Bögen, notfalls auch auf deren Ränder. Geizig? Thyssen würde es eher sparsam nennen. Wozu schreiben und aufbewahren? Es kostet Zeit. So gibt es, bis auf das lange Kapitalistenbekenntnis, keine schriftlichen Zeugnisse von Thyssen über sich. Im Übrigen, glaubt der Historiker Lutz Hatzfeld in diesem Zusammenhang, habe Thyssen weder ein Verhältnis zur historischen Größe seiner Lebensleistung gehabt noch einen politischen Machtsinn besessen. Der Archivar Horst Wessel vermutet, »... das wenige, was vielleicht einmal vorhanden gewesen ist, dürfte nach seinem Tode mit dem Räumen seines Arbeitszimmers verloren gegangen sein«. Bei der Umwandlung der Thyssen-Unternehmen in die Vereinigten Stahlwerke 1926 wird das Chefbüro mit den Unterlagen von August Thyssen sozusagen auf den Müll geworfen; nur einige Dokumente bleiben erhalten, weil sie von jüngeren Akademikern unerlaubt unter der Jacke herausgeschmuggelt werden. Das hat Geschichte: Sämtliche Materialien des Bruders Joseph wurden nach dessen Tod 1915 als Altpapier entsorgt.

TEIL ZWEI

Der Sohn
(Fritz Thyssen, 1873–1951)

4. Erst vertraut, dann verfolgt: *Nationalsozialismus und Zweiter Weltkrieg*

»Ich habe Hitler unterstützt.« Das bekennt Dr. Fritz Thyssen in dem von den alliierten Siegermächten angeordneten Entnazifizierungsverfahren 1948 in Königstein im Taunus. Aber! Das Bekenntnis muss mit einer Vielzahl von »aber« gelesen werden. Wahr ist: Thyssen ist Nazi. Wahr ist auch: Thyssen ist vehementer Nazigegner. In einem Lebensbericht, den er für seine Enkel schreibt, erklärt er: »Hitler sicherte mir zu das Bündnis mit England, das Bündnis mit Polen, ein neues Konkordat mit dem Papst, die Wiederherstellung der Hohenzollern, den Ständestaat, um den erzielten Frieden zu bewahren.« Er glaubt, sich auf Hitler verlassen zu können. Hitler hingegen droht: »Von diesen Industriekapitänen wie Thyssen lasse ich mir nichts vormachen.« Umso größer ist Thyssens Enttäuschung, als sein Vertrauen und das, wie er sagt, des deutschen Volkes verraten wird. Da klagt Thyssen Hitler an. Thyssen glaubt und hofft, mit den Nationalsozialisten käme eine neue und gerechtere Wirtschafts- und Sozialordnung, sieht sie als »einen aktiven Faktor bei der Gesundung Deutschlands«. Doch als der einflussreichste deutsche Schwerindustrielle und oberste deutsche Stahlmann, Aufsichtsratsvorsitzender der Vereinigten Stahlwerke AG, das Verbrecherische in der Ideologie und in den Taten der Nationalsozialisten erkennt, macht er nicht mehr mit. Er zieht sich zurück, um dann, von ihnen ausgestoßen, ihr Gegner zu werden. So ist er der einzige Industrielle, der sich offen gegen die Kriegsabsichten Hitlers stellt. Er ist auch der einzige deutsche Industrielle, der nicht aus Hitlers Krieg Profit zieht. Sein Leben verläuft zwar ambivalent. Gespeist durch ein übersteigertes National- und rheinisches Gefühl, fällt er »uneigennützig, gutwillig, gläubig, beeinflussbar«, wie ein Historiker ihn charakterisiert, auf großspurige politische Versprechen herein. Letztlich jedoch ist sein Handeln auch von seinem Gewissen und Verantwortungsbewusstsein bestimmt, eine Haltung, die in der Zeit der Naziherrschaft vielen abhanden kommt. Fritz Thyssens Leben ist ein traumatisches und sehr deutsches Schicksal, das kaum bekannt ist.

Sechs Mal tritt der Industrielle Fritz Thyssen, August Thyssens Erstgeborener, ins grelle Licht der Öffentlichkeit. In zwei Fällen sind es dramatische Gerichtsverhandlungen. Als er sich 1923 gegen die französische Ruhrbesetzung stellt, verurteilt ihn ein Militärgericht. Als nach dem Tode des Vaters 1926 wichtige deutsche Stahlwerke zur Vereinigten Stahlwerke AG zusammengeschmiedet werden, steht er als Aufsichtsratsvorsitzender an der Spitze. Zum dritten Male wird die Öffentlichkeit auf ihn aufmerksam, als der mächtigste deutsche Industrielle Thyssen Adolf Hitler vor dem »Industrieclub« in Düsseldorf Anfang 1932 hofiert, der dort auf seine Partei, die NSDAP, aufmerksam machen will. Jahre später macht sein Name im westlichen Ausland Schlagzeilen: Deutschlands einflussreichster Kapitalist sagt sich von Hitler los und geht ins Exil. Im Ausland erscheinen seine anklägerischen Briefe an die Nazifunktionäre. Unter seinem Namen erscheint im Ausland das Buch *I paid Hitler*. Dass er zum Erscheinen des Buches bereits Hitlers Häftling in einer Irrenanstalt ist, erfährt die Öffentlichkeit erst nach dem Krieg.

Zum zweiten Mal wird er Mittelpunkt eines Gerichtsverfahrens, als er 1948 in einem Entnazifizierungsverfahren als so genannter Hauptschuldiger vor den Richtern steht, doch nur mit dem Makel »minderbelastet«, dafür mit dem der Gloriole »Widerständler« den Gerichtssaal zwar als freier, doch als gebrochener

Mann verlässt. Später leuchtet sein Name noch einmal auf. Doch da ist er bereits acht Jahre tot. Seine Frau und seine Tochter gründen zur Förderung von Wissenschaft und Forschung die erste große private Stiftung der Bundesrepublik Deutschland aus dem durch seinen Namen entstandenen Kapital: die Fritz Thyssen Stiftung. Ein Ereignis, zu dem der damalige Bundeskanzler Dr. Konrad Adenauer die Patenschaft übernimmt.

Fritz Thyssen, der tragischen Gestalt der Familie, wird politisches Wunschdenken zum Verhängnis. Sicher ist, dass sich der Stahlgigant der Hitlerpartei gegenüber generös gibt. Unter anderem finanziert er »durch persönliche Schuldübernahme« das »Braune Haus« der Nazis in München, wie er auch den größenwahnsinnigen Reichsmarschall Hermann Göring unterstützt, dass der »Figur machen könne«. Göring wollte Meyer heißen, überflöge ein feindliches Flugzeug im Zweiten Weltkrieg Deutschlands Grenzen. Die Bomber kommen und bomben ohne Unterlass. Sie zerstören auch viele von Thyssens Werken. Göring nimmt keinen anderen Namen an. Der Reichsmarschall und anmaßende Wirtschaftsführer der Nazis, der seinen feisten Wanst eitel mit Fantasieuniformen und Orden verkleidet, nimmt sich mit einer Giftkapsel das Leben, als er im Nürnberger Prozess als Kriegsverbrecher zum Tode verurteilt wird.

Mit Göring ist Fritz Thyssen zunächst gut Freund, seine Frau Amélie auch, seine Schwester Hedwig Baronin von Berg-Thyssen gleichfalls. Thyssens Tochter Anita leistet im Büro Görings Sekretärinnenarbeit. Doch, so argumentieren 1948 Thyssens Anwälte, dies sei mehr Beschäftigung gegen seelischen Depressionen der Tochter als Folge einer Kinderlähmung gewesen, keineswegs eine richtige Anstellung. Im Gegensatz zu Freunden und Bekannten könne sie keinen Sport und keinen Beruf ausüben, dies alles sei ihr versagt.

Früh kommt Thyssen mit Göring in Kontakt. Amélie und Fritz

Thyssen halten in ihrem Hause in Mülheim-Speldorf Hof. Es gehört zum Verständnis der Goldenen 20er Jahre, dass Männer mit Macht und Ansehen wie Thyssen unvergleichliche Feste geben. Nazi Göring will mit den Großen der Wirtschaftswelt mithalten. Auch er lädt ein. Hitlers späterer Einpeitscher Goebbels vertraut am 6. Januar 1931 seinem Notizbuch Details einer dieser Gesellschaften an: »Bei Görings. Anwesend: Schacht, Thyssen, die Frauen und Renzetti. Schacht macht mehr den Eindruck eines Arrivierten, wogegen Thyssen von ganz altem Schlage ist. Knorke. Ein Kapitalist, aber solche Wirtschaftsführer lässt man sich schon gefallen. Seine Frau sehr nett und angenehm. Schachts dagegen: Waschfrau. Dann kommen Hitler, Röhm, Brückner … Imponierend die fabelhafte Selbstsicherheit bei Thyssen. Das ist ein Kerl! Sch. will anscheinend auf uns einschwenken … Er sagt mir viel Schmeichelhaftes, aber ich traue ihm nicht. Thyssen dagegen ganz Herr. Unternehmer vom alten Ruhrschlag. Auch als Kerl imponierend. Bravo! Er geigt hier auf, dass es nur so rauscht … Todfeind des Marxismus. Sturer Patriot. Muss für später auf Eis gelegt werden.« Hamborn jedoch, wo Thyssen mit seinen Hochöfen mächtig ist, meiden später die braunen Herren. Goebbels vertraut seinem Notizbuch an: »Die Fahrt geht durch das rote Hamborn. Kein Aufenthalt.«

Wieso auf Eis gelegt? Thyssens Großzügigkeit für Aktivitäten der Nationalsozialisten wird später nahe einer Million Reichsmark beziffert – vor allem von ihm selbst. Doch im Entnazifizierungsverfahren gegen Dr. Fritz Thyssen 1948 in Königstein werden seine Zuwendungen an rechte Parteien addiert: Das Gericht errechnet eine Summe von 630 000 Reichsmark, die Thyssen von 1923 bis 1932 für rechte politische Gruppierungen locker macht. Die Finanzierung politischer Gruppen und Parteien, die der Großindustrie zupass kommen, ist für ihn selbstverständlich. Die Nationalsozialisten sind ihm genehm – anfangs.

Berg- und Stahlherr Dr. Fritz Thyssen 1923 in Berlin vor dem Brandenburger Tor.

Während Krupp bis 1935 zur eigenen Fahne mit den drei Krupp-Ringen steht und erst auf Verlangen der so genannten National-sozialistischen Betriebszelle seiner Werke die Nazifahne über Krupp-Fabriken aufziehen lässt, ist Thyssen schon früh im Banne des Hakenkreuzes. Von den Nazi-Ideen scheint er so überzeugt und von der »Lichtgestalt« Adolf Hitlers offenbar geblendet, dass er bereits im Frühjahr 1932, also ein Jahr vor der so genannten Machtergreifung, in der »Hauptstadt der Erwerbslosen«, wie Duisburg damals genannt wird, in seinem Unternehmen, der August Thyssen-Hütte, ein Propagandabüro der NSDAP einrich-ten lässt. Die Zuneigung des bedeutendsten Schwerindustriellen zu ihrer Ideologie ist den Nationalsozialisten offenbar ebenso viel wert wie Thyssens Geld. 1928 geht ihn Hitlers Stellvertreter Rudolf Hess an, für die Nazi-Parteizentrale in München zu spen-den, das die Braunen das »Braune Haus« nennen. Thyssen um-geht zwar eine persönliche Spende, vermittelt jedoch einen Kredit von 300 000 Reichsmark durch eine ausländische Bank – er bürgt dafür. Mit Thyssens Ansehen wollen sie sich brüsten, die Nazis. Er erfüllt Hitlers Wunsch, Reichstagsabgeordneter zu sein, und lässt sich zum Preußischen Staatsrat ernennen. Seine Mitglied-schaft im Generalrat der deutschen Wirtschaft, von den Nazis installiert, ist nur Aushängeschild – der Generalrat berät nur ein-mal.

Eines Tages ist Fritz Thyssen den Nazis nicht mehr genehm. Der willfährige Goldesel stört. Er hat gegen Grundsätze der Nazi-Ideologie verstoßen, indem er zum Beispiel die Judenverfolgung missbilligt. 1939 telegrafiert Thyssen, er sei gegen den Krieg. Da wird ihm zur Flucht geraten. Seine Lage in Deutschland ist hoff-nungslos, er selbst gegenüber den Parteischergen, die er ja wie eine Schlange an seiner Brust nährte, machtlos. Fritz Thyssen und Familie fliehen durch Europa. Sie werden doch gefasst. Gummi-zelle, Konzentrationslager, am Ende gar drohender Erschießungstod. Thyssens Frau Amélie macht diesen Leidensweg mit. Nach der Befreiung durch die Amerikaner wird Thyssen Internierungshäftling der Sieger. Als er 1948 vor den damaligen Ermittlungsbehörden steht, die in einem Entnazifizierungsverfahren herausfinden sollen, ob er ein großer oder kleiner PG (Parteigenosse) gewesen ist, scheint er dieses Verfahren und die zurückliegende Schmach seiner politischen Verirrungen mit den daraus entstandenen Demütigungen nie verwunden zu haben. Sein Herz versagt 1951.

»Der Einzige aus diesem Kreis (gemeint sind die Ruhrindustriellen. Anmerkung des Autors), der sich schon vor der Machtergreifung für Hitler einsetzte, war Fritz Thyssen, der in seiner Bedeutung weit hinter seinem titanenhaften Vater August Thyssen rangiert.« 1951 fasst der Publizist Edgar Bissinger Thyssens Leben zusammen: »Fritz – schon zu Lebzeiten seines Vaters ein Sorgenkind – war es, der am 27. Januar 1932 Hitler im Industrieclub in Düsseldorf sprechen ließ und ihn trotz des mäßigen Beifalls mit einer unsicheren Verbeugung und einem ›Heil, Herr Hitler!‹ verabschiedete. Fritz Thyssen musste bald erkennen, dass er aufs falsche Pferd gesetzt hatte. Von der Freiheit der Unternehmer an der Ruhr, auf die er gehofft hatte, blieb unter dem nationalsozialistischen Regime nicht viel übrig. Wohl wurde er 1933 Reichstagsabgeordneter, geriet aber bald in immer schärfere Opposition. Den Preußischen Staatsrat, den ihm Hermann Göring verliehen hatte, legte er aus Protest gegen die Kirchenpolitik des Dritten Reiches nieder. Der Deutsch-Sowjetische Pakt brachte den endgültigen Bruch. Hitler apostrophierte ihn in seiner Kriegsrede im Reichstag: ›Wer aber glaubt, sich dem nationalen Gebot widersetzen zu können, der fällt.‹ Thyssen floh in die Schweiz. Bei der Besetzung Frankreichs verhaftet ihn die Gestapo an der Riviera. Aus dem KZ befreien ihn die Amerikaner, aber nur, um ihn erneut zu internieren. Vor der Spruchkammer Königstein (Taunus) muss er, den Hitler enteignet hatte, sich nochmals verantworten. Kein Wunder, dass der erste Aufsichtsratsvorsitzende der Vereinigten Stahlwerke von dieser Art der Behandlung in Deutschland genug hatte und nach Argentinien zu seiner Tochter ging, wo er im Februar 1951 im Alter von 78 Jahren starb.«

Hitlers Rede vor dem »Industrieclub« in Düsseldorf ist nicht nur für Thyssens Verwicklung in die Politik von einschneidender Bedeutung. Von nun ab bestimmt sein Verhältnis zu Hitler und zu anderen Nazigrößen auch das familiäre Leben bis zur Bitterkeit im Konzentrationslager und bis zum demütigenden Entnazifizierungsverfahren im Jahr 1948. »Es kommt hier darauf an«, meint der Richter 1948, »ob die Bewegung durch die Hitlerrede am 27. Januar 1932 in besonderem Maße gestützt und die Sache Hitlers hochgebracht worden war.« An diesem zitierten Tage findet im vornehmen Düsseldorfer Parkhotel eine Zusammenkunft des »Industrieclubs« statt, die später als berüchtigt bezeichnet wird: eine Konferenz von Industriellen, an der 400 Wirtschaftsführer von Rhein und Ruhr teilnehmen. Den meisten von ihnen sind die Nazis suspekt: Sie führten sich zu proletarisch auf, meinen die Manager. Nach einer linken Propagandarede eines Sozialdemokraten wollen sie nun einen Vertreter der Rechten hören. Auch Fritz Thyssen schlägt Gregor Strasser vor. Doch Hitler dient sich selber an, pfeift den Nazi-Ideologen Strasser zurück.

Hitler kommt ohne Parteiabzeichen. Er trägt einen dunklen Anzug und ein weißes Hemd. Er weiß um die Breitenwirkung seines Erscheinens vor versammelter Wirtschaftsmacht an Rhein und Ruhr. Die NSDAP hat gerade die Millionen-Mitgliedergrenze überschritten. Der Führer der Nazis macht in seiner Rede die Demokratie für die politische und wirtschaftliche Krise Deutschlands verantwortlich: »Es ist ein Widersinn, wirtschaftlich das Leben auf dem Gedanken der Leistung, des Persönlichkeitswertes, damit praktisch auch auf die Autorität der Persönlichkeit aufzubauen, politisch aber diese Autorität zu leugnen und das Gesetz der größeren Zahl, die Demokratie, an dessen Stelle zu setzen.«

Die meisten Teilnehmer der Versammlung kämpfen im überheizten Saal mit der Müdigkeit. Fritz Thyssen nicht. Er steht am Ende am Mikrofon und verabschiedet den Mann, den er für den Kommenden hält. Hitler macht mit seiner zum großen Teil rüstungsprogrammatischen Rede keine imposante Figur. Die meisten Wirtschaftsgewaltigen wissen noch nicht, was sie von ihm halten sollen. Fritz Thyssen muss es anders gesehen haben. Im Buch *I paid Hitler*, das ihn als Autor ausgibt, heißt es: »Praktisch führte ich die Verbindung zwischen Hitler und den maßgeblich rheinisch-westfälischen Industriellen herbei. Es ist allgemein bekannt, dass am 27. Januar 1932 – ein Jahr bevor er die Macht ergriff – Adolf Hitler eine zweieinhalbstündige Rede vor dem Industrieclub in Düsseldorf hielt. Diese Rede machte einen tiefen Eindruck auf die versammelten Industriellen, und als Ergebnis floss eine Zahl von bedeutenden Zuwendungen aus den Quellen der Schwerindustrie in die Kassen der NSDAP.« Diese Geldspenden sind zumindest eine indirekte Ursache für das Ende der Weimarer Republik: Sie füllen die ständig leeren Kassen der NSDAP auf und bewahren die Partei der Nationalsozialisten vor dem finanziellen Ruin, halten sie sozusagen am Leben. Hitler wird später für die Schwerindustrie das Vehikel zur Prosperität.

Im Entnazifizierungsprozess gegen Fritz Thyssen berichtet ein Zeuge, Thyssen habe die Wortmeldung des Industriellen Albert Vöglers nicht zugelassen, der eigentlich den Redner Hitler im »Industrieclub« habe verabschieden wollen. Thyssen sagt, von dieser Wortmeldung habe er nichts gewusst. Der Zeuge: Thyssen habe die Wortmeldung nicht zugelassen, um »die Entgegnung selbst« übernehmen zu können, »die in einer Verherrlichung Hitlers ausklang«. Und wieder werden Thyssens viel zitierte Abschiedsworte genannt: »Heil, Herr Hitler!« War es jenes »Heil«, das damals bei völkischen Gruppen nicht unüblich war, oder hat Thyssen die Kampfparole der Nazis »Heil Hitler« vorweggenommen? Thyssen tritt zwei Wochen vor Hitlers Rede als Mitglied aus der Deutsch Nationalen Volkspartei (DNVP) aus. Ein Jahr später erklärt er sich zum Nazi; am 1. Mai 1933 tritt er in die NSDAP ein.

Ein Jahr nach dieser Versammlung erinnern sich die Männer in den Chefsesseln an Rhein und Ruhr an die Hitler-Worte. Eine Gruppe um Thyssen macht November 1932 eine Eingabe an Reichspräsident Paul Hindenburg, Hitler zum Reichskanzler zu ernennen. Doch es bleibt Dr. Gustav Krupp von Bohlen und Halbach vorbehalten,1933, nach Hitlers so genannter Machtübernahme, die deutschen Unternehmer zur »Hitlerspende« aufzufordern. Krupp leitet als Präsident des Reichsverbandes der deutschen Industrie eine Sammlung zur Unterstützung Hitlers und seiner Partei. 0,5 Prozent der monatlichen Lohn- und Gehaltssummen der in der Industrie Beschäftigten gehen an die auch nach 1933 finanzschwache NSDAP. Aber Krupp, der von Amts wegen die anderen Industriellen an die Spendenkasse bittet, ist die unablässige Geldfechterei der braunen Politiker, die sich bei ihm, Thyssen und anderen die Klinke in die Hand geben, leid. Zu Vertrauten sagt er, man müsste ein Schild an seinem Büro anbringen mit der Aufschrift »Mitglied des Vereins gegen Bettelei«. Doch der Empfänger der Spendengelder, Adolf Hitler, honoriert diese Hilfen. Die Aufrüstung kommt der Schwerindustrie entgegen. Sie garantiert Vollbeschäftigung. Obendrein beschränken hohe Zölle und ein System von Einfuhrkontingenten die ausländische Konkurrenz.

Zwölf Mal soll Thyssen Hitler getroffen und gesprochen haben. Der habe auf ihn einen »sehr guten« Eindruck gemacht. Thyssen findet Hitler auch »sehr bescheiden«. Das gesteht er freimütig. Beim Königsteiner Verfahren spricht er von der »hypnotischen Kraft« Hitlers: »Ich hatte Hitler in München gefragt, wie dieser Eindruck zustande käme. Hitler antwortete: Wenn ich zehn Minuten rede, spüre ich den Kontakt zu meinen Zuhörern, wie ein Dirigent sie gegenüber seiner Kapelle fühlt. Wenn ich diesen Kontakt habe, dann kann ich den größten Unsinn reden, dann kommt es gar nicht mehr darauf an.« Auch bei seiner Rede im »Industrieclub« im Düsseldorfer Parkhotel »hat Hitler suggestiven Einfluss auf die Hörer ausgeübt«, glaubt Thyssen. Die wenigen Aussagen Thyssens, in denen er sich bei der Befragung im Königsteiner Verfahren konkret auf Hitler und wichtige Nazifunktionäre bezieht, ließen den Schluss zu, er habe mit ihnen in regem Gedankenaustausch gestanden.

Sein großer Traum aber sind die Pläne der Nazis nicht. Fritz Thyssen hofft auf ein anderes politisches Modell. Eine Ständevertretung, »ein unparteiisches Gremium, in dem Arbeiterschaft und Unternehmertum vertreten« sind »und das über Lohn- und Tariffragen ... auch in Kartellfragen entscheidet« und »... in allen Fragen, die im Leben in wirtschaftlicher und sozialer Hinsicht auftauchen, das letzte Wort« hat. Davon träumt er: eine zweite Abgeordnetenkammer, sozusagen ein zweiter Reichstag. Fritz Thyssen sei im Gegensatz zum realistischen Vater August Idealist gewesen, urteilt der Biograf Baumann. Der Ständestaat, meint Fritz Thyssen, könne den sozialen Ausgleich zwischen Reich und Arm schaffen. Die Idee vom Ständestaat speist sich aus der katholischen Soziallehre, auch aus den Enzykliken der Päpste Leo XIII. und Pius XI. Jene von Pius XI. bezieht eindeutig Stellung gegenüber dem italienischen Faschismus. 1932 besucht Fritz Thyssen die Soziologische Tagung des Katholischen Akademikerverbandes im Kloster Maria Laach, bei der die Idee vom Ständestaat noch größere Begeisterung in ihm entfacht. Er glaubt nun an ein politisches Gegengewicht durch die Ständekammer. Wogegen? »Gegengewicht gegen die überspitzten Machtbestrebungen der Nationalsozialistischen Partei.« Er nimmt fest an, die Ständekammer könne deren »revolutionäre Richtung ... hemmen«. Und: Eine ständische Staatsgliederung könne Abhilfe schaffen für die soziale Not in Deutschland – fast sechs Millionen Arbeitslose mit der Folge eines zerrütteten Staatsgefüges.

In diesem Zusammenhang spricht Thyssen 1948 noch wie ein Eingeweihter, berichtet quasi von seinen Diskussionen mit Nazi-größen über diesen seinen Traum: »Hitler war derselben Auffassung, vor allem Göring hatte diese Ansicht, beide hatten selbst ein wenig Angst vor den radikalen Elementen der Partei.« Thyssens Worte klingen so, als sei er Hitlers wirtschaftstheoretischer Intimus gewesen. Nein, entgegnet er den Richtern in Königstein, von Planwirtschaft habe Hitler nichts gehalten: »Es war etwas, was Hitler sehr klar begriffen hatte: Der Staat sollte nicht selbst Unternehmer sein, da er sonst die Funktion des obersten Richters verliert.« Zu spät erkennt Thyssen, dass die angebliche Gunst der Nazipartei nur Täuschung ist. Hitler beauftragt ihn zwar 1933, in Düsseldorf ein »Institut für Ständewesen« aufzubauen, und soll gesagt haben, ähnlich wie die nationalsozialistische Bewegung in München begonnen habe, könne eine ständisch-wirtschaftliche Reform in Düsseldorf beginnen. Doch die Nazis lassen Thyssen und seine Mitarbeiter nicht lange in Ruhe arbeiten. Die Deutsche Arbeitsfront der NSDAP wittert ein Konkurrenzunternehmen zu ihren »Schulen für Wirtschaft und Arbeit«. Vergeblich bittet Thyssen Hitler, »unbedingt einzugreifen und damit eine innenpolitische Entspannung« herbeizuführen. Eine Antwort erhält er nicht. Stattdessen nimmt das Sicherheitshauptamt von Heinrich Himmler das Institut ins Visier und stellt 1936 eine Dokumentation zusammen. Ergebnis: »... zu der geschichtlichen Aufgabe des Nationalsozialismus« stehe die Idee vom Ständestaat im Widerspruch. Im Sommer 1936 werden die Schriften des Instituts verboten, Mitglieder werden verhaftet, in Gefängnisse und Konzentrationslager gebracht, das Institut wird geschlossen.

En voyage dans la Ruhr, Hitler accueilli par les grands industriels de la région (à gauche : Thyssen, à droite : Vögler) qui l'avaient aidé à accéder au pouvoir.

Besuch im Bochumer Verein 1934: Albert Vögler, Chef der Vereinigten Stahl-
werke (mit Melone), Adolf Hitler und – in zweiter Reihe im hellen Mantel –
Fritz Thyssen. Dieses Bild erschien 1941 mit den anklägerischen Briefen
Thyssens an die Führung der Nationalsozialisten in der Zeitung »Paris soir«.

Wie andere auch setzt Thyssen Hoffnungen in die neue Regie-
rung der Nationalsozialisten, erwartet die Verwirklichung des
ständischen Gedankens, die Wiedererrichtung der Preußisch-
Hohenzollernschen Monarchie, eine Befreiung vom »Versailler
Diktat«, soziale Gerechtigkeit. Bereits 1933, als er sich zur
NSDAP bekennt, hat er Zweifel. Er setzt sich bei Göring für die
Freilassung des früheren preußischen Wohlfahrtsminister Heinrich
Hirtsiefer aus dem Konzentrationslager ein. Ohne Erfolg. Hirtsiefer, ein beleibter Mann, ist stundenlang bei sengender Sonne
von SA-Männern in Essen durch die Stadt geführt worden, eine
rote Kordel um den Hals, daran das Schild: »Ich bin der Hunger-
leider Hirtsiefer.«

Alle anderen Erklärungen, warum Hitler an die Macht gekommen ist, beispielsweise die Unterstützung durch die Industrie, also auch durch ihn, schließt Thyssen im Verfahren 1948 aus. Er findet dafür nur einen Grund: »Hitler ist dadurch gestützt worden, dass man den Youngplan angenommen hat. Dadurch kamen die große Arbeitslosigkeit und die Verzweiflung des Volkes, das war der Grund, warum Hitler zu Macht kam.« Bewegt er sich hier nicht wieder in nationalsozialistischem Gedankengut, zumindest in nationalistischem? Thyssen wird nach dem Ersten Weltkrieg zum entschiedenen Nationalisten. Beim Ausbruch des Krieges meldet er sich als Freiwilliger. Am Tage der Revolution vom 9. November 1918 ist er 45 Jahre alt. Der »rote Radek«, ein Arbeiterrat aus Essen, erwirkt während der Räte-Unruhen die Geiselhaft von Ruhrindustriellen, darunter Vater August und Sohn Thyssen mit der Behauptung, sie wollten die Franzosen zur Ruhrbesetzung auffordern. Ein Brief von Fritz Thyssen an Reichspräsident Friedrich Ebert verschafft allen die Entlassung aus dem Gefängnis Berlin-Moabit. Vater August ist übrigens der Einzige dieser Industriellen, der bei der Verhaftung mit praktischem Sinn eine Decke unter den Arm klemmt. Angekommen in Berlin, vergisst er sie im Zug und bittet den für ihn am simpelsten erscheinenden Arbeiterrat, sie ihm zu holen. »Wieso ich?« Er sei doch der neue Polizeipräsident von Berlin.

Die Jahre bis zum Ruhrkampf 1923 habe Fritz Thyssen als tiefe Demütigung für Deutschland empfunden, wird berichtet. Die geschilderten »... ehrabschneidenden Misshandlungen im Dezember 1918 (waren) eher schicksalhaft als Schuld« dafür, dass er sich den Deutschnationalen und General Ludendorff zuwandte, meint der Historiker Hatzfeld. Mit dem Youngplan jedoch, sagen andere, sei sein politischer Nationalismus vollends gewachsen. Ein Gegner des Vertrags von Versailles ist er bereits. Mit dem legen die Siegermächte dem Kriegsverlierer Deutschland kaum zu leistende Reparationsleistungen auf. Der Youngplan nun, nach einem amerikanischen Wirtschaftsfachmann genannt, regelt diese Reparationsleistungen Deutschlands nach dem verlorenen Weltkrieg Mitte der 1920er Jahre neu. Eine der Folgen der Weltwirtschaftskrise 1929/30 ist die Zahlungsunfähigkeit Deutschlands. Bereits im Juli 1927 begehrt Thyssen bei einer öffentlichen Kundgebung auf. Der Plan sei eine Anerkennung der »Kriegsschuldlüge«, träte er in Kraft, müsse man »die Hoffnung auf ein freies, stolzes und unabhängiges Deutschland auf absehbare Zeit begraben«. Ab Juli 1929 verstärken die deutschen Rechtsparteien ihre Kampagne gegen den Youngplan: Die NSDAP, die DNVP, in der Thyssen bis 1932 Mitglied ist, und der Stahlhelm, dessen Name Programm ist und auf den militärisch-quadratischen Geist seiner Mitglieder verweist. In dieser Kampagne begegnet Thyssen erneut Adolf Hitler durch den um Spenden bettelnden Rudolf Hess, Hitlers Stellvertreter. 1931 spricht Thyssen vor amerikanischen Wirtschaftsführern in der Columbia-Universität. Den Versailler Vertrag macht er dabei für die deutsche wirtschaftliche Depression verantwortlich. Dieser Vertrag sei auch der Grund für eine übertrieben unwirtschaftliche Sozialpolitik.

1948 in Königstein sagt es Thyssen offen: Ja, er habe Hitler unterstützt. Er habe »geglaubt, aus der Sache könnte etwas Vernünftiges werden. Das gebe ich ohne weiteres zu, vorausgesetzt, dass die Bewegung in die richtigen Bahnen kam.« An die »richtigen Bahnen« der neuen Herren glauben viele damals, offensichtlich auch Erzbischof Kardinal Schulte von Köln, den Thyssen fragt, wenn es von des Kardinals Standpunkt zulässig sei, träte er der Nazipartei bei. Der Kardinal hat keine Bedenken, »wenn Herr Thyssen innerhalb der Partei seinen Einfluss so ausübe, wie er mit den Grundsätzen der katholischen Kirche vereinbar sei«, sagt Bankdirektor Dr. Hermann Abs, einer der vielen Entlastungszeugen, die die Anwälte Thyssens benennen.

Thyssens Anwälte und er reihen Entlastungsargument an Entlastungsargument. Beispielsweise habe Thyssen ab 1934 den Hitlergruß, Aufheben des rechten Armes mit dem Ruf »Heil Hitler!«, nicht mehr ausgeübt. Verbürgt ist, dass Thyssen einen Werkspförtner anranzt, ob der verrückt geworden sei, ihn, Thyssen, so zu grüßen, denn »mit diesen Burschen wollen wir nichts zu tun haben!« Man zöge den Hut und sage »Guten Morgen«. In sicherem Kreis benennt Thyssen ab 1934 die Nazis als Verbrecherbande. Seine innere Abkehr vom Nationalsozialismus muss mit der Verhaftung und Ermordung des SA-Führers Röhm und seiner gesamten obersten Gefolgschaft begonnen haben, deren infamer Ausgangspunkt die Hochzeit eines Gauleiters gewesen ist, die Fritz Thyssen als Hochzeitsgast 1934 in Essen erlebt. Tatsächlich kann ihm beim Entnazifizierungsverfahren ab 1934 keine aktive Betätigung für die NSDAP nachgewiesen werden.

Die Bilder vom Verfahren in Königstein zeigen Fritz Thyssen als einen ausgezehrten alten Mann, der jeden Tag im verschossenen Anzug im Kaffeesaal des Königsteiner Parkhotels dem Gericht gegenübersitzt. Amélie Thyssen harrt während der sechs Wochen Prozessdauer auf einem der Jugendstilstühle im Saal aus: »Auch hier ist der Platz an der Seite meines Mannes. Er muß wissen, daß ich im Saale bin. Er muß wissen, daß ich unmittelbar hinter ihm sitze. Er muß fühlen, daß ich ihm meine Stärke gebe.« Flucht, Verschleppung, Irrenanstalt, KZ, Demütigungen, Ungewissheit, körperliche und seelische Strapazen – sie ertragen dies gemeinsam. Amélie und Fritz Thyssen sind an der Schwelle zum Greisenalter. Moderne Philemon und Baukis, jenes bejahrte treue Ehepaar aus der griechischen Sage? Fünfzig Jahre zuvor beginnt es mit Tanz. Fritz Thyssen schreibt: 1896/97 »... wurde ich für ein Jahr Soldat im fünften Ulanenregiment in Düsseldorf. Während dieser Zeit lernte ich meine Frau Amélie, geborene Zur Helle, kennen. Sie saß neben mir bei Tisch, anlässlich einer

Abendgesellschaft mit Tanz. Ihre Eltern waren erst vor kurzem nach Düsseldorf gekommen, und Amélie vertraute mir bei Tisch an, sie fürchte, als ganz Unbekannte ohne Tänzer bleiben zu müssen. Damals gab es noch Tanzkarten. Sie gab mir die ihrige, die tatsächlich noch leer war. Ich schrieb meinen Namen bei allen Tänzen ein. Sie war zufrieden, und ich war glücklich.«

Nun sitzen Ankläger mit ihm am Tisch. Einmal sitzt Carl Severing neben Thyssen. Der hat als preußischer Innenminister 1931 erklärt, es sei an der Zeit, »die Hypnose von dem unaufhaltsamen Vordringen ... der bevorstehenden Machtübernahme der Nationalsozialisten« zu »brechen«. Oft sieht es so aus, als versuche Thyssen, den Kamerablicken auszuweichen mit niedergeschlagenen Augen und leidverzogenem Gesicht. Obwohl er am Schluss des Verfahrens ein freier Mann und vom Gericht von Schuld freigesprochen ist, gleicht Thyssen nicht einem Sieger.

1923 war es völlig anders. Fritz Thyssen – der Sieger. Im Januar 1923 stand er als Sprecher des Ruhrbergbaus in Mainz vor einem französischen Militärgericht. Die Befehle der französisch-belgischen Besatzungsmacht im Ruhrbecken hielt er für ungesetzlich. Als Nationalist wollte und konnte er sie nicht akzeptieren, also auch nicht befolgen. Es war der zweite Widerstand des Fritz Thyssen. Als Schüler eines evangelischen Gymnasiums protestierte er so vehement gegen antikatholische Thesen im Geschichtsunterricht, dass er die Schule wechseln und nach Düsseldorf zum Unterricht fahren musste. Nun, 1923, stellt sich der führende Schwerindustrielle an die Spitze des zivilen Ungehorsams, des deutschen Widerstands gegen die französisch-belgische Militärmacht. Zusammen mit anderen Industriellen wird er verhaftet: »Die Zelle des Gefängnisses in Mainz ... hatte zerbrochene Fenster und es wimmelte von Wanzen.« Die Franzosen verurteilen ihn zu einer Geldstrafe. Die drohende Gefängnisstrafe wenden die Ruhrarbeiter ab, indem sie für Thyssen und die anderen Inhaftierten streiken wollen.

Es sei einem Triumphzug gleichgekommen, als er Duisburg wieder betreten habe. Ihm wird eine Regierungsbeteiligung angetragen, doch Thyssen lehnt ab: »Ich bin kein Politiker. Ich bin Nationalist.« Das ist der Geist des Vaters. Am Beginn der Ruhrbesetzung 1921 schreibt Vater August Thyssen an seine Direktoren: »Wir müssen mit ganzem Herzen Deutschlands treueste Söhne sein und bleiben und alles tun, was Deutschlands Zukunft fördern kann. ... Wir müssen uns fest und einig aneinander schließen und durch zielbewusstes Streben unsere Werke als treue Patrioten dem Reiche zu erhalten suchen.« 1923 macht die Universität Freiburg den Sohn zum Ehrendoktor wegen der »Erhaltung deutschen Rechts während des Ruhrkampfes«. Die neue Rechtspartei der Nazis setzt seinen Namen auf ihre Rechnung. Sie wird später ihren Nutzen daraus ziehen, und Thyssen wird die Folgen schmerzlich zu spüren bekommen. In diesem Jahr 1923 wird der Unternehmer Dr. h. c. Fritz Thyssen, dessen Sinnen und Trachten die Produktion besten Stahls ist, und davon so viel wie möglich, zum politischen Menschen. Nahezu zeitgleich mit dem passiven Widerstand im Ruhrgebiet fällt Hitlers Marsch mit Ludendorff und Röhm zur Feldherrnhalle in München.

Trotz der Verurteilung durch französische Militärrichter wird Thyssen kein Franzosenhasser. Er bleibt ein klug berechnender Unternehmer. Thyssen hält die vermeintliche Demütigung durch ein französisches Gericht nicht davon ab, aktiv in den deutsch-französischen Wirtschaftsverhandlungen zu werden und die Gründung einer Internationalen Rohstahlgemeinschaft zu befürworten. Öffentlich verkündet der Mann, der sich für einen Nationalisten hält: In der Wirtschaft sollten nationale Grenzen abgebaut werden. Als allerdings 1926 der Tod eines Deutschen im Rheinland durch einen französischen Besatzungssoldaten nicht bestraft wird, verlässt er den Deutsch-Französischen Verständigungsausschuss. Dennoch lobt der französische Außenminister,

Aristide Briand, Thyssen, den führenden Industriellen der Deutsch-nationalen, gegenüber dem deutschen Außenminister Stresemann: »Wenn Sie lauter solche Deutschnationale hätten, wäre es wahrscheinlich viel einfacher, sich zu verständigen.«

Fritz Thyssens Verhängnis und das seiner Familie – Frau Amélie, Tochter Anita, Schwiegersohn Graf de Zichy – beginnt 1939. Am 28. Dezember 1939 schreibt Fritz Thyssen in Luzern einen mehrere Seiten langen Brief an Adolf Hitler. Er adressiert ihn an die Deutsche Botschaft in Bern, an die Reichskanzlei in Berlin und an Hitlers Privatadresse auf dem Obersalzberg bei Berchtesgaden. Der Brief beginnt mit der Anrede »Mein Herr!« Thyssen beschließt seinen Brief mit »Heil Deutschland!« Der damals mächtigste Industrielle Deutschlands, Chef der Vereinigten Stahlwerke AG, ist auf der Flucht vor diesem »Herrn«. Er flieht vor dem, dem auch er zur Macht verholfen hat, den er anfänglich mit gläubigem »Heil Hitler!« pries, von dem er jetzt weiß, dass der nicht sein Führer ist. Die Folgen dieses Briefes sind katastrophal: Fritz Thyssen wird zum ohnmächtigsten Industriellen Deutschlands. Bereits von den Nationalsozialisten zum Kriminellen erklärt, erlassen sie nun Haftbefehl gegen ihn. Adolf Hitler hatte vor allem auch Fritz Thyssen gemeint in seiner Kriegsrede 1939 im Reichstag: »Wer aber glaubt, sich dem nationalen Gebot widersetzen zu können, der fällt.« Thyssen widersetzt sich nicht nur, er klagt an. Da entscheidet im Februar 1940 der Innenminister: Thyssen und seine Frau Amélie sind keine deutschen Staatsbürger mehr, alle Rechte eines Deutschen werden ihnen abgesprochen.

Das bleibt Fritz Thyssens couragierte Tat: Als einziger deutscher Industrieller vollzieht er 1939, als der Weltkrieg von Hitler begonnen wird, nicht nur den radikalen Abfall von Hitler, er stellt sich auch gegen die Politik des Diktators, obgleich er wissen musste, dass er damit Vermögen und Leben riskiert.

Zu spät sieht »der Renommier-PG«, wie ihn der Publizist Edgar Bissinger nennt, seinen politischen Irrtum, aus nahezu panischer Furcht vor Kommunisten und allem politisch Linken, die äußerste Rechte finanziell so ausgestattet zu haben, dass diese, die Nazis nämlich, die Mehrheit im Reichstag erringen. Als Flüchtender schreibt Thyssen an Adolf Hitler wie in einer verzweifelten Abrechnung: »Mein einziger Fehler ist es, daß ich an Sie, unseren Führer Adolf Hitler, und an die Bewegung, die von Ihnen gegründet wurde, geglaubt habe, und zwar mit der Begeisterung eines leidenschaftlichen Verehrers meines Heimatlandes Deutschland.« Falls das nicht genug ist der ehrlichen, doch großen Worte an einen, der stets auf die Wirkung bombastischer Worte setzt, wird Thyssen noch deutlicher: »Ich klage die Politik der letzten Jahre an. Ich klage insbesondere den Krieg an, in den Sie das deutsche Volk in frivolster Weise gestürzt haben. ... Ihre neue Politik ist Selbstmord.« Wie recht er behält! »Ihre neue Politik, Herr Hitler, treibt Deutschland in den Abgrund, und das deutsche Volk ins Verderben. Kehren Sie um, solange es noch möglich ist. Geben Sie dem Reich ein freies Parlament, geben Sie dem deutschen Volk Gewissens-, Denk- und Redefreiheit zurück. Sorgen Sie für die notwendigen Garantien, damit Gesetz und Ordnung wieder eingeführt werden.«

Obwohl Thyssen annimmt, sein Brief an Hitler werde »dem deutschen Volk nicht vorenthalten«, kann seine Handlung nicht als naiv abgetan werden. Bei diesem persönlichen »Sire, geben Sie Gedankenfreiheit!« muss ihm zumindest Ehrlichkeit, Verantwortung und standhafte Überzeugung zugestanden werden. Der mächtigste deutsche Industrielle, der Preußische Staatsrat und NSDAP-Parteigenosse Thyssen, bietet Hitler die Stirn. Da wird er zur Unperson. Die Notiz Joseph Goebbels von 1931: »Thyssen von ganz altem Schlage. Knorke. Ein Kapitalist, aber solche Wirtschaftsführer lässt man sich schon gefallen«, gilt nun für die Nazis nicht mehr. Der ehemalige Bittsteller Goebbels, der bei der »sehr verehrten gnädigen Frau Krupp« mit dem Ersuchen um ein Stipendium als Student abblitzt, der geifert nun: »Thyssen hat an den Führer einen landesverräterischen Brief geschrieben mit der Drohung, ihn zu veröffentlichen. Unsere korrupte Wirtschaft! Ein Schweinestück!«

Noch in Deutschland, schon 1936 und 1937, verhält sich Thyssen konspirativ. Mit Freunden und Generälen bespricht er die Möglichkeit, Hitler mithilfe der Generalität zu stürzen. General von Kluge erklärt er, machten die Generäle Revolution, stünde er, Thyssen, vom zivilen Bereich sofort zur Verfügung. Er entwirft eine Rundfunkrede, die er zu Beginn einer solchen militärischen Aktion gegen Hitler halten wolle. 1939 führt Thyssen erneut Gespräche mit Generälen, wieder mit von Kluge und General Höppner. Er macht nie Hehl aus seiner entschiedenen Gegnerschaft jeder Kriegspolitik: »… eine durch Autarkie zu stützende Politik der Kriegsrüstungen« werde er stets ablehnen. In diesen Jahren fällt die Verhaftung des protestantischen Geistlichen Pastor Martin Niemöller, den Thyssen nie gesehen, gehört oder gesprochen hat. Als Thyssen davon erfährt, weist er an, die Familie Niemöllers regelmäßig mit Geld zu unterstützen. Ihm wird unter anderem zugetragen, die Nazis wollten die katholische Klosterschule St. Anna in Düsseldorf versteigern. Thyssen wendet das durch eine große Geldspende ab. Sein endgültiger Bruch mit den Nationalsozialisten deutet sich mit den Synagogenbränden und der Judenverfolgung an. Der Regierungspräsident in Düsseldorf wird wegen der jüdischen Herkunft seiner Frau von SA-Männern bedroht und aus dem Amt gejagt. Thyssen reagiert spontan, wie er es häufig in seinem Leben tut, und verzichtet seinerseits auf das Amt als Preußischer Staatsrat. An Göring, Vorsitzender dieses Staatsrates, schreibt er: »Angesichts der Vorkommnisse der letzten Zeit, die unter anderem zur Vertreibung meines Freundes, des Regierungspräsidenten von Düsseldorf, Herrn Schmid, eines besonders bewährten Staatsbeamten, führten, wodurch die Staatsautorität meines Erachtens schwerstens verletzt wurde, bitte ich, mich von meinem Posten als Staatsrat zu entbinden.« Als ordentlicher Kaufmann fordert er den Finanzminister auf, »... mir das Gehalt, das mit dieser Stellung verbunden ist, nicht weiter auszuzahlen«.

Zu all diesen Ereignissen gibt es ein Zeugnis. Auch ein Selbstzeugnis des Fritz Thyssen? Diese Frage gibt bis in die Gegenwart Rätsel auf. 1941 erscheint in New York und London – in englischer Sprache – *I Paid Hitler*. Als Autor wird Fritz Thyssen genannt. In Deutschland ist es nur wenigen bekannt. Über dieses Buch wird – wenn überhaupt – bis heute fast nur in Historikerkreisen gesprochen. Das Buch selbst, seine Geschichte und jene um und über diese Publikation ist so oder so ein ganz eigener und eigenartiger Bericht eines dramatischen Stückes europäischer Historie. Bei den Spruchkammerverhandlungen im Sommer und im Herbst 1948 gegen Dr. h. c. Fritz Thyssen steht dieses Buch im Mittelpunkt, wird zum wichtigsten Beweisstück sowohl der Anklage wie der Verteidigung und am Ende nach langem Diskurs über seinen Inhalt zur Argumentationshilfe für ein mildes Urteil.

Es ist Nacht am 1. September 1939 in Badgastein. Das Ehepaar Thyssen ist schon länger in den österreichischen Alpen. Fritz Thyssen will sich erholen, ist seit längerer Zeit krank. Schon Vater August Thyssen fuhr dorthin zur Kur. Tochter Anita de Zichy-Thyssen, Schwiegersohn Gabor Graf de Zichy und Enkelsohn Frederico kommen in der letzten Augustwoche zu Besuch. Anfang August 1939 ist Fritz Thyssen noch wegen einer Ausstellung in Zürich. Doch in der Schweiz zu bleiben als Flüchtling, sei ihm da noch nicht in den Sinn gekommen, erklärt er später. Er habe den Worten mächtiger Nazis geglaubt, unter anderem Hermann Göring, alles Gerede von einem kommenden Krieg sei nur diplo-

16. August 1948, Königstein im Taunus: Dr. Fritz Thyssen muss im Ent-
nazifizierungsverfahren seine politische Haltung im Nationalsozialismus
rechtfertigen. Im Vordergrund das Buch »I paid Hitler«.

matisches Spiel. Erstaunlich und eher unwahrscheinlich! Thyssen
und Göring tauschten sich öfter aus. Immerhin machen die braunen Machthaber Thyssen zum Wehrwirtschaftsführer, und der
hat, obgleich ihm das doch »sehr unangenehm gewesen« wäre,
diese politische Dekoration nicht abgelehnt. Der dicke Reichsmarschall Göring gibt Dezember 1936 vor Unternehmern, vor
allem denen an Rhein und Ruhr, diese Erklärung ab: »Es ist kein
Ende der Aufrüstung abzusehen. Wenn wir siegen, wird die Wirtschaft genug entschädigt werden. ... Wir stehen bereits in der
Mobilmachung und im Krieg, es wird nur noch nicht ge-
schossen.«

Am 31. August 1939 erhält Fritz Thyssen in Badgastein zwei

Telegramme und schickt eines ab. Das erste Telegramm kommt am Nachmittag an. Seine Schwester Hedwig Baronin von Berg-Thyssen teilt ihrem Bruder mit, ihr Schwiegersohn, Graf von Remnitz, sei im Konzentrationslager Dachau gestorben. Die Nazis hatten von Remnitz als Funktionär der österreichischen Habsburger Monarchisten verhaftet und ins KZ gesperrt. Später erfährt Thyssen, dass der nationalsozialistische Reichsaußenminister Joachim von Ribbentrop »nicht zögert, sich das Eigentum des toten Mannes anzueignen«. Dabei handelt es sich auch um das stattliche Anwesen Schloss Fuschl im Salzburger Land. Am Abend des 31. August läuft das zweite Telegramm ein. Absender ist der Essener NSDAP-Gauleiter Terboven. Dieses Telegramm wird das Leben von Fritz Thyssen und seiner Familie grundlegend ändern. Die Folgen dieses Telegramms werden für ihn zur Katastrophe.

Terboven? Zur Trauung dieses Gauleiters in der historischen Essener Münsterkirche, heute Domkirche des Ruhrbistum, im Jahr 1934 erscheint Fritz Thyssen: schwarze Hose, Braunhemd und Stiefel, »um dem Herrn Terboven eine Freude zu machen«. Diese Zeremonie hat eine, der Öffentlichkeit verborgene, politische, mehr noch: verbrecherische Dimension. Am Tag nach Hitlers Rede vor dem Düsseldorfer »Industrieclub« im Januar 1932 sind Hitler, Göring und Ernst Röhm Gäste von Fritz Thyssen auf dessen Schloss Landsberg. Am Tag der Terboven-Trauung, dem 28. Juni 1934, sind fast alle versammelt, die Fritz Thyssen in seiner Naziträumerei kennen lernt und die bei ihm erfolgreich Geld erbetteln. Eine Nazigröße fehlt: Ernst Röhm, homosexueller Chef der SA, der Sturmabteilung der Nazipartei. Röhms homoerotische SA darf nach Hitlers Willen »aufräumen«, zündet beispielsweise 1938 die Synagogen an, auch die keine dreihundert Meter von der Essener Münsterkirche entfernt liegende schönste Synagoge Deutschlands.

Der Hochzeitstag in Essen soll die eigentlichen Absichten verschleiern. Hitler habe Terbovens Trauung mit starren Blick verfolgt, berichten Zeitzeugen, er habe vor sich hin gestarrt, als sei er mit den Gedanken woanders. Kampfgefährte Röhm ist Hitler gefährlich geworden mit seiner Illusion vom Soldatenstaat, mit seinen eigenen eitlen Paraden, schließlich mit seinen Angriffen gegen den NSDAP-Führer: »Ein Zivilmensch, ein Künstler, ein Spinner.« Der »Führer« logiert im Essener Hotel Kaiserhof. In der Nacht nach der Trauung wird er geweckt. Röhm hat eine riesige Parade in München veranstaltet, wird ihm berichtet, mit Schmährufen auf Hitler und Hochrufen auf Röhm. Hitler tobt am Fernsprecher. In einem Jähzornausbruch befiehlt er, die »Pestbeule« Röhm, »das Geschwür auszubrennen bis auf das rohe Fleisch«. Im »Kaiserhof« wird konkret, was höhere SS-Männer Tage zuvor bei einer Teegesellschaft in der Berliner Reichskanzlei nebenbei zu hören bekamen: die geplante Ermordung von Röhm und seinen Gefolgsleuten. Noch in der Nacht fliegt Hitler nach München, fährt von dort weiter nach Bad Wiessee. Die SS-Sicherheitseskorte reist mit.

Vor ihrer Vollversammlung in Bad Wiessee haben sich die SA-Führer erst einmal bei einer Orgie vollaufen lassen. Röhm und sein Bettgenosse schlafen fest, als Hitler mit der Pistole in der Hand ins Schlafzimmer stürmt: »Verräter!« Sieben hohe SA-Führer werden gleich erschossen. Drei Tage brauchen die Erschießungskommandos, um zweihundert Menschen zu ermorden. Drei Kugeln für Röhm. Fritz Thyssen liest in seiner Morgenzeitung: »Adolf Hitler zerschlägt ein Verräternest.« 1923 war es anders. Hitler und Röhm wagen in München den Putsch, zusammen mit Ludendorff soll ihr Marsch zur Feldherrnhalle eine rechte Revolution einleiten zum Sturz der Republik. Für die Kosten, 100 000 Reichsmark, hatten sie damals einen Finanzier gefunden: Dr. h. c. Fritz Thyssen.

Noch ein zweites Mal taucht im politischen Leben des Dr. h. c. Fritz Thyssen die gleiche Summe auf: 100 000 Reichsmark. Beim Entnazifizierungsverfahren 1948 in Königstein wird die Erklärung eines Zeugen hinterfragt, nach der Thyssen veranlasst haben soll, diese Summe für den Fonds der NSDAP zu zahlen. »Ist diese Darstellung richtig, gaben Sie 100 000 Reichsmark?«, fragt der vorsitzende Richter. Den »Betroffenen«, wie Thyssen während des gesamten Verfahrens genannt wird, lässt häufig ein Teil seines Gedächtnisses im Stich: »Ich erinnere mich nicht. 1931 oder 1932 sagte ich zu Hugenberg, man müsse zu den Rechtsparteien auch jetzt die NSDAP zählen und diese bei der Verteilung des Geldes, das zu Parteizwecken gegeben wurde, berücksichtigen.« Hugenberg, Krupps Generaldirektor, später Ufa-Filmboss und einer jener deutschnationalen Politiker, die Hitler den Weg geebnet hatten und der in dessen erstem Kabinett als Wirtschaftsminister vertreten ist, sagt darauf zu Thyssen: »Ich bin einverstanden, aber überlassen Sie die Verteilung der Gelder mir.«

Verteilung welcher Gelder? Politische Bestechung ist auch in den 1920er und 30er Jahren Brauch. »Das gehörte zur Psychologie der deutschen Unternehmer«, erzählt im Thyssen-Verfahren der damalige Geschäftsführer des Schwerindustriellen-Vereins Dr. Max Schlenker, »daß sie sich so wie gegen Feuer und Einbruch auch gegen die Parteien versichern wollten. Darum bezahlten sie ihre politischen Feuerversicherungen und unterstützten alle Richtungen.« Zu diesem Zweck gründen die Herren an Rhein und Ruhr einen eigenen Versicherungsverein, einen Geheimbund, dem sie im Anklang an die biblische »Bundeslade« den Namen »Ruhrlade« geben. Doch mehr als eine Erwähnung ist dem Gericht dieser auch heute kaum bekannte Zusammenschluss nicht wert. Nach einer Jagdpartie im November 1927 in den Waldungen Krupps auf dessen Schloss im österreichischen Blühnbach fühlen sich die anwesenden Kohle-, Schlot- und Stahlbarone lose verbunden. Keine Satzung, kein Aufnahmeantrag; man gehört dazu, wenn über Kohleförderung und Stahllieferung, finanzielle Transaktionen in Milliardenhöhe nicht nur philosophiert wird, aktuelle wirtschaftliche, politische Themen beredet und Unternehmensaktivitäten aufeinander abgestimmt werden. Zwölf Industrievertreter nur, sagen heute die einen, fünfzehn, meinen andere. Fritz Thyssen ist neben Krupp das prominenteste Mitglied.

Am 9. Januar 1928 findet das erste heimliche Treffen dieser Runde auf Krupps Essener Villa Hügel statt. Nur die Teilnehmer und die Dienerschaft wissen davon. Dabei wird zum ersten Mal über jenes Geld gesprochen, mit dem die bürgerlichen Parteien unterstützt werden. Bis 1930 werden 1,5 Millionen Reichsmark an die der Rhein-Ruhr-Industrie genehmen Parteien verteilt. »Ich habe zu Eberts Zeiten auch die Sozialdemokraten unterstützt«, behauptet Thyssen in seinem Entnazifizierungsverfahren. 1948 erzählt der ehemalige Monarchist, Sozialdemokrat Ebert hätte ihm gar anvertraut, anstelle einer Republik wäre ihm eine konstitutionelle Monarchie mit dem Kronprinzen an der Spitze lieber gewesen.

1933 fürchtet ein Mitglied der »Ruhrlade« um sein Leben: Dr. Paul Silverberg. Bis dahin fühlt sich dieser kleine rundliche Mann wohl und sicher auf seinem wunderschönen Gutshof bei Köln. Bei den Jagdgesellschaften der feinen Herren fällt er in Knickerbockern und Schirmmütze auf; Krupp trägt kurze Hosen und bayerische Wadenstrümpfe, Generaldirektor Reusch von der Gelsenkirchener Bergwerks AG bedeckt sich mit einem Strohhut, einer »Butterblume«, wie der »schwarze Peter«, Konzernchef Peter Klöckner, spöttelt. Sonst trägt diese Herrenzunft Jagdtracht. Silverberg, der gemütliche Direktor der deutschen Braunkohle, steht stolz neben einem kapitalen Hirschen, einem Zehnender, den er gerade erlegt hat. Obendrein bescheint eine friedliche Sonne diese trauten Bilder von milliardenschweren Bossen. Die spießige Ruhe täuscht. Silverberg ist Jude. Hitler lässt keine Ausnahme zu. Der Publizist Edgar Bissinger berichtet 1951, Silverberg habe »... 1933 gerade noch mithilfe Fritz Thyssens, des PGs, Deutschland verlassen« können. Silverberg flieht in die Schweiz.

Zurück zum zweiten Telegramm, das Thyssen im August 1939 in Badgastein erhält. Darin bestellt Gauleiter Terboven Thyssen telegrafisch nach Berlin: Reichtagssitzung in der Kroll-Oper, 1. September 1939. Thyssen, dem die Unterzeichnung des Hitler-Stalin-Paktes 14 Tage zuvor bereits Angst eingeflößt hatte, deutet die Eile richtig: Zustimmung zum Krieg. Der Industrielle zeigt Größe: Thyssen sagt ab. Um 21 Uhr schickt er an den Reichtags-präsidenten Göring dieses Telegramm: »Erhalte von der Gaulei-tung Essen Aufforderung, mich zum Fluge nach Berlin bereitzu-halten. Ich kann dieser Aufforderung wegen unbefriedigenden Gesundheitszustands nicht Folge leisten. Nach meiner Meinung sollte eine Art Waffenstillstand möglich sein, um Zeit zu gewin-nen. Ich bin gegen den Krieg. Durch einen Krieg wird Deutsch-land auch in Abhängigkeit von Russland auf dem Gebiet der Roh-stoffe gelangen und dadurch seine Stellung als Weltmacht verlieren. gez.: Thyssen.« Wirkt da im Sohn der Vater fort? 1914 verlangt August Thyssen in einer Denkschrift, die französischen Erz-regionen, Belgien sowie die Krim und die baltischen Provinzen als Rohstofflieferanten unter deutschen Besitz zu stellen zur Siche-rung deutscher Weltmachtstellung. Der Sohn ist, wie er 1939 ge-steht, verwirrt und erschrocken. Er erwartet eine »Tollheit von Hitler«. Und doch glaubt er nicht, Deutschland verlassen zu müssen, denn er habe doch nur seine Pflicht als Mitglied des Reichtages erfüllt.

So lehnt er am nächsten Tag, am 1. September 1939, auch den Vorschlag seines Schwiegersohns ab, gemeinsam »die historische Sitzung« im Reichstag, in der die Abgeordneten Hitler das Ja zum Überfall auf Polen geben werden, am Radio zu verfolgen. Als wolle er die Wahrheit nicht hören. Schwiegersohn Zichy holt ihn in die Realität zurück: »Hitler meldet, daß die deutsche Armee in Polen einmarschiert ist. Das bedeutet Krieg. Und Hitler sagt noch, wer nicht mit mir ist, ist ein Verräter und wird als solcher behandelt.« Thyssens Kommentar dazu später: »Dieser Satz war die Antwort auf mein Telegramm. Jetzt war es nicht mehr möglich, in Deutschland zu bleiben ... Mit meiner Frau und meinem Schwiegersohn kamen wir überein, das Land zu verlassen.« Er wäre nie gegangen, »wenn ich meine Kinder als Geiseln in den Händen der Gestapo hätte lassen müssen«. 1948 berichtet seine Sekretärin, wie die Familie Fritz Thyssen regelrecht bekniet hat, doch zu fliehen. Schwiegersohn Zichy: »Vater, Du musst unbedingt weg!« Ehefrau Amélie Thyssen macht gegenüber der Sekretärin diesen Stoßseufzer: »Endlich haben wir meinen Mann so weit gebracht, dass er nun doch geht!« Noch vor der Abreise weiht Thyssen seine Sekretärin in seine Absicht ein, im Ausland bekannt zu geben, wie Hitler das Volk belogen habe.

In der Nacht zum 2. September gibt Thyssen seinem Chauffeur die Anweisung: »Machen Sie alles fertig für eine längere Fahrt in Richtung Großglockner.« Über die wahre Absicht, Flucht in die Schweiz, sagt er dem Fahrer nichts. Er und seine Frau fahren in einem Auto, die Familie der Tochter in einem anderen. »Wir fuhren am 2. September um 7 Uhr morgens los. Wir hatten kein Gepäck mit, so als ob wir einen Ausflug machten ... Wir hielten im ersten schweizerischen Dorf, Le Prese, wir waren gerettet.«

Ein französischer Sender verbreitet am 12. September als Erster die Sensation von der Flucht des ehemaligen Nazis Thyssen. Der Londoner Rundfunksender BBC berichtet in seinen deutschen Nachrichten davon. In Deutschland wird versucht, diese Flucht und ihre Gründe zu verheimlichen. Propagandaminister Goebbels gibt gar ein Dementi heraus: Es sei doch natürlich, wenn ein überarbeiteter Industrieller sich im Urlaub im Ausland erhole. Doch die Wahrheit ist nicht mehr zu verbergen. Sie elektrisiert vor allem amerikanische, englische und französische Journalisten. Ein Interview mit Thyssen, das wäre die Story! Einer schafft es. Emery Reves schreibt frohlockend: »An dem Wettlauf um diese Geschichte habe ich teilgenommen und habe gewonnen.« Reves leitet in Paris das internationale Pressebüro Cooperation Publishing Co., Ins., das Ansichten bedeutender Politiker und Staatsmänner wie beispielsweise Churchill, Léon Blum und Anthony Eden in über 400 Zeitungen in aller Welt veröffentlicht.

Reves und seine Mitarbeiter treffen Thyssen in einem Pariser Hotel. Schon beim ersten Zusammentreffen drängt Thyssen zur Eile, bietet seine Briefe an Göring und Hitler zur Veröffentlichung an, die seinen Bruch mit den Nationalsozialisten und damit seine Flucht begründen. Thyssen und Reves sehen sich häufiger. Die besagten Briefe erscheinen in französischen, englischen und amerikanischen Zeitungen und Zeitschriften, unter anderen in *Life* und *Paris soir*. Zwar weiß Thyssen um die Gefahr, in der er auch im Ausland schwebt, doch will er seine Anklagen gegen die Nazis weltöffentlich machen, beispielsweise: »... daß ich diese Politik ablehne und daß ich bei dieser Meinung bleiben werde, selbst wenn ich als Verräter angeklagt werde.« Er erinnert an den passiven Widerstand, den er 1923 ohne Waffen im Rheinland und im Ruhrgebiet organisierte, durch den beide Regionen gerettet worden seien. Er nennt die Situationen, die zu seiner Abkehr vom Nationalsozialismus führten, unter anderem: »... eine anstößige und verleumderische Schmähschrift gegen die katholische Kirche ..., der ich jetzt treuer als je angehöre ... als am 9. November 1938 die Juden in der feigsten und brutalsten Weise ausgeplündert und gepeinigt wurden ...«. Zur Politik der Nationalsozialisten sagt er mehrmals: »Selbst vom Standpunkt der praktischen Politik führt diese Politik zum Selbstmord ...«.

Die Flucht geht weiter nach Luzern und Monte Carlo. Reves,

seine Sekretärin und sein Sekretär ziehen mit. In wenigen Wochen versucht Reves, so viel wie möglich von Thyssen zu erfahren. Bis zu diesem Punkt scheinen die Fakten gesichert. Den Bericht vom weiteren Verlauf beschwört Reves als wahr; Thyssen nennt ihn später unrichtig. Reves Version: Wenn sie zusammen sind, beginnen morgens um 9.30 Uhr die Sitzungen mit Diktaten Thyssens, meist in Französisch, nach drei Stunden werden sie unterbrochen. Die abgeschriebenen Stenogramme werden am Abend Thyssen vorgelegt, er sieht sie durch, korrigiert sie und gibt seine Zustimmung. Auch zu diesen goldenen Worten: »Nachdem Hitler zum Kanzler ernannt war, wurde Herr von Krupp ein Übernazi.« Thyssen bestreitet nicht, dies gesagt zu haben, sagt jedoch, er habe es nicht diktiert. Dies und »andere verschiedene Dinge« hätte er nie in ein Buch hineingeschrieben. Dabei hatte er mit Gustav Krupp doch so Recht! Wahr ist: Thyssen und Reves planen eine Buchveröffentlichung einer »ungewöhnlichen Geschichte in dieser Weltkrise«.

Die letzten Maitage des Jahres 1940 markieren den Wendepunkt dieser Geschichte. Thyssen und Reves glauben, ihre Arbeit sei beendet. Die Hälfte des Buches hätte Thyssen genehmigt, die zweite Hälfte hätte er diktiert, doch nicht durchgesehen, also auch nicht genehmigen können, sagt Reves. Da passiert zeitgleich Folgendes: Reves muss nach Paris, um einige Daten zum Thyssen-Manuskript zu recherchieren. Die deutsche Armee durchbricht bei Sedan die Front. Reves flieht Hals über Kopf nach Tours, dann nach Bordeaux, schließlich mit einem Handelsschiff nach London. Vieles lässt er zurück, doch eines hat er stets bei sich – das Thyssen-Manuskript.

Kaum in London, wird Reves mit der Frage bestürmt, wo Thyssen ist. Reves, Verleger und Redakteure recherchieren. Alle wollen die Aussagen des ehemaligen Hitler-Förderers als Buch sehen. Doch keiner findet den Aufenthaltsort von Thyssen heraus.

Reves weigert sich, das Manuskript zum Druck freizugeben. Er verlässt London und geht in die Vereinigten Staaten. Auch dort wird er gedrängt, endlich Thyssens Aussagen drucken zu lassen. Thyssen sei doch längst in den Händen der Gestapo. Nein, glauben andere, er sei bereits in einem Konzentrationslager. Was keiner von ihnen wissen konnte: Fritz Thyssen und Amélie Thyssen befinden sich in einer Irrenanstalt in Neubabelsberg – als Gefangene.

Als Thyssen noch frei ist, doch auf der Flucht, wird ihm Ende September 1939 mehrfach übermittelt, für den Fall seiner Rückkehr nach Deutschland ginge er straffrei aus. Die Nationalsozialisten bemühen sich regelrecht krampfhaft, ihren Vorzeigeindustriellen, ehemals prominenten Befürworter, nun Abtrünnigen, zur Rückkehr zu bewegen. Thyssen wird diese Regierungsofferte regelrecht aufgedrängt. Thyssen bleibt standhaft. Er reagiert so, wie wohl nur er mit seinem strengen katholischen Gewissen reagieren kann. Er lehnt nicht nur ab, er stellt Bedingungen: »… dass die deutsche Öffentlichkeit darüber aufgeklärt wird, dass ich als Reichtagsabgeordneter gegen den Krieg gestimmt habe. Sollten noch andere Abgeordnete ebenso gestimmt haben, so soll ihr Votum auch bekannt gegeben werden.« Das ist eine noch schärfere Provokation als sein Telegramm, nicht zur Reichstagssitzung zu kommen. Thyssen wird noch deutlicher. Am 1. Oktober 1939 schreibt er einen langen Brief an Hermann Göring, in dem er sich als politischer Gegner des Nationalsozialismus bezeichnet. Den begonnenen Krieg nennt er eine Katastrophe. Und er fordert: »Auf jeden Fall muss Deutschland verfassungsmäßige Bedingungen wieder gelten lassen, sodass Verträge und Abkommen, Gesetz und Ordnung wieder einen Wert haben.« Falls die Politik der Nationalsozialisten, also der begonnene Krieg, ein Misserfolg werde, werde dies »das Ende Deutschlands bedeuten«. Seine Rückkehr wäre »eine vorsätzliche Dummheit meinerseits … angesichts des Schicksals, das politische Gegner zum Beispiel im

Jahre 1934 getroffen hat«. Thyssen meint die Morde an den SA-Führern. Diese Methoden hätten sich nicht geändert. Aus seiner fünf Jahre währenden Abneigung ist Gegnerschaft geworden. Im April 1940 übergibt Thyssen die Briefe seiner Abrechnungen mit dem Nationalsozialismus an die internationale Presse.

Im November 1939 wird Thyssen aus der NSDAP ausgeschlossen. Einen Monat später wird sein Vermögen beschlagnahmt. In einer Firmenschrift wird die Beschlagnahmung aufgeschlüsselt: »Fritz Thyssen besaß mit nom. 9 Mill. RM Aktien drei Fünftel von 15 Mill. RM Grundkapital der Thyssen & Co. AG. Sein Anteil fiel an das Land Preußen. Die Thyssen & Co. AG wurde 1940 in Rheinisch-Westfälische Industriebeteiligungs-AG – seit 1943 Preußen AG für Beteiligungen – umbenannt. Sie übernahm alsdann die übrigen 6 Mill. RM Aktien von ihren bisherigen Miteigentümern Hans und Julius Thyssen. Die Tochtergesellschaft der Thyssen & Co. AG, die August Thyssen-Hütte, Gewerkschaft, wurde in ›Gewerkschaft Preußen‹ umfirmiert. Bei ihr lagen damals nom. rund 125 Mill. RM Aktien und damit rund 27 Prozent des Grundkapitals der Vereinigten Stahlwerke AG. So wurde das Land Preußen über die Enteignung Fritz Thyssens zum Großaktionär des Stahlvereins.«

Noch sind die Thyssens frei und deutsche Bürger. Darauf ist Fritz Thyssen stolz: ein Deutscher zu sein. Im Februar 1940 wollen die Nazis den Nationalisten genau an dieser Stelle treffen. Sie erkennen ihm und seiner Frau die deutsche Staatsbürgerschaft ab. Fritz Thyssen, den die Ausdehnung der Vermögens-Beschlagnahme auch auf das Vermögen seiner Frau empört, da sie »kein Verbrechen der Majestätsbeleidigung gegen das Regime begangen« habe, versteht ebenso wenig, wieso seine Frau mit der Aberkennung der Staatsbürgerschaft bestraft wird, da sie »niemals an irgendeiner politischen Demonstration gegen das Regime teilgenommen« habe.

Die Thyssens glauben und hoffen nun, die Flucht nach Übersee werde sie vor dem Zugriff der Gestapo retten. Die Übersiedlung wird vorbereitet. Alles scheint klar. Anfang April 1940 erhält das Ehepaar von der amerikanischen Botschaft in Paris die Papiere zur Einreise in die USA, von wo aus es nach Argentinien weiterreisen will. Der italienische Außenminister gibt die Zusicherung für freies Geleit, damit das Ehepaar über Genua nach Amerika per Schiff fahren kann. In Argentinien befinden sich bereits Tochter Anita mit Ehemann Graf Zichy und Enkelsohn Frederico. Da bittet Thyssens 86-jährige Mutter Hedwig fünf Tage vor der Abreise per Telegramm um einen letzten Besuch am Sterbebett. Sie lebt in Brüssel, wo sie den belgischen General de Neuter geheiratet hat. Auf der Rückreise nach Paris gehen Amélie Thyssen die Nerven durch. In Monte Carlo will sich das Ehepaar erholen, um danach nach Argentinien zu flüchten. Die deutsche Armee rückt in Frankreich ein. Ein Waffenstillstand wird geschlossen. Da verweigern die französischen Behörden die Weiterreise. Die Thyssens sitzen in Monte Carlo fest. Dort fängt sie die Gestapo. Der Bischof von Nizza versichert zwar: »Niemals würde die Regierung Pétain, die den Waffenstillstand in Ehren unterzeichnet hat, einwilligen, einem etwaigen Ersuchen um Ihre Auslieferung stattzugeben.« Doch die französische Regierung bricht diese Zusicherung. Ende 1940 ist die Flucht der Thyssens zu Ende, sie werden der Gestapo übergeben.

Vom 2. Januar 1941 bis November 1943 ist das Ehepaar in einer Irrenanstalt in Neubabelsberg bei Potsdam »untergebracht«. Der Ort, an welchem Menschen festgehalten werden, von denen gesagt wird, sie seien nicht bei Sinnen, wird von einem Mann mit dem beziehungsreichen Namen Dr. Sinn geleitet. Sollte die geistige Zurechnungsfähigkeit Thyssens als zweifelhaft erscheinen? Oder soll die Rückkehr in den Nationalsozialismus offen bleiben? Am 2. Februar 1941 lässt Göring Thyssen holen.

Lange spricht er auf ihn ein. Augen- und Ohrenzeugen gibt es dafür nicht. Gleichwohl hat Thyssen nach diesem Gespräch Mitinhaftierten von Görings Ansinnen berichtet: Thyssen solle ein Gnadengesuch an den Führer richten und seine Abkehr von Hitler widerrufen. Dann werde ihm erlaubt, nach Landsberg zu gehen, er werde von der Enteignung befreit. Seine Frau und er erklären, ein Gnadengesuch an Adolf Hitler bedeute einen Verrat an ihrer Überzeugung: »Unsere Ehre ist kein käufliches Gut.« Die Spruchkammer in Königstein wertet diese Standhaftigkeit besonders hoch: »Wenn der Betroffene angesichts der schlimmen Lage, in der er sich mit seiner Frau befand, und angesichts der Aussicht auf eine noch furchtbarere Zukunft dieser Versuchung widerstand, so hat er damit ... einen so hohen Grad an innerer Festigkeit und Widerstandswillen bewiesen, dass man das Fehlen einer Wirkung auf die Öffentlichkeit, die natürlich hiervon nichts erfuhr, nur bedauern kann.«

Nach diesem Nein kann Thyssen seinem Schicksal nicht mehr entrinnen. Transport ins Konzentrationslager Sachsenhausen Ende 1943, im Februar 1945 weiter ins KZ Buchenwald, danach ins Gefängnis Regensburg, ins KZ Dachau, am Ende mit einem Prominententransport ins Pustertal. Dort, im Örtchen Villabassa (Niederdorf) in Südtirol, sollen er und die anderen prominenten Häftlinge am 27. April 1945 durch SS-Bewacher hingerichtet werden: Die Generale Thomas und Halder, Pfarrer Martin Niemöller, dessen Familie Thyssen seit 1933 mit 300 Reichsmark im Monat unterstützt, Bankpräsident Hjalmar Schacht, der französische Ministerpräsident Léon Blum, Österreichs Bundeskanzler Schuschnigg und viele andere. Ein deutscher Major verhindert diesen Mord. Amerikanische Soldaten kommen wenig später als Befreier.

Nach dem 20. Juli 1944, dem Tag des Attentats auf Hitler, werden viele Angehörige der Familien Goerdeler und von

Stauffenberg vor allem ins KZ Buchenwald gebracht. Als »Tante Amélie« und »Onkel Fritz« wird das Ehepaar Thyssen bei seiner Einlieferung in dieses Konzentrationslager von der Stauffenberg-Gruppe aufgenommen, ja »adoptiert«, heißt es. Thyssen bringt Clemens Schenk von Stauffenberg Schach bei. Amélie Thyssen wird Launenhaftigkeit nachgesagt, doch habe sie sich durchgerungen, »vorbildlich gegenüber den Mitgefangenen« zu sein. Sie habe »… unablässig um bessere Lebensbedingungen für ihren durch schwere Krankheiten bedrohten Mann« gekämpft. Am 31. Dezember 1943 schreibt sie auf einem Zettel an die Lagerleitung: »Sehr geehrter Herr Oberleutnant! Ich verlange, am 1. Januar zur Heiligen Messe geführt zu werden, ich bitte, die Wachmannschaften entsprechend anzuweisen.« Ob dies geschehen ist, ist nicht bekannt.

Erst nach der Stunde null, dem Kriegsende, wird einiges bekannt. Doch Emery Reves ist ab Mai 1939 ratlos. Vierzehn Monate hätte er gewartet, sagt Reves, um mit Thyssen in Verbindung treten zu können, um von ihm auch die zweite Hälfte des Buches autorisieren zu lassen. Inzwischen ist der Text aus dem Französischen ins Englische übersetzt worden. Als die deutsche Armee die Sowjetunion angreift, meinen Reves und seine Verlegerfreunde, die Einsichten von Thyssen könnten vielen die Augen öffnen über Nazideutschland; dies sei der Zeitpunkt, die Ansichten eines abtrünnigen Nazis jedermann kundzutun. Reves bekundet, zur Absicherung hätte er bei der Thyssen-Tochter Anita in Argentinien deren Genehmigung anstelle des in dieser Zeit als verschollen geltenden Vaters eingeholt. 1941 wird das Buch veröffentlicht.

Es wird ein Erfolg. Als Serie werden Teile des Buches 1941 in der amerikanischen Zeitschrift *Liberty* veröffentlicht. In Chile und Brasilien erscheinen 1942 spanische und portugiesische Übersetzungen, 1943 kommt das Buch in Schweden heraus, 1947 in Holland und in Italien. Auf Deutsch ist das Buch nie publiziert worden. Warum? Die Suche nach einer Antwort fördert Rätsel auf Rätsel zutage. Logisch, dass es 1941 und bis zum Ende der Naziherrschaft in Deutschland nicht gedruckt wird. Doch auch nach 1945 scheint kein deutscher Historiker daran interessiert zu sein, es zu übersetzen, zu kommentieren, um es einem deutschen Verleger zum Druck anzubieten.

In den nahezu firmenoffiziellen Buchpublikationen »Wege und Wegmarken – 100 Jahre Thyssen«, 1991 erschienen, und »Die Feuer verlöschen nie – August Thyssen-Hütte 1926 – 1966«, 1969 veröffentlicht, wird die Publikation nicht erwähnt. Nach der Jahrtausendwende scheint der Geist gewendet: In den offiziellen biografischen Daten verheimlicht das Thyssen-Krupp-Konzernarchiv diese Veröffentlichung nicht mehr. Die politische Verirrung dieses Mannes, der sie doch mutig korrigiert hat, wird nicht mehr hinter bombastischer industrieller Geschichte versteckt. Früher jedoch wird nur einmal, 1954, das Buch kurz eingeblendet. In der Werkzeitung *Rheinrohr* spricht Professor Dr. Ellscheid so gequält darüber, als sei es eine lästige Pflicht. Thyssens Testamentsvollstrecker Ellscheid, Nachlassverwalter und dessen Verteidiger beim Entnazifizierungsverfahren, sagt (mit falscher Titelübersetzung und falschem Autorennamen): »Ich würde falsch handeln, wollte ich meine Rede abschließen, ohne etwas nachzutragen, was ich vergaß, nämlich das Folgende: In dem Königsteiner Verfahren… hat ein Buch von einem Herrn Rewes, ›I Paid Hitler‹ – ›Ich bin der Geldgeber Hitlers‹, eine verheerende Rolle gespielt. Dieses Buch, das überall noch zitiert wird, so als wenn es ein Buch von Fritz Thyssen wäre, dieses Buch ist nicht nur dem Titel, nicht nur in seinem Vorwort, sondern einem großen Teil seines Inhalts nach eine grobe Fälschung. Der Verfasser, Mr. Rewes, hat zwar eine gegenteilige eidesstattliche Versicherung in New York abgegeben, er hat es aber nicht gewagt, sich zu verantworten vor dem deutschen Tribunal, damit ihm hierbei seine

Fälschungen der Reihe nach vorgehalten werden konnten.« Ein Nachsatz könnte die Vehemenz Ellscheids erklären, sich so gegen die Autorenschaft Thyssens zu wehren: Er fordert alle Menschen auf, »jedem Versuch entgegenzutreten, einen Mann von solch heroischer Größe, von einem solchen Pflichtbewusstsein, von einem solchen wirtschaftlichen Weitblick noch einmal als asozialen Unternehmer, als einen Schrittmacher des verbrecherischen Nationalsozialismus oder gar als Kriegsverbrecher zu brandmarken«.

Zu Beginn seiner Verhandlung wird Fritz Thyssen als »Hauptschuldiger« bezeichnet. »Das Buch ist praktisch nicht von mir und in großen Partien unwahr.« Sagt er. Er habe nur die ersten zehn Seiten korrigiert. Und die anderen? Diktiert, erzählt, aber nicht korrigiert? Mit dem Interviewer Emery Reves habe er in Monte Carlo bei »zwei oder drei Sitzungen« nur die Grundrisse für das Buch geplant, sagt er, wenig später sind es plötzlich »vier bis fünf Besprechungen«. Doch Reves habe auch verarbeitet, was er, Thyssen, nicht in diesen Unterredungen gesagt habe, »sondern auch Tischgespräche und sonstige Unterhaltungen verwertet«. Thyssen legt in diesem Verfahren besonderen Wert darauf, er habe nicht diktiert, sondern sei interviewt worden, da er sich besser konzentrieren könne, wenn er seine Gedanken aus dem Gespräch heraus wiedergebe. Es muss ungeheuer viel gewesen sein; Reves reichte es als Material für ein ganzes Buch.

Thyssen Aussagen legen den Verdacht nahe, das Entstehen des Buches sei einem Missverständnis zwischen Thyssen und Reves zu verdanken. Reves, mit der im angelsächsischen Sprachraum geübten Praxis des Ghostwritings vertraut, saugt offenbar jede Äußerung seines Gesprächspartners auf und notiert sie. Der konservative Thyssen, dem diese Medienpraxis fremd ist, muss also das Buch »nicht als meine Geistesarbeit« anerkennen, für ihn ist es »die des Herrn Reves«. Inhaltlich von ihm? Thyssen sagt nicht nur vor diesem Gericht, er sei von Reves und dessen Mitarbeitern interviewt worden und Reves habe verwertet, was er, Thyssen, bei Tischgesprächen und anderen Unterhaltungen von sich gegeben habe, er sagt auch: »Ich behaupte ja nicht, dass alles falsch ist, ... nur will ich sagen, dass ich nicht alles, was ich ihm erzählt habe, in meine Memoiren hineingeschrieben hätte.« Und: »Der Rest ist aus der Erinnerung des Herrn Reves niedergeschrieben worden.« An keiner Stelle sagt Thyssen, dies oder das habe er nicht gesagt. Er sagt immer nur, er habe es nicht diktiert und er hätte dies so nicht geschrieben. So hätte Reves das Buch »zusammengebraut« – aber eben doch nicht aus den Fingern gesogen.

Die Frage, stammt *I Paid Hitler* von Thyssen oder nicht, bewegt Historiker in Ost und West. 1971 kommt der bedeutende amerikanische Wirtschaftshistoriker Henry Ashby Turner Jr. zum Ergebnis, das Buch ist als glaubwürdige historische Quelle wenig geeignet, »wohl aber aufschlussreich für die Mentalität eines Industriellen, der in den frühen 30er Jahren im Nationalsozialismus die Rettung für sein Vaterland sah«. Schon bei der Zeugenbefragung in der Vorbereitung des Prozesses in Nürnberg leugnet Thyssen, Autor des Buches zu sein, er habe Reves nur »eine Reihe von Informationen« mitgeteilt. Ob die Angaben im Buch genau seien, wisse er nicht, da er es nie gelesen habe. 1949 hat ein anderer amerikanischer Historiker die Entstehung des Buches nahezu kriminalistisch untersucht und nimmt an, Reves' Angaben seien korrekt, doch die Thyssens nicht immer. Das wiederum deutet Turner Jr. so, »dass Thyssen entweder die Wahrheit verdreht hatte oder das Opfer eines außerordentlich schlechten Gedächtnisses geworden war«.

Fritz Thyssen hält sich im Entnazifizierungsverfahren 1948 für entlastet. Ist er, durch seine enthusiastische Bereitschaft, Hitler zu unterstützen, durch seinen heftigen und für die Außenwelt plötzlichen Bruch mit den Führern des Dritten Reiches und deren

Idealen, durch Flucht, Standhaftigkeit ein Musterbeispiel des politischen Konvertiten? Dass ihm die Nazis die deutsche Staatsbürgerschaft aberkennen, ihn später ins Konzentrationslager bringen, kommentiert er Mitte 1948 im Taunus so: »Die Nazis selbst haben mich doch schon entnazifiziert.« Für Thyssen ist »das Ganze doch nur eine Formsache«. Dabei lächelt er. Der *Spiegel*-Beobachter nimmt an, der alte Herr »versteht das ganze Verfahren nicht so richtig«. Dass Fritz Thyssen möglicherweise ein schlauer Fuchs gewesen sein könnte, dem obendrein eine Hand voll hervorragender Anwälte erfolgreich assistiert hat, auf diesen Gedanken verfällt er nicht.

»Ich plädiere nicht auf entlastet«, sagt der Ankläger. Doch »Hauptschuldiger« ist Thyssen am Ende des Verfahrens nicht mehr. Er, den die Amerikaner 1945 zunächst befreit, doch dann abermals hinter Stacheldraht gesteckt hatten, hat drei Jahre später mehr als gute Freunde in den USA: »Heute verstehe ich mich mit den Amerikanern eigentlich ganz gut.« Im Juni 1948, zwei Monate vor Thyssens Verfahren, ist der einflussreiche amerikanische Senator Burton K. Wheeler in Deutschland. Er wolle Fritz Thyssen aus seinen Entnazifizierungsschwierigkeiten heraushelfen, wird gemunkelt. Eine Wiedergutmachungsaktion? Nach der Befreiung durch die Amerikaner werden die Prominenten des Pustertals nach Capri verbracht, um sich dort zu erholen. Auf Capri werden sie wie Helden empfangen. Wenig später jedoch werden viele von ihnen erneut verhaftet, so auch Thyssen. Amélie Thyssen wird nach München entlassen zu ihrer Schwägerin Hedwig Baronin von Berg-Thyssen; das heißt: Sie wird vor einem Obdachlosenasyl abgesetzt.

Thyssen wird erneut inhaftiert, nun von seinen Befreiern. Von den Nazis aus Frankreich verschleppt, geht die Verschleppung weiter. In drei Gefängnisse wird er verlegt, in einem bricht er zusammen. »... Brot ... wie einem Tier vorgeworfen«, schreibt er

Arbeiter demonstrieren 1948 für den Erhalt ihres Werkes, als nach dem Krieg Schweißbrenner die August Thyssen-Hütte zerlegen sollen.

später. Zwei mal drei Meter misst eine der Zellen, die Holzpritsche hat keine Matratze und keine Decke. Der 73-Jährige wird ins Krankenhaus Taunusheim eingeliefert: »Auf Befehl der Militärbehörde mußten die deutschen Ärzte mich mit einem falschen Namen führen, nämlich Gustav Sack. Dies geschah, um sich abzusichern, falls ich an den Folgen der rohen Behandlung sterben sollte, dann würde man behaupten können, nicht Fritz Thyssen, sondern Gustav Sack, der niemals existiert hat, sei gestorben.« Noch nicht wieder gesund, wird Thyssen auf offenem Lastwagen ins Gefängnis von Nürnberg gekarrt. Entweder werde ihm dort der Prozess als Kriegsverbrecher gemacht oder er werde gebraucht als Zeuge in einem Prozess gegen die Vereinigten Stahlwerke AG, deren Aufsichtsratsvorsitzender Thyssen bis zu seiner Flucht gewesen ist. Dieser Prozess kommt nicht zustande.

Am 10. Dezember 1946 schreibt Amélie Thyssen an den Militärgouverneur der amerikanischen Besatzungszone, General Clay. Es falle ihr schwer, ihm zu schreiben, »… da wir zu verschiedene Auffassungen von Menschlichkeit und Gerechtigkeit haben, doch der alarmierende Gesundheitszustand meines Mannes zwingt mich dazu … Ich frage Sie, was bezwecken Sie mit der Behandlung meines Mannes? Wollen Sie ihn seelisch und körperlich völlig zugrunde richten? Daß man ihn festhält ist doch sowieso gegen jede Berechtigung. Seine ganze Einstellung von dem Augenblick an, wo er die Nazibande erkannte, was schon 1933 seinen Anfang nahm, war einwandfrei und vorbildlich, und nun wird er behandelt wie ein Verbrecher, nachdem er 4 1/2 Jahre teils im Irrenhaus, teils im KZ zubrachte. Wir haben uns unter der viel gepriesenen Befreiung der Amerikaner etwas anderes vorgestellt. Man kann einfach nicht mehr mit, mit dem ganzen Menschenverstand. Das einfachste Recht des Menschen wird mit Füßen getreten. Nun bitte ich Sie, Herr General, alles zu tun, daß mein Mann … freikommt und wir als Staatenlose die Ausreise erhalten, damit wir endlich nach sieben Jahren zu unserer Tochter nach Argentinien reisen können.«

Fritz Thyssen wird ins Sanatorium von Königstein entlassen und dem »Hessischen Minister für politische Befreiung« überstellt, der das obligatorische Verfahren zur Entnazifizierung gegen ihn eröffnet. Doch erst 1948 steht er als »Hauptschuldiger« vor der Spruchkammer. Bis dahin muss er sich täglich bei der Polizei melden. Die offene Abkehr vom Nationalsozialismus, seine Anklage der Nazigrößen durch die internationale Presse vor der Weltöffentlichkeit, seine Warnungen vor dem Krieg wiegen für die Richter schwerer als seine ideelle und finanzielle Unterstützung der NSDAP. Das Urteil: »Minderbelastet.«

Bestraft wird Thyssen dennoch in Königstein. Fünfzehn Prozent seines Vermögens in Deutschland muss er zahlen. Wovon?

Sein Vermögen haben doch die Nationalsozialisten eingezogen. Eigentlich sind es nicht die Nazis, sondern die Preußen. Ausgerechnet Hermann Göring, mit dem sich Thyssen einst so gut verstand, ist 1939/40 als preußischer Innenminister der Vollstrecker. Am Ende der 1940er Jahre ist das für Thyssen ein glücklicher Umstand. Er erhält vom Land Nordrhein-Westfalen, das Rechtsnachfolger des Landes Preußen ist, sein deutsches Vermögen zurück. Nordrhein-Westfalen ist die Unterstützung des Industriellen Thyssen, und damit vor allem die Unterstützung des Unternehmens, für den Wiederaufbau der Wirtschaft des Landes lebenswichtig. 1948 sind solche Überlegungen bei Thyssen offensichtlich nicht nur Hoffnungen. Auf Fragen des Vorsitzenden nach Einkommen und Vermögen, antwortet er: »Kein Einkommen. … Mein Vermögen ist beschlagnahmt.« Wenn er kein Vermögen habe, warum er dann in Königstein sein Testament gemacht hätte. Thyssen: »Aufgrund zu erwartender Rückzahlungen.«

Ist er arm, als er im Oktober 1948 nach Nazi- und Alliiertenhaft, immerhin fast acht Jahren Unfreiheit, endlich ein freier Mann ist? Sein Besitz im Ausland, vor allem in Südamerika ist geblieben, allein durch seine Tochter Anita in Buenos Aires. Ihr und seinen beiden Enkeln vermacht er alles dort, als er vor den Nazis flieht. Und zu ihr, Anita Gräfin de Zichy-Thyssen, will er. In Deutschland aber hat er nichts. Und doch bleibt Fritz Thyssen trotz aller Widrigkeiten Kaufmann. Auf Fragen des Gerichts, ihm stünde doch Geld vom Erlös des Buches *I Paid Hitler* zu, sagt er, er wolle es nicht in Anspruch nehmen. Nach Schluss des Prozesses fordert und erhält er die ihm vertraglich im April 1940 vereinbarten Tantiemen für dieses Buch, von dem er immer sagt, es wäre nicht seines. Der Autorenanteil Thyssens reicht, weist Historiker Turner Jr. nach, um mit diesem Geld endlich nach Argentinien zu gehen – im Januar 1950, zehn Jahre nach der Verhaftung durch die Gestapo. Im Mai des gleichen Jahres verfügt ein Militärregierungsgesetz: Die alten Eigentümer und Gläubiger der Montanindustrie sind angemessen zu entschädigen. Thyssens Vermögen wird freigegeben. Neun Monate später stirbt er.

1948 fragt ihn der Gerichtsvorsitzende, wovon er lebe und wie er die geplante Ausreise bezahlen wolle. »Ich habe Freunde, die mir die Mittel zur Verfügung stellen.« Sein ehemaliger Sekretär jedoch sagt: »Thyssen hatte keine Freunde, er ist eine ungewöhnliche Persönlichkeit mit Schwächen. Man konnte nicht mit ihm in ein freundschaftliches Verhältnis kommen.« Dr. Robert Ellscheid, Rechtsanwalt am Kölner Oberlandesgericht, später Honorarprofessor, ist ein Freund der Thyssens. Er wird später Testamentsvollstrecker. Er bezahlt die Miete für die Wohnung des Ehepaares Thyssen in Bad Homburg vor der Höhe. Den Thyssens ist das Geld ausgegangen.

Eine Manuskriptseite, die nie gedruckt worden ist, gibt den Ausschlag zugunsten Thyssens. Sie bestärkt die Richter in ihrem Zweifel an Thyssens Aussagen in dem Buch. Emery Reves will wohl ganz sicher gehen, als das Buch *I Paid Hitler* 1941 in New York gedruckt wird. Er will offenbar zeigen, wie korrekt er ist. Die Seite 240 der New Yorker Ausgabe ist die Fotokopie einer Seite des Originalmanuskripts auf Französisch mit zahlreichen Korrekturen von Thyssens Hand. In der Londoner Ausgabe erscheint diese Manuskriptseite allerdings auf der Druckseite 14. Doch die meisten Einschränkungen und Anfügungen von Thyssen sind nicht in die endgültige, die eigentliche Druckfassung eingearbeitet worden, die obendrein vom Französischen ins Englische übertragen worden ist. Für die Anklage ist das Buch wichtigstes Beweisstück. Der öffentliche Ankläger behauptet: Das ist authentisch! Damit hat er sich sozusagen ein Ei ins Nest gelegt. Außer dieser einen im Buch als Faksimile wiedergegebenen Originalmanuskriptseite kann keine weitere Originalseite vorgelegt werden. So fehlt der Beweis, das Buch sei »in allen Teilen ein

Erst am zweiten Jahrestag seines Todes findet Fritz Thyssen seine letzte Ruhe im Mausoleum auf Schloss Landsberg. Der älteste Sohn des Firmengründers August Thyssen war am 8. Februar 1951 in Argentinien gestorben.

wörtlich verfasster autobiographischer Bericht«. Die Richter richten auch nach der für sie fehlenden Authentizität. Die Einwände, 1945 habe Thyssen in Nürnberg viele grundlegende Aussagen des Buches richterlich bestätigt, fallen 1948 vor den Spruchkammerrichtern kaum ins Gewicht. Da fällt das Urteil milde aus. Einige Kritiker sprechen von einem »Persilschein«.

Theo Gaudig ist einer von ihnen. Gaudig und Thyssen treffen zweimal im Leben aufeinander. Beide sind Bürger der Stadt Mülheim an der Ruhr: Der Arbeiter und Kommunist Theo Gaudig und der millionenschwere Unternehmer Fritz Thyssen. Theo Gaudig fotografiert sich anfangs der 1920er Jahre mit Magnesiumblitzpfanne als Dreher der Firma Krupp in Essen während einer Nachtschicht – obwohl dies per sofortiger Kündigung verboten ist. Sein Selbstbildnis an der Drehbank wird Titelbild der AIZ, der *Arbeiter Illustrierten Zeitung*. Die Fotografie gilt heute als eines der wichtigsten Dokumente der Arbeiterfotografie.

Mitte der 1920er Jahre ist der Vater von Gaudig kommunistisches Mitglied der Abgeordnetenversammlung von Mülheim. Fritz Thyssen ist Abgeordneter der Zentrumspartei. Vater Gaudig baut in Ruhrnähe und nahe der Thyssen-Villa ein kleines Haus. An einem Sonntag schleppen Vater und Sohn Gaudig einen Eisenträger fürs Häuschen durch den Wald. Da kommt ihnen Thyssen zu Pferde entgegen. Vater Gaudig und Fritz Thyssen unterhalten sich länger angeregt und freundschaftlich über Politik, das Wetter und die Nachbarn. Gaudig vergisst es, bis er, der Nazi-Widerständler, KZ-Häftling in Buchenwald wird. Dort lebt er sozusagen Baracke an Baracke mit Fritz Thyssen. Doch Fritz und Frau Amélie sind Häftlinge in der Prominentenbaracke, die außerhalb des Todeszaunes gelegen ist. Im hohen Alter erfährt Gaudig von der Publikation *I Paid Hitler* – by Fritz Thyssen. Theo Gaudig übersetzt sie. Er fertigt über zwanzig Kopien an, die er an für ihn wichtige Institutionen versendet. Die einzigen deutschsprachigen

Exemplare dieses rätselhaften Buches, die im Umlauf sind? Gaudig ist einer von denen, die Fritz Thyssen für schuldig und für einen Geldgeber Hitlers halten. Auch noch 2002, im hohen Alter von 94 Jahren, doch als hellwacher Gesprächspartner gerade von jungen Menschen geschätzt, hält er an dieser Ansicht fest.

5. Vom Kanzler wärmstens empfohlen:
Die Fritz Thyssen Stiftung

Pate ist der deutsche Kanzler selbst. Dr. Konrad Adenauer ist schon mit dem legendären Imperiumsgründer August Thyssen befreundet. 1959 verleiht er als deutscher Regierungschef dem Geburtsakt höhere Bonner Polit-Weihen. »Wegen der grundsätzlichen Bedeutung privater Wissenschaftsförderung« empfiehlt er diese Geburt »wärmstens«. Die erste große gesamtgesellschaftliche Tat des wieder erstarkten Kapitalismus in Deutschland verblüfft das Ausland. In den USA, in Großbritannien, in Frankreich, in der Schweiz, in Argentinien, überall im Westen, doch selbst in der damaligen DDR, ist das Presseecho riesig. Der Publizist Thomas Kielinger bewertet diese Gründung als eine »Uraufführung in der deutschen Geschichte«. Und doch wird – wie häufig im Laufe dieser Familiengeschichte – die gute Tat später von Zwistigkeiten überschattet. Die Fritz Thyssen Stiftung, die nach dem Tode des Namensgebers sein Leben erhöht und die erste deutsche große private Einzelstiftung nach dem Ende des Zweiten Weltkriegs ist, wird 29 Jahre nach ihrer Gründung Schauplatz von Auseinandersetzungen auf gleichfalls höchstem gesellschaftlichen Niveau. Beteiligt sind die Nachfahren der Gründerfamilie und so genannte Topmanager deutscher Unternehmen mit klangvollen Namen. 1988 wird darum gestritten, wer über die vermögende Stiftung bestimmen und wer über ein recht erhebliches Paket Thyssen-Aktien verfügen darf. Eine der beiden Stifterinnen, Anita Gräfin de Zichy-Thyssen, fürchtet gar, sie solle »ausgeschaltet

Am 21. Juli 1924 nimmt August Thyssen (links sitzend) auf seiner letzten Grubenfahrt Gussi und ihren Ehemann Dr. Konrad Adenauer (beide rechts von ihm) mit nach unten. Letzterer ist zu dieser Zeit Oberbürgermeister der Stadt Köln.

werden«, und beklagt, sie habe »nicht ein großes Vermögen gestiftet, damit es in der Hand allzu selbstbewußter Manager zu deren wirtschaftspolitischem Machtinstrument wird«.

Im Juli 1960 zeigt das deutsche Fernsehen die Geburt dieser Stiftung an, da ist das Kind jedoch bereits ein Jahr alt. Dr. Robert Pferdmenges, Duzfreund Adenauers und gleichfalls einer vom »Kölschen Klüngel«, vor allem jedoch ältester Vertrauter der Thyssens und einer jener wenigen Privatbankiers, die im damaligen Wirtschaftswunderland Bundesrepublik Deutschland bei wichtigen wirtschaftlichen Anlässen immer wieder genannt werden, prophezeit vor Kameras, die Gründung dieser Stiftung sei »für die deutsche Öffentlichkeit von besonderem Interesse und wohl allgemeiner Zustimmung sicher«. In der Tat: Zwei Wohltäterinnen, Amélie Thyssen und ihre Tochter Anita Gräfin de Zichy-Thyssen, Erbinnen eines der größten Industrievermögen, spenden für die Förderung der Wissenschaften aus Privatbesitz ihrer August Thyssen-Hütte AG ein Aktienpaket von nominell 100 Millionen Mark mit einem Börsenkurs von 270 Millionen Mark am Gründungstag.

Wie so viele bedeutende Namen aus der ehemaligen Schwerindustrieregion Ruhrgebiet wandert auch der Name Thyssen von der Ruhr zum Rhein ab: Als Stiftungsstadt wählen die stiftenden Damen Köln, Wirkungsort des Bankiers Pferdmenges. Anfangs ist die Stiftung zutiefst mit der Familie verbunden, auch mit der Politik verbandelt. Sie ist zugleich auch ausdrucksstarkes Zeugnis westdeutscher Nachkriegs-Wirtschaftsgeschichte. Zwei Monate vor der Stiftungsgründung unterrichtet Amélie Thyssen Bundeskanzler Adenauer endgültig von ihren Plänen: Dezember 1959 halte sie für beziehungsreich, die Stiftung ins Leben zu rufen. Schließlich sei zehn Jahre zuvor in seinem Beisein die Beendigung der Demontage der August Thyssen-Hütte in Duisburg gefeiert worden. Noch im Januar 1959 facht Adenauer das Feuer der Thyssen-Witwe an, als er ihr schreibt: »... gelegentlich unserer letzten Unterhaltung kam ich darauf zu sprechen, daß bedeutende Industrielle ... ihre Vermögen ganz oder teilweise in eine Stiftung eingebracht haben.« Ein Jahr später lüftet er bei einem »Teegespräch« mit Journalisten zwar das Geheimnis, die Witwe Thyssens habe drei Viertel und die Tochter ein Viertel der 100 Millionen Aktienkapital für die erste Privatstiftung bereitgestellt. Gleichzeitig verpflichtet Schlitzohr Adenauer die Pressevertreter zu strengstem Stillschweigen: Die Montanunion verweigere weiterhin die Zusammenlegung der Stahlriesen Thyssen und Phoenix-Rheinrohr. Adenauer kann getrost unterstellt werden, sich als eingeweiht in die Angelegenheiten des neuen Geldadels darzustellen und somit vom Glanz der neuen Stiftung bescheinen zu lassen. Denn um die Ehre, als Erster den Geistesblitz zur Stiftungsgründung gehabt und ihn der Thyssen-Witwe Amélie ans Herz gelegt zu haben, konkurrieren damals viele. Kurt Birrenbach beispielsweise, erster Aufsichtsratsvorsitzender der Thyssen AG, reklamiert diese zündende Idee für sich, als er 1977 öffentlich erklärt, schon 1954 eine Stiftung als wichtig »im Witwen-Kapitalismus« vorgeschlagen zu haben, die dann »... mit einer gewissen Hilfe auch von Konrad Adenauer ... zum Entstehen gebracht« worden sei. Ein Jahr nach Stiftungsgründung moniert Adenauer ungehalten das Fehlen der Verankerung »der christlich-konservativen Weltanschauung« in der Satzung.

Die Haupterbin Fritz Thyssens ist dem deutschen Bundeskanzler unermesslich dankbar. Adenauer ist es, der gegen die alliierte Demontagepolitik durch geschicktes Verhandeln energischen Widerstand leistet. Beim Wiederaufbau der August Thyssen-Hütte gibt er entscheidende politische Hilfestellung. Was im Oktober 1946 beginnt, als die Hütte unter das Gesetz 52 der Besatzungsmächte gestellt wird, ist ein mit Tränen und Wut, mit beharrlichem Durchhaltewillen und Geschlossenheit von Unternehmern und Arbeitern geschriebener deutscher Roman: Beschlagnahmung des Besitzes und des Eigentums der Stahlindustrie, Dokumentation des Inventars der Werksanlagen der Hütte, die gesamten Hochofen-, Stahl- und Walzwerksanlagen sollen abgebaut und in die Länder der drei Siegermächte transportiert werden.

In die Vorstellungen der britischen Regierung, in deren Machtbereich die Hütte liegt, von einem rein agrarwirtschaftlichen Nachkriegs-Ruhrgebiet passt die Thyssenhütte nicht. Anfang 1948 sollen Schweißbrenner die Werke zerlegen. In Duisburg-Bruckhausen beginnen die Zerstörungen. Die anderen Werke, vor allem deren Arbeiter, weigern sich, ihre eigenen Arbeitsplätze zu verschrotten. An Ruhr und Rhein und gerade bei Thyssen hat

Widerstand Tradition. Die Thyssenhütte und ihr Widerstand werden in ganz Deutschland zum Symbol des Abwehrkampfs gegen die Demontage, gegen die Zerstörung deutscher Produktionsstätten. Die Regierung des neu gebildetes Landes Nordrhein-Westfalen protestiert. Kurt Schumacher, der legendäre Vorsitzende der Sozialdemokratischen Partei, spricht im April 1949 in Duisburg vor wütenden Arbeitern. Proteste aus aller Welt erreichen die Regierungen der Sieger; als Duplikate treffen sie bei der Unternehmensleitung ein. In den Kirchen des Rhein-Ruhr Gebiets werden Bittgottesdienste abgehalten, in denen die fünfte Bitte des Vaterunser im Mittelpunkt steht: »Unser täglich Brot gib uns heute!« Letztlich haben die Verhandlungen der Bundesregierung gepaart mit dem Widerstand Erfolg. Am 24. November 1949 verliest Bundeskanzler Adenauer in einer der erregtesten Sitzungen des Bundestages sichtlich bewegt ein Telegramm der Menschen aus Duisburg: »Werksleitung und Betriebsvertretung der August Thyssen-Hütte in Hamborn danken herzlichst für die Rettungstat, die größte Begeisterung ausgelöst hat.«

Fritz Thyssen sitzt in den dramatischen Demontagejahren im Gefängnis. Er hätte alles für das Stammwerk August Thyssen-Hütte aufgeben wollen, wenn das durch die Kriegssieger verhängte Verschrotten und Auseinanderschweißen gestoppt werde. Amélie Thyssen äußert, ihr Mann sei bereit, »im Falle der Aufhebung der Demontage sein gesamtes Vermögen … zu opfern«. Dass die Hütte das Leben des Sohnes Fritz erfüllt – Vater August hat es anerkannt. Vom Willen Fritz Thyssens, alles dafür herzugeben, berichtet Professor Ellscheid, Thyssens Testamentsvollstrecker und Amélies Generalbevollmächtigter. Fritz Thyssen hätte ihm das bei einem Besuch im Gefängnis aufgetragen. Am 20. Dezember 1949 ist Adenauer Gast von Amélie Thyssen: In der größten Halle des Werkes wird der Demontagestopp bejubelt. Der Mann lässt nicht von diesem Werk. Im Juli 1955 beispielsweise sitzen er und der Vater der sozialen Marktwirtschaft, Professor Dr. Ludwig Erhard, in der ersten Reihe, als die erste Warmbreitbandstraße Deutschlands eingeweiht wird, mit der der deutsche Stahl wieder die Konkurrenz des Auslands verunsichern kann.

1959 fasst Bankier Pferdmenges die Hintergründe der Entstehung so zusammen: »Nach dem Willen der Stifterinnen ist die Stiftung auch Ausdruck des Dankes und der Anerkennung gegenüber den Unternehmensleitungen und allen Mitarbeitern für die einmaligen Leistungen bei dem Wiederaufbau der durch den Krieg und die Demontage schwer getroffenen Werke, insbesondere der August Thyssen-Hütte. Mit der Errichtung der Stiftung wollen die beiden Stifterinnen auch der Bundesregierung und der Regierung des Landes Nordrhein-Westfalen ihre Dankbarkeit für die Unterstützung beim Wiederaufbau bezeugen.« Amélie Thyssen und ihre Tochter Anita wollen, dass die Stiftung sich selbstständig verwalten und »deren Erträge der Förderung der deutschen Universitäten und Hochschulen, der Forschung und der Wissenschaft und der Förderung des Nachwuchses zugute kommen sollen«.

Zwar sind Mutter und Tochter gemeinsame Stifterinnen, doch nicht immer einig, wenn es um die beratende Umgebung geht. Kielinger berichtet, Mutter Amélie habe »sehr gelitten« unter den »Verwaltern des Vermögens und unter den Beratern, mit denen sich die jüngere Thyssen-Erbin zuweilen umgab. Wenn Baron Guillermo Winterhalder, den einer, der ihn gut kannte, einen ›Falstaff‹ nennt, wieder einmal mit Geldscheinen etwelche Dienerschaften nur so verwöhnte oder einen dunkelgrünen Leih-Mercedes 600 über die Autobahn rauschen ließ, wussten die Mitreisenden schon vor dem nächsten Wiedersehen zwischen Mutter und Tochter, dass es nicht weniger schwierig werden würde als beim letzenmal.«

Apropos Schwierigkeiten: Woher kommen die 100 Millionen Aktien der August Thyssen-Hütte AG? Die gibt es doch noch gar nicht im Stiftungsgründungsjahr 1959, da sie rechtlich noch nicht vergeben sind. Die Luxemburger Behörde der Montanunion verweigert immer noch, wie beschrieben, die Zusammenlegung der beiden Stahlgiganten Phoenix-Rheinrohr und August Thyssen-Hütte. Erst 1964 wird die Bildung dieses neuen deutschen Stahlriesen genehmigt. Amélie Thyssen und Tochter Anita haben wenn auch nicht immer bescheidene, so jedenfalls clevere Berater. Nach deren Vorschlag wird der Stiftung das Nutzungsrecht an dem Phoenix-Rheinrohr-Aktienpaket übertragen. Und das ist Vermögen der Thyssen-Witwe Amélie und ihrer Tochter. Mit juristischen Winkelzügen, die im Einzelnen darzulegen Doktorandenarbeit wäre, haben die Berater des neuen deutschen Geldadels den Namen Thyssen veredelt und dem Unternehmen zu neuem Prestige und Goldglanz verholfen.

Bankier Pferdmenges geht der Lobesmund in der Öffentlichkeit über, um neuen Reichtum mitten in der Wirtschaftswunderzeit zu legitimieren: »Mit der Errichtung der Fritz Thyssen Stiftung beschreitet eine Industriellenfamilie in Deutschland einen Weg, den die Eigentümer großer Privatvermögen in den Vereinigten Staaten von Amerika schon seit vielen Jahrzehnten eingeschlagen haben. ... Die großen Industrieunternehmen tragen in unserer Gesellschafts- und Wirtschaftsordnung eine besondere Verantwortung. Was in ihnen geschieht, wirkt sich auch nach außen auf das gesamte öffentliche Leben aus. Die soziale Verpflichtung eines Unternehmens von heute darf sich nicht erschöpfen in sozialen Leistungen für die Belegschaft und einer sozialen Betriebsgestaltung. Sie sollte auch die Bereitschaft einschließen, an der Erfüllung großer und dringlicher Gemeinschaftsaufgaben im Rahmen des Möglichen mitzuwirken. Diese Bereitschaft wollen die Damen Thyssen durch die Gründung der Stiftung zeigen. Wenn sie damit einen wirksamen Beitrag zur Förderung der Wissenschaft und Forschung leisten können, wäre das für sie die größte Genugtuung.«

Langjährige Freundschaft: Bundeskanzler Konrad Adenauer legte der Thyssen-Witwe Amélie das Schulterband um und dekorierte sie mit dem Stern des Großen Bundesverdienstkreuzes.

Diese Genugtuung erleben die Stifterinnen mehrere Jahre. Doch 1988 sieht Thyssen-Gräfin Anita die Grundsätze der Stiftung gefährdet. Sie meint gar, die Kuratoren nähmen es mit dem ausschließlichen Stiftungszweck der unmittelbaren Wissenschaftsförderung nicht mehr so eng. Der Anwalt der damals 79-Jährigen fordert den Kölner Regierungspräsidenten Josef Antwerpes als staatliche Stiftungsaufsicht auf, einzugreifen, die Handlungsfähigkeit sei »schwer beeinträchtigt«. Denn: »Die Erträge dürfen nur für die satzungsmäßigen Zwecke verwendet werden.« Einer der Gründe, weshalb die Stifterin Zichy-Thyssen ihren Anwalt bemüht, dringt 1988 an die Öffentlichkeit: Gelder der Stiftung seien für »eine höchst aufwendige Vortragsveranstaltung in den USA« ausgegeben worden und nicht für Wissenschaftsförderung – 50 000 Mark, an denen der Hauptredner der Tagung, US-Außenminister Henry Kissinger, kräftig mitkassiert. Insgesamt, befinden im Februar 1988 Kritiker, wäre das Gremium der Stiftungskuratoren zu einer »Interessen-Seilschaft« verkommen. Jahre zuvor noch lobt Dr. Dr. Kurt Birrenbach, Generalbevollmächtigter von Anita Gräfin Zichy-Thyssen, der zusammen mit Professor Ellscheid Gründungskurator der Stiftung ist, sich und seine Mitkuratoren: »Auf das geistige Niveau der Fritz Thyssen Stiftung haben wir Grund, stolz zu sein.« Doch gerade ihm, dem ehemals engsten Vertrauten der Thyssen-Gräfin, der im Dezember 1987 stirbt, wird Anfang 1988 nachgesagt, er habe sich als Erster über diese Rechte hinweggesetzt und Stiftungspolitik an den Zichy-Thyssens vorbei betrieben.

Alles mutet wie eine Ranküne an, die 1984 beginnt. Angeblich verständigen sich Deutsche Bank und Allianz-Versicherung darauf, nach Verlusten eines Amerika-Engagements Thyssen-Vorstandschef Dieter Spethmann zu kippen und seinen Vertrag nicht mehr zu verlängern. Doch Claudio Graf de Zichy-Thyssen, der

*Thyssen-Erbin und Wissenschaftsstifterin
Anita Gräfin Zichy-Thyssen, hier in einer
Aufnahme von 1955.*

jüngere von zwei Söhnen der Stifterin Anita Zichy-Thyssen, setzt sich durch: Spethmanns Amtszeit wird um fünf weitere Jahre verlängert. Thyssen-Erbe Claudio soll der »Treibjagd einiger Herren im Aufsichtsrat« ein Ende bereitet, die Ablösung eines Spethmann-Gegners und gleichzeitig die Wahl des Spethmann-Vertrauten Günter Vogelsang betrieben haben.

Die Stimmrechte der Stiftungsaktien halten bis Anfang der 1960er Jahre die Spenderinnen. Die Stifterinnen räumen bis zu diesem Zeitpunkt der Stiftung nur das Nutzungsrecht an den Thyssen-Millionen ein. Doch Anfang der 1960er Jahre übertragen die beiden Thyssen-Erbinnen der Stiftung auch das Stimmrecht für ihre Thyssen-Aktien. Und da scheint wohl das Ränkespiel seinen Anfang zu nehmen. Im siebenköpfigen Aufsichtsrat sitzen unter anderem der Bosch-Manager Hans L. Merkle, der Bayer-Manager Herbert Grünewald, Multi-Aufsichsrat Günter Vogelsang und Thyssen-Chef Dieter Spethmann. Der hochrangige Zirkel hätte die Stifter »beiseite gedrückt«, meint im Februar 1988 der *Spiegel*: »Die Positionen besetzten die schon etablierten Kuratoren nach eigener Wahl, ohne, wie es die Satzung vorschreibt, die Gräfin zu hören.« Deren und ihrer Familie Wunsch, Sohn Claudio solle auf einen frei gewordenen Kuratoriumsplatz aufrücken, wird übergangen. Die Herren Manager holen einen weiteren Multi-Aufsichsrat in ihre Mitte, Ruhrgas-Chef Dr. Dr. Klaus Liesen, der mit den Jahren als Multi-Kurator in zahlreichen Stiftungen zu einem erfolgreichen deutschen Wohltäter wird. Zur Jahrtausendwende ist der vor allem den schönen Künsten und Geisteswissenschaften zugewandte Mann, der statt des Thyssen-Familienmitglieds Claudio Kurator wurde, Vorsitzender und Sprecher der entscheidenden, siebenköpfigen Herrenrunde.

Claudio Graf de Zichy-Thyssen gesteht 1988, vor allem von Spethmann, für dessen Vorstandsposten beim Thyssen-Konzern er »gekämpft« hätte, »menschlich tief enttäuscht« zu sein. Spethmann hatte nicht nur für den Ruhrgas-Mann Liesen gestimmt, sondern auch Claudios Mutter ultimativ aufgefordert, die Kandidatur des Sohnes zurückzuziehen. Claudio Graf de Zichy-Thyssen: »Man stiftet doch nicht ein solches Vermögen, um sich dann so behandeln zu lassen. ... Ein Vorgang von beispielloser Unverschämtheit.« Im Dezember 1987 fliegen die Brüder Claudio und Frederico von Buenos Aires nach Düsseldorf, um sich vor Ort zu informieren. Spethmann lädt sie in sein Haus zu einem Essen ein. Von den Peinlichkeiten um die Stiftung soll dabei nicht gesprochen worden sein, mehr über preiswerte Herrenschneider, beispielsweise über den, der Spethmanns Anzüge zum Stückpreis von 8000 Mark fertige. Auch dessen Zukunftspläne wären Gegenstand seiner Unterhaltungsbeiträge gewesen. Scheide er

1990 als Vorstandschef von Thyssen aus, rechne er mit der Unterstützung der Familie: Aufsichtsratschef bei Thyssen wolle er dann werden. Wird er nicht.

Um das Maß des Peinlichen voll zu machen, finden die Brüder nach der Rückkehr in Buenos Aires einen Brief der Stiftung: Graf Claudio fehle es an Vertrautheit mit dem deutschen Stiftungswesen, er habe keine Kenntnisse über Struktur und Situation der Wissenschaften sowie der Förderungspolitik, und deshalb sei er nicht zum Kurator geeignet. Dies ist den Vorgängen bei den Krupps verwandt: Die Familie derer von Bohlen und Halbach prozessiert jahrelang erfolglos, um Sitz und Stimme im Kuratorium der Alfried Krupp von Bohlen und Halbach-Stiftung zu erstreiten. Doch ihr Gegenspieler, Krupps Generalbevollmächtigter Berthold Beitz, obsiegt in diesem jahrelangen Sitz-Streit.

Ende der 1980er Jahre quasi aus der Stiftung gedrängt, beenden die Zichy-Thyssen-Brüder Claudio und Frederico Mitte der 1990er Jahre auch ihr Engagement im Thyssen-Konzern. Bis dahin sind sie zwei der 140 000 Aktionäre der Thyssen AG, doch recht einflussreiche, da sie bis zu diesem Zeitpunkt auch Aufsichtsratsmitglieder sind. Die Brüder, denen in Argentinien Rinderfarmen, große Ländereien und ein stattlicher Immobilienbesitz gehören und in Deutschland das Spezialunternehmen Thyssen Schachtbau GmbH (Mülheim an der Ruhr), stoßen ihr Aktienpaket in Höhe von 15,38 Prozent des Grundkapitals ab. Die Commerzbank kauft es von der Thyssen Beteiligungsverwaltung AG. Über die Höhe des Kaufpreises wird Stillschweigen vereinbart. Fachleute gehen von etwa 1,2 Milliarden Mark aus. Mit dieser Finanzaktion und dem Ausscheiden der beiden Grafen aus dem Aufsichtsrat der Thyssen AG gibt es ab dem 22. März 1997 nach über 100 Jahren kein Thyssen-Familienmitglied mehr im Konzern und keine Beteiligung von Nachkommen des Unternehmergründers am Unternehmen.

Die beiden ausgebooteten Namensträger Claudio L. Graf Zichy-Thyssen und Frederico Graf Zichy-Thyssen unterhalten jedoch weiterhin wirtschaftliche Beziehungen nach Deutschland. In Mülheim an der Ruhr, wo August Thyssen begonnen hatte, ist die Thyssen Schachtbau GmbH als Spezialunternehmen mit Tochtergesellschaften in Großbritannien, Kanada, den USA, Australien und Österreich aktiv. Es ist heute das einzige wirkliche Thyssen-Unternehmen. 1907 gliedert August Thyssen dem Bergwerk »Deutscher Kaiser« eine Schachtbauabteilung an. Der Stahlfürst braucht jede Menge Kohle, um daraus Koks brennen zu lassen, den wiederum seine Stahlkocher benötigen. Er lässt Schacht auf Schacht bohren, abteufen, wie es fachmännisch heißt. Doch je mehr er nach Norden zum Rhein vordringt, umso schwieriger wird der Kampf gegen Wassereinbrüche und Fließsand. Eines Tages übernimmt keine Schachtbaufirma mehr das Risiko. August Thyssen geht die Risiken ein, gründet eben dieses Schachtbauunternehmen und hat das Glück des Tüchtigen: Seine Ingenieure entwickeln ein Spülverfahren gegen den Fließsand und ein Gefrierverfahren, um einbrechendes Wasser zu bannen. Der Katholik stellt seine neue Unternehmung unter den Schutz der Heiligen Barbara mit den meisten Patronaten, über hundert, unter anderem und vor allem der Berg- und Hüttenleute, der Tunnelbauer und Schachthauer sowie aller Berufe, bei denen es kracht und stinkt, explodiert und irgendetwas zusammenbrechen kann. Da steht sie heute noch groß und gusseisern mit ausgebreiteten wohlwollenden Armen wie eine Schutzmantelmadonna im Eingang dieses Spezialunternehmens seiner südamerikanischen Nachkommen, die auch im Bauwesen, in der Rohstofffförderung und der Umwelttechnik versiert sind. Zu diesen Arbeiten gehören sowohl der Untertagebau von U-Bahnen als auch die Exploration von Kupfervorkommen in Chile.

Knapp ein halbes Jahrhundert nach ihrer Gründung schwimmt

die Fritz Thyssen Stiftung am Beginn des 21. Jahrhunderts in ruhigem Fahrwasser. Sie ist für Wissenschaft und Forschung eine der wichtigen Institutionen geworden, auf die weder die etablierten Wissenschaftler noch deren Nachwuchs verzichten wollen und können. Für die Entwicklung der privaten deutschen Stiftungen ist sie zudem ein Markstein. Das Stiftungswesen war in Deutschland jahrzehntelang stagniert. Die Gründe: Vermögensverfall nach dem Ersten Weltkrieg in der Weimarer Republik mit Inflation und Verstaatlichung jeder privaten Initiative durch den Staat während des Nationalsozialismus. Nach dem Zweiten Weltkrieg werden Stiftungen außerhalb des karitativen Bereichs im Wesentlichen von Organisationen, wirtschaftlichen wie politischen Verbänden und vom Staat gegründet. So wird die Errichtung der Fritz Thyssen Stiftung glänzendes Vorbild für andere. Ein Strahl dieses Glanzes fiele auch auf Fritz Thyssen, meint Publizist Thomas Kielinger, und der sei dauerhafter als Erz.

Auch Stiftungen gehen mit der Zeit. Doch ihrem Grundsatz, keine unternehmensbezogene Forschung zu unterstützen, also keine Projekte zu fördern, die sich auf Bereiche beziehen, aus denen die Erträge der Stiftung stammen, ist sie treu geblieben. Sie unterhält auch keine eigenen Forschungsinstitute. Dem Zusammenwachsen Europas trägt sie mit spezifischen Beiträgen Rechnung. In der Gegenwart sind drei ausgewählte Bereiche definiert: »Geschichte, Sprache und Kultur«, »Staat, Wirtschaft und Gesellschaft«, »Medizin und Naturwissenschaften«. Wissenschaftliche Tagungen werden finanziert, Forschungsstipendien machen viele Projekte erst möglich. 1982 werden fast 9,5 Millionen Mark für Projekte, Stipendien und Veranstaltungen ausgegeben. Die bewilligten Mittel für die Wissenschaftsförderung 2000/2001 betragen sage und schreibe 13,6 Millionen Euro. Die Themen der Tagungen und Projekte, der Stipendien und Forschungsvorhaben, Symposien und Drucklegungen lesen sich wie Kataloge der deutschen, zum Teil auch europäischen Universitätsliteratur und Vorlesungen. »Ehe, Liebe, Tod. Zum Wandel der Familie der Geschlechts- und Generationsbeziehungen in der Neuzeit«, »Gerechtigkeit als Beruf. Umfrage unter jungen Juristen«, »Organisierte Strukturen des Krankenpflegeberufs während des Dritten Reiches«, »Auswärtiges Amt und 20. Juli 1944«, »Registratur der Briefe von Nelly Sachs«, »Rezeption moderner und zeitgenössischer Literatur in der Sowjetunion«, »Gentechnologie und die Zukunft der Menschenwürde« und »Gentechnologie und Molekularbiologie in der Kardiologie«, »Freundschaft in der griechisch-römischen Antike« und »Irre – Ärzte – Politik: Perspektiven auf die deutschsprachige Psychiatrie des 19. Jahrhunderts«, »Lehr- und Übungsbuch zur deutschen Grammatik für Lernende mit der Muttersprache Georgisch«, aber auch »Überschießende Instrumentalisierung von Stiftungen?«. Eine winzige Auswahl aus Hunderten von Titeln. Obwohl der Gegenstand des Familieneinkommens in der Vergangenheit, vor allem Kohle und Stahl, nicht gefördert wird, schwebt der Geist des Imperiumsvaters August Thyssen doch einmal durchs Geförderte. Beim »Wissenschaftlichen Katalog der Bildhauerwerke des 19. und 20. Jahrhunderts der Kunsthalle Bremen« wird den Arbeiten des französischen Bildhauers Auguste Rodin viel Raum eingeräumt, unter anderem seinem Bronzeguss »Der Traum des Bildhauers«. Ohne August Thyssens Träume von Kohle und Stahl, von Kaufmannserfolg und Reichtum, ohne sein Begehren nach Kunst, vor allem nach der von Auguste Rodin und dessen Marmorblöcken könnten beispielsweise die großen Stiftungsprojekte »Moderne und Islam«, »Modelle der Krankheitsentstehung«, »Internationale Beziehungen« und »Bild und Bildlichkeit« nicht mit Millionen ausgestattet werden.

6. Schwägerinnen vor Gericht:
Der Erbstreit

Ausgerechnet in jener Zeit, als Ehefrau Amélie und Tochter Anita darüber nachsinnen, erkleckliche Millionen des Erbes von Fritz Thyssen als gemeinnützige Stiftung zur Wissenschaftsförderung herzugeben, geraten sie mit Schwägerin und Tante Hedwig in Streit. Nach 1945 hungern in Deutschland die meisten Menschen. Auch ehemals Reiche haben es schwer. Keine Kohle, kein Kohl, keine Kartoffeln, kein Korn. In der Not hält man zusammen. Das gilt auch für diese beiden Frauen: Amélie Thyssen und Hedwig Baronin von Berg-Thyssen, Ehefrau und Schwester von Fritz Thyssen. Amélie ist wie Hunderttausende in Deutschland auf der Flucht, auch vor der Gefahr, arm zu werden. Hedwig, wohl situierte Baronin, nimmt in der Nachkriegszeit Schwägerin Amélie in ihrem Anwesen in Bad Wiessee am Tegernsee auf. In diesen Hungerzeiten verstehen und vertragen sich die beiden Frauen. Ein Jahrzehnt später, im Juli 1957, haben sie nur noch Schmähungen und Schimpfworte füreinander übrig. Hedwig Baronin von Thyssen-Berg ist nun 77, ihre Schwägerin Amélie 78 Jahre alt.

Der Grund für das Zerwürfnis zwischen den beiden Frauen ist das wohlmeinende Testament des steinreichen August Thyssen, der alles für die Zeit nach seinem Tode so gut regeln will, dass sein »Lieblingskind Hedwig« mit Goldmark gesegnet wird. Doch kann er die Zeitläufte nicht vorhersehen, bedenkt obendrein nicht die Weisheit, dass gut gemeint oft das Gegenteil von gut ist. So leitet der Alte einen der vielen Gerichtsstreite dieser Familie ein. 1957 beginnt er am Amtsgericht Wiesbaden.

Mit diesem Prozess dringt zum ersten Mal etwas von dem Hader an die Öffentlichkeit, der seit geraumer Zeit in dieser Familie herrscht. Anlass dazu ist ein später Erbschaftsstreit. Hedwig Baronin von Berg-Thyssen, die auch als Greisin ihrem Vater, dem Konzerngründer August Thyssen, verblüffend ähnlich sieht, wohnt inzwischen in Kreuzlingen am Bodensee. Ihre Wohnung ist nahezu ein Familienmuseum. Von ihrer Verwandtschaft will die Frau, die von sich sagt: »Ich war sein Lieblingskind«, ihren gerechten Erbanteil.

Als August Thyssen ans Ableben denkt, hat er das Unternehmen an seine Söhne Fritz und Heinrich zu gleichen Teilen vererbt. Für Tochter Hedwig hat er 1926 eine Millionen Goldmark, später 11,5 und danach noch einmal 2,5 Millionen Goldmark vorgesehen. Dafür verzichtet die Tochter auf jegliches weitere Erbrecht. Vater August hoffte so, durch seine Erbschaften blieben alle Firmen zusammen und firmierten nur unter diesem einen Namen: Thyssen. Er will, schreibt Vater August, seine Tochter und deren Nachkommen »gegen die Fährlichkeiten des Lebens sicherstellen«. Seiner Tochter und deren Abkömmlinge sollen »die Vorteile stets voll und unmittelbar zufließen«. Das, so ließ er vertraglich festschreiben, sei Grundvoraussetzung.

Es kommt anders. In den 20er Jahren des 20. Jahrhunderts verliert das Geld seinen Wert. Die Inflation setzt allen zu. Die Ansprüche Hedwigs werden zwar 1924 nach der Inflation gerecht aufgewertet. Nach Vaters Tod 1926 legen die Brüder Fritz und Heinrich auch fest, dass jeder von ihnen der Schwester noch 3 Millionen Mark schulde. Bruder Heinrich, inzwischen zum Thyssen-Bornemisza verheiratet und adoptiert und in den Niederlanden eigener und wirtschaftlich erfolgreicher Herr, zahlt. Doch Fritz Thyssen ist mit den Gedanken beim großen Wurf, der Gründung der Stahlwerke AG, und nicht zuletzt die Ideen eines Adolf Hitler lenken ihn wohl von dieser familiären Angelegenheit ab. Er vertröstet die Schwester, steckt deren Anteil ins Geschäft und verspricht vollmundig, er werde angemessene Zinsen zahlen.

Bruder Fritz kommt bekanntlich nicht mehr dazu. Das Vermögen dieses Thyssen wird einkassiert. Schwester Hedwig, inzwischen in zweiter Ehe mit dem Baron von Berg verheiratet, sucht einen Ausweg. Sie verschafft sich die Gunst von Emmi Göring, der ersten Dame der Naziprominenz. Die ist gleichzeitig ehemals gute Freundin des Bruders Fritz Thyssen und kennt sich im Ruhrgebiet aus: Ein Onkel Görings ist Bürgermeister von Kettwig, in Sichtweite des Thyssen-Besitzes Schloss Landsberg. Emmi bewegt ihren Mann Hermann Göring, die paar Millionen aus dem beschlagnahmten Thyssen-Vermögen herauszunehmen und der Hedwig zu geben. 1942 erhält Hedwig Baronin von Berg-Thyssen ihre drei Millionen, legt sie in Staatsanleihen und Häusern an. Zumindest die Anleihen sind beim Zusammenbruch Deutschlands Makulatur.

Doch im Gegensatz zu Schwägerin Amélie und deren Mann Fritz geht es ihr relativ gut. Als der Bruder nach Internierungshaft und Entnazifizierungsverfahren frei ist, scheint seine Dankbarkeit für die Unterbringung seiner Frau unendlich zu sein – die Schwester brauche sich um ihre Zukunft keine Sorgen zu machen, denn er werde bald wieder über sein beschlagnahmtes Vermögen frei und uneingeschränkt verfügen können.

So kommt es auch. Fritz Thyssen erhält vom Land Nordrhein-Westfalen, Rechtsnachfolger des preußischen Staates, sein Vermögen zurück. Der Konzern wird wieder zusammengeflickt. Langsam, aber umso sicherer, fließt wieder Geld in die Kassen. Die Schwester und sein Versprechen? Es scheint, der Mann hat sie vergessen. Er sei noch in ihrer Schuld, erinnert ihn die Schwester. Er habe seinen Besitz zurückerhalten, nun sei es recht und billig, wenn sie ihre Restabfindung erhielte: »Ich habe im Krieg die drei Millionen vom preußischen Staat nur deshalb eingetrieben, um zumindest einen kleinen Teil des Thyssen-Vermögens zu retten, wenn die Dinge anders gelaufen wären, hätte das auch meinem Bruder und den Seinen zugute kommen können. Aber man kann doch nicht diese durch höhere Gewalt erfolgte Zahlung mit schlechtem Geld zu einem ungünstigen Zeitpunkt als Tilgung der Verpflichtung von Fritz Thyssen bezeichnen.« Sie verlangt auch nicht die 3 Millionen Mark zurück, sondern bittet als Ausgleich für den Wertverlust um nur 2 Millionen Mark.

Bruder Fritz kann nicht mehr reagieren, er stirbt in Argentinien bei Tochter Anita. Seine Witwe Amélie antwortet nicht. Auch von Tochter Anita, Hedwigs Nichte, gibt es keine Erwiderung. Der Ton bei den nachfolgenden Mahnschreiben ist nicht mehr familiär und auch nicht mehr ganz höflich. Mutter und Tochter geben die Briefe der Schwägerin und Tante weiter. Empfänger ist der Hausjurist der Thyssens, Professor Dr. Ellscheid, Vertrauensmann von Amélie und Anita, der gleichzeitig auch Aufsichtsratsvorsitzender einer der Thyssengesellschaften ist. Amélie Thyssen besitzt in dieser Zeit die Aktienmehrheit der Rheinischen Röhren-Werke AG und der Hüttenwerke Phönix. Aber auch Ellscheid, so meint ein späterer Prozessbeobachter, zeige sich »widerborstig«. Ein Gutachten des Münchener Professors Ulmer soll helfen: »Eine Beurteilung nach Treu und Glauben kann unter diesen Umständen meines Erachtens nicht zu dem Ergebnis führen, daß Baronin von Berg die Zahlung als Erfüllung ihres Bruders gegen sich gelten lassen muss.«

Der Wiener Anwalt der Thyssen-Schwester will Amélie Thyssen und deren Hausjuristen zu einer gütlichen Regelung bewegen. Doch gleichzeitig droht er, andernfalls »die Durchsetzung der Ansprüche meiner Mandantin auf dem Prozeßwege einzuleiten. Ich bin jedoch überzeugt, daß wir den Interessen des Hauses

Thyssen besser dienen könnten, wenn es uns gelänge, dieses Familienproblem nicht im Lichte der Öffentlichkeit auszutragen. Dabei darf ich wohl als sicher annehmen, daß die Erben Fritz Thyssens nicht die Absicht haben, gegenüber der einzigen Tochter August Thyssens eine Auffassung zu vertreten, die auch nur im Leisesten den Anschein eines Verstoßes gegen Treu und Glauben erwecken können.« Doch, wie in anderen Fällen auch, wird das Problem im angesprochenen Lichte der Öffentlichkeit ausgetragen – zunächst im Amtsgericht Wiesbaden.

»Auf diese Nötigung hin« will nun Amélie nicht nachgeben. Denn Hedwig schreibt »zum allerletzten Male« nach Buenos Aires, wo sich Mutter Amélie bei Tochter Anita aufhält: »Wenn Du die von mir angebotene Hand schnöde zurückweist, müssen in dieser Sache die Gerichte entscheiden.« So kommt es ab Juli 1957 zu dem, was im Hause Thyssen auch Tradition zu sein scheint: Vermögensauseinandersetzungen. »Mit wechselnden Fronten wurde gegeneinander prozessiert«, beschreibt ein Zeitgenosse 1958 diese Form familiärer Bande, als der Millionenstreit beim Landgericht Frankfurt am Main verhandelt wird.

Der Prozessbevollmächtigte der Baronin stellt sie, milde ausgedrückt, als gutgläubig hin. Als Frau hätte sie »wenig eigenes Urteil über wirtschaftliche und geschäftliche Fragen und konnte deshalb nicht erkennen, wie ihre Interessen am besten gewahrt wurden«. In erster Ehe ist die Thyssen-Tochter mit Baron Ferdinand von Neufforge verheiratet. Der geht größere Verbindlichkeiten ein. Seine Frau hat ihre liebe Not, diese Verbindlichkeiten abzudecken. Als diese Ehe auseinander geht, bleibt sie Baronin. Der Mann, dem sie sich neu zuneigt, ist Baron Max von Berg. Vater August Thyssen, nachgewiesener Pfennigfuchser, will einer möglichen Großzügigkeit des zweiten Angeheirateten zuvorkommen und schließt mit der Tochter einen Vertrag, der ihren Unterhalt, wie beschrieben, zeitlebens sichern soll. Mit der Ausnahme von einer Million Mark »Bewegungsgeld« werden 15 Millionen Goldmark auf 50 Jahre unkündbar angelegt, also nicht ausgeschüttet. Bis 1961 soll die Tochter von den Zinsen leben können. 1911 wird es in Wiesbaden notariell festgelegt. Die »Fährlichkeiten des Lebens«, gegen die Vater August die Tochter absichern will, kommen mit Krieg und Geldabwertung. Ihr Anwalt: »Was konnte sie schon 1942 mit dem Geld tun?« Zwar habe sie der Preußische Staat entschädigt, die Verpflichtung des Bruders Fritz jedoch sei dadurch nicht erfüllt.

Der salomonischen Empfehlung des Präsidenten der Zweiten Zivilkammer des Frankfurter Landgerichts 1958 zu einem Vergleich, da Erwägungen angestellt werden müssten, »die vielleicht nicht ganz auf der rechtlichen Ebene liegen«, folgen die Beklagten nicht. Professor Dr. Ellscheid, Hüter des Thyssen-Vermögens, rechnet vor: Die Baronin habe sich mit den preußischen Millionen in München einen ganzen Häuserblock gekauft, der zwar belastet, doch mindestens 2,5 Millionen Wert sei. Zur endgültigen Verstimmung trage der Bericht »Krach im Hause Thyssen« einer Wochenzeitung bei, in dem der Fall »degoutierend« abgehandelt wird. Der Anwalt der Baronin kontert: Er verwahre sich energisch gegen den Verdacht, Frau von Berg-Thyssen habe diesen ominösen Artikel »betrieben«. Nein, nein, vielmehr sei sie, die Achtzigjährige, sehr darüber verärgert, darin als »Greisin« bezeichnet zu werden. »Die Tür ist zugeschlagen!« Ellscheids Schlusswort? Süffisant schiebt er nach, die Baronin hätte ja Aktien kaufen können, die inzwischen hundertprozentig aufgewertet worden seien. Nach diesem Hin und Her vertagt sich das Gericht. Die Richter wollen wissen, »was damals mit dem Geld gemacht worden ist«. Die alte Dame soll ein Verzeichnis jener Werte herbeischaffen, die sie von den drei Millionen vor über drei Jahrzehnten erworben hat. Dazu kommt es nicht. 1960 stirbt Hedwig Baronin von Thyssen-Berg mit 82 Jahren.

TEIL DREI

Der Enkel
(Hans Heinrich Thyssen-Bornemisza, 1921–2002)

7. Ungarische Hochzeit mit Folgen:
Der Baron

Der alte August Thyssen gehörte zu jenen Männern der Gründer- und Nachgründerzeit, die in Deutschland teils gehässig, teils auch voll versteckter Hochachtung als »Schlotbarone« tituliert wurden. Im Falle von Sohn Heinrich (1875 – 1947), Enkel Hans Heinrich (1921 – 2002) und Urenkel Georg Heinrich Baron Thyssen-Bornemisza (*1950) war der Adelstitel authentisch. Über den Umweg einer Heirat mit der Baronin Margit Bornemisza, gekoppelt mit der Adoption durch den Schwiegervater, seien die Visitenkarten der Herren verschnörkelt worden, höhnt Anfang der 1970er Jahre eine Zeitung: »Geld zum Vergolden war genug vorhanden.« Von August Thyssens Kindern tritt ja nur Sohn Fritz als Juniorpartner in die gemeinsame Firma seines Vaters und seines Onkels Joseph, die OHG Thyssen & Co., ein. Der Drittgeborene Heinrich gründet mit Vaters Erbe sein eigenes Imperium. Als adeliger Unternehmer wird auch er milliardenschwer.

Mit Heinrich beginnt eine zweite, ungemein bewegte und bewegende Thyssen-Geschichte, die in die Öffentlichkeit weit mehr und länger Aufmerksamkeit findet als jene von Vater August. Doch von Heinrich Thyssen, der durch Heirat zum Baron wird, erfährt die breite Öffentlichkeit eigentlich erst, als dessen Sohn Hans Heinrich auf den Plan tritt und die Medien sozusagen mit seinem Leben füttert. Vater Heinrich führte ein stilles und abgeschottetes Leben. Ganz im Gegensatz zu Hans Heinrich, der

Ehe-Baron, Ungarn-Auswanderer und professioneller Kunstsammler:
Heinrich Baron von Thyssen-Bornemisza (rechts).

nahezu die Nähe der Medien und der Öffentlichkeit sucht, ist
Vater Heinrich Thyssen-Bornemisza persönlich bescheiden und
übt größte Zurückhaltung gegenüber der Öffentlichkeit. So gibt
es kaum Fotografien von ihm.

Doch traditionsbewusst scheint auch er gewesen zu sein, vor
allem was die Familie angeht. Seine große Kunstsammlung, schon
zu seiner Zeit eine der größten privaten, nennt er »Schloss
Rohoncz«, um seinen ungarischen Besitz zu ehren, aus dem er vor
den Kommunisten flüchten musste. Er legt Kataloge seiner Sammlung an, die er dem Andenken seines verstorbenen Vaters widmet.
Schon 1941 macht er sein Testament, in dem er verfügt, in der
Familiengruft von Schloss Landsberg beerdigt zu werden. Doch es

dauert fünf Jahre, bis sein Sarg nach seinem Tode im Juni 1947 nach Kettwig überführt und unterhalb des Sarkophags seines Vaters beigesetzt wird.

Heinrich Thyssen studiert Chemie, Physik und Mineralogie in Berlin, München, London und Heidelberg, wo er 1899 promoviert. Später wandert er nach Ungarn aus. 1905 heiratet er in Wien die Baronesse Margareta Bornemisza. Der Familie Bornemisza mangelt es an männlichen Nachkommen. Ein genealogischer Trick schafft Abhilfe: Die ein Jahr nach der Hochzeit erfolgte Adoption des Eidams durch den Schwiegervater erhält den Namen Bornemisza nebst Baron am Leben. Der österreichische Kaiser Franz Joseph stattet den Thyssensohn ein Jahr nach der Heirat mit dem Privileg aus, künftig den Namen Dr. Heinrich Baron von Thyssen-Bornemisza tragen und vererben zu dürfen. Gleiche Hochwohlgeborenengnade widerfährt dem deutschen Diplomaten Dr. Gustav von Bohlen und Halbach, der gleichfalls im Jahr 1906 von der Krupp-Erbin Bertha als Prinzgemahl auserkoren wird und dem der deutsche Kaiser Wilhelm II. Brief und Siegel für das Privileg gibt, sich künftig als Krupp fühlen und sich als Dr. Gustav Krupp von Bohlen und Halbach vermehren zu dürfen. So kommen die Thyssens zum Adel und zum Doppelnamen. Ein Familienmitglied kommentiert dies so: »Heinrich hatte so den Lebensstil erreicht, den der Vater ihm verweigert hatte.« Dieser Hinweis auf unterschiedliche Auffassungen zwischen Vater August und Sohn Heinrich ist einer von wenigen. Der durch Heirat geadelte Thyssen wird und bleibt Ungar. Doch die Ehe mit der ungarischen Adelsfrau hält nur 22 Jahre, 1927 wird sie geschieden.

Heinrich Baron Thyssen-Bornemisza lebt wohlhabend bis 1918, dem Ende des Ersten Weltkriegs, in Wien und auf seinen ungarischen Gütern und dem Schloss der Bornemiszas bei Rohoncz im Burgenland, zu deutsch Rechnitz. Während des

Ersten Weltkriegs richtet er einen Schlossflügel als Lazarett ein, dessen Kommandant er wird. Als 1919 die kommunistische Revolution von Belà Kun Ungarn erfasst und die Räterepublik ausgerufen wird, sei Heinrich Baron Thyssen-Bornemisza gezwungen gewesen, Ungarn zu verlassen, schreiben die Biografen. Eine Flucht: Zunächst ist Österreich, dann für kurze Zeit Schloss Landsberg Wohnort der Familie mit damals schon zwei Kindern, danach ist es das niederländische Den Haag.

In den Niederlanden übernimmt Thyssen-Bornemisza zunächst die Auslandsinteressen der Firma, zu denen als bedeutendste die »Bank voor Handel en Scheepvaart« gehört. Er baut, mit dem stattlichen Erbe des Vaters ausgestattet, ein eigenes Wirtschaftsimperium auf. Und er übernimmt nicht nur die Leitung der Auslandsinteressen Thyssens: Die Versorgungsbetriebe, die Exportfirmen, die Werftbereiche und einiges mehr sind durch Erbschaft auf ihn übergegangen. Mit diplomatischem Geschick, guten Kenntnissen der internationalen Verhältnisse und schnellen Entscheidungen sowie einem ausgeprägten Hang zur Unabhängigkeit führt er diese Unternehmensbereiche mit wachsendem Erfolg. Unbedarft geht er nicht in diese Geschäfte: Bereits 1912 gehört er dem Grubenvorstand der Gewerkschaft Deutscher Kaiser an, wo er sich in die Zahlenwerke großer und größter Geschäfte einlebt.

Zwar selbst nie politisch engagiert, verfolgt dieser Thyssen-Sohn die politischen und ökonomischen Entwicklungen sehr genau. Er entscheidet sich beispielsweise gegen eine Übertragung von Kapitalvermögen in das inflationistische Deutschland. Vater August will diese Papiere als Sicherheit gegenüber den Banken verwenden. Doch das Vermögen ist in den Niederlanden wertbeständig angelegt. Der Sohn handelt eigentlich im Sinne des Vaters, der im Gegensatz zu Hugo Stinnes ohne Bankenkonsortium und Fremdmittel sein Unternehmen aufgebaut hat und meint, unternehmerisches Wirken sei dann besonders erfolgreich, wenn die Abhängigkeit von Kapitalgebern und Lieferanten möglichst gering sei. So blieben die Geschäftsanteile in der Familie und die Gewinne im Unternehmen. Und dennoch rüffelt der Vater den Sohn: »Du Heinrich, bist nur Bankier.« Zur gleichen Zeit kritisiert er seinen Erstgeborenen Fritz. Den nennt er einen »Verschwender«, weil der mit Fremdmitteln ohne Aussicht auf baldige Amortisierung in das Unternehmen investiert. Als Unternehmer ist Thyssen-Bornemisza zunehmend erfolgreich. Er wirke bewusst in der Anonymität, heißt es über seinen Stil. Für sein Unternehmen strebt er Unabhängigkeit von Syndikaten und Kartellen an und verordnet eine so genannte »Anti-Trust-Philosophie«. Auch das wird zu Kontroversen mit seinem Bruder Fritz führen.

Heinrich Thyssen-Bornemisza trennt sich von der Eisenhütten-industrie und den darauf ausgerichteten wirtschaftlichen Ambitionen seiner Brüder. So überwirft er sich mit ihnen – vor allem mit Bruder Fritz. Der Biograf Stephan Wegener spricht von einer »persönlichen Entfremdung« zwischen beiden. Es geht Mitte der 20er Jahre des 20. Jahrhunderts nicht um familiäre Kleinigkeiten. Fritz Thyssen hatte sich früh entschieden, den deutschen Stahl in einem großen Unternehmen zusammenzufassen: Vereinigte Stahlwerke. Im September 1925 schreibt Heinrich Thyssen-Bornemisza an Bruder Fritz, aber auch an die im Unternehmen mitentscheidenden Vettern Julius und Hans, Söhne von Joseph Thyssen, Bruder des Gründers August: »Ich bin nicht für diesen Trust. Dieser Trust zerschlägt ein groß angelegtes und ausgebautes Familienunternehmen. Die mir anvertrauten Werke und Unternehmungen haben den Trust nicht nötig.« Brüderliche Fürsorge? »Meine Warnungen wurden seit Jahren nicht beachtet. Meinen Vorstellungen wurden keine Rechnung getragen.« Was noch tiefer geht: Heinrich erklärt, er übernehme für diese Pläne keine Verantwortung.

Das Verhältnis dieser Männer, vor allem das zwischen dem älteren und durch die Erbfolge bevorzugten Fritz und seinem nachgeborenen Bruder Heinrich, hat durch diese Abkehr von den wirtschaftlichen Plänen von Fritz und von der Zurechtweisung durch den jüngeren Heinrich seine Unschuld verloren. Das wirkt politisch, wirtschaftlich, auch familiär weiter, gibt Heinrich am Ende Recht, der die ihm zugefallenen Unternehmensbereiche aus der Vereinigten Stahlwerke AG heraushält und so die engen Bande zwischen Unternehmen und Familie in seinem Bereich weiter pflegt. Bruder Fritz dagegen entzieht das gigantische Unterfangen Vereinigte Stahlwerke AG nach und nach der Kontrolle der Familie. Ein Biograf entschuldigt dies mit »dem Druck innerbetrieblicher und nationalwirtschaftlicher Probleme der Branche«. Vater August, so heißt es in familiären Überlieferungen, habe nur noch am Rande »die Diskussion um die Zukunft seines Lebenswerkes ... mitbeeinflusst«, wohl auch im Grunde gutgeheißen; das Entstehen erlebt er nicht mehr: Am Ostermorgen 1926, dem Gründungsjahr dieses Stahl-Giganten, stirbt der Fürst des deutschen Stahls.

Gravierende Unterschiede zwischen den beiden Thyssen-Brüdern Fritz und Heinrich liegen zwar auch in ihren wirtschaftspolitischen Entscheidungen, vor allem aber in ihren politischen Ansichten. So ist der entscheidende Schritt des Heinrich von Thyssen-Bornemisza auch ein politischer. Als Deutscher geht er nach Ungarn. Bevor die Kommunisten dort an die Macht gelangen, wechselt der Mann erneut das Land. Ungarn, das er als Deutscher und Bürgerlicher betreten hat, verlässt er nun als Ungar und als Adeliger. Er emigriert nach Holland. Beim Sohn Hans Heinrich wirkt das im Sinne von kosmopolitisch weiter. Als Hitler in Deutschland zur Macht strebt, ahnt Vater Thyssen-Bornemisza, dass der nationalsozialistische Führer über deutsche Grenzen hinaus mächtig werden will. »Wenn dieser Idiot an die Macht kommt«, berichtet Sohn Hans Heinrich über Vaters politischen Instinkt, »gibt es Krieg.« Das sagt Heinrich Thyssen-Bornemisza bereits 1928 voraus. Und gerade in diesem Jahr kommt Bruder Fritz in engsten Kontakt zur Partei der Nazis und füttert die Finanzen der Parteizentrale, das »Braune Haus« in München. Während sich Heinrich aus politischen Fragen heraushält, ist Bruder Fritz Thyssen nach dem Ruhrkampf, bei dem er sich an die Spitze des passiven Widerstands stellt, nicht mehr neutral. Noch bevor Holland von den Deutschen besetzt wird, emigriert Thyssen-Bornemisza 1932 zum dritten Mal. Diesmal ist die Schweiz seine Hoffnung. Sein Sohn lobt später den Vater: »Er dachte sich, sollte Hitler an die Macht kommen, würde die Schweiz das einzige sichere Land sein. Und dann gelang es ihm bis 1936 auch noch, fast seine gesamte Sammlung in die Schweiz zu bringen, gerade noch rechtzeitig. Im Krieg ging sehr wenig davon verloren.«

Bis 1932, seinem letzten Jahr in Deutschland, besitzt Heinrich auch in Düsseldorf Büros. Und nach Düsseldorf lässt er die Sammlung aus dem schwiegerväterlichen Schloss in Ungarn schaffen. Aber auch in dieser Zeit häuft der Mann, in sich selbst, seine Bilder und seine Geschäfte vertieft, Kunstschatz auf Kunstschatz. Und nur er, der Sammler, ist es, der um diese Schätze weiß, die er in wahrem Wortsinne hinter verschlossenen Türen wie eine heimliche Liebe genießt. Des Sohnes Chefrestaurator Tomàs Llorens vom Madrider Museo Thyssen-Bornemisza findet 2001 für diese Form des Sammelns eine schlichte Formulierung: »Er tat dies auf eine sehr diskrete Art und Weise …« 1932 ändert sich das. Heinrich Thyssen-Bornemisza ersteht im schweizerischen Lugano am Ufer des Luganer Sees für diese Sammlung ein fürwahr fürstliches Domizil, die Villa Favorita, 1632 errichtet. Der Kunstversessene baut die Villa zu einer großzügigen Galerie aus.

Sein Sohn Hans Heinrich, Thyssen der dritten Generation, übernimmt nach Vaters Tod als Erbe diesen gewaltigen Schatz

Villa Favorita – die Bevorzugte am Ufer des Lago di Lugano: zunächst goldener Käfig, dann Pilgerstätte für Kunstliebhaber aus aller Welt.

und beschließt, ihn nicht – wie der Vater – als privates Lustobjekt im goldenen Käfig zu halten. Er will des Vaters Bilderparadies der Öffentlichkeit nicht vorenthalten. Mit dieser Entscheidung beginnt ein weiteres aufregend-abenteuerliches Thyssenleben.

8. Vom Stahlerben zum Kunst-Tycoon: *Der Sammler*

Vor die Wahl gestellt, sich zwischen einem hübschen Mädchen und einem guten Bild entscheiden zu müssen, hätte sich dieser Mann gewiss für das Bild entschieden. »Es gibt mehr gut aussehende Frauen als gute Bilder«, ist er überzeugt. Ach, seufzt er, Frauen seien unberechenbar. Und wie hält er es mit Geld und Glück? Geld, oh ja, es erlaube persönliche Freiheiten. Tatsächlich ist er ein Multi allen Schönen, dieser Mann, der davon reichlich hat: Kunst, Frauen und Geld – Hans Heinrich Thyssen-Bornemisza de Kászon, ein Kunstsammler von Weltrang und Weltgeltung. Zu Lebzeiten ist er ein Liebling der Medien. Als er Ende April 2002 stirbt, würdigt der spanische König Juan Carlos I. »den wertvollen Beitrag des Barons für die Kunst in Spanien«. Was Wunder: Der spanische Staat hat mit dem Kauf der Thyssenschen Gemäldesammlung für nur 338 Millionen US-Dollar ein Schnäppchen gemacht. Die Sammlung, sagen Fachleute, sei das Fünffache wert.

Was favorisiert also so ein Mann, dessen Lebensthema die Frauen und die Kunstwerke sind? Ironisch kommentiert er: »Gemälde haben den Vorzug, man hängt sie an die Wand, und dort schweigen sie.« Aber beide erregen ihn gleichermaßen: »Beim Betrachten fühlt man ein Kribbeln im Bauch und möchte sie haben.« Die Empfindungen seines auf Kunst und auf das weibliche Geschlecht ausgerichteten Sinnes umschreibt er so: »Wenn ich kaufe, dann muß ich ein besonderes Gefühl für ein Werk haben. Es ist,

La dolce vita: der Enkel August Thyssens mit Ehefrau Fiona.

als sähe man ein schönes Mädchen und bekommt einen Schmerz in der Magengegend.« Er kaufe nicht, um wieder zu verkaufen. Wenn ihm ein Bild gefalle, sei er besessen und müsse es besitzen. Doch Ende der achtziger Jahre des 20. Jahrhunderts gesteht der Kunstmogul: »Im Grunde weiß man gar nicht mehr, was ein Bild wert ist.« Es hat etwas Rührendes, wenn er untertreibt, er habe mit dem Sammeln aufgehört, als die Preise »explodierten«. Hatte er da nicht schon (fast) alles? Er und sein Vater haben tatsächlich gekauft, als die Preise noch nicht ins Unermessliche gestiegen waren – und haben dies mit hervorragendem Gespür getan. Einer, der über den Dingen zu stehen scheint, kann sich erlauben, auch so eine Bilanz zu ziehen: »Summa summarum waren die Bilder wahrscheinlich doch etwas teurer als die Mädchen, ich glaube schon.«

Das Kribbeln im Bauch und die Wertschätzung für Kunst erlebt dieser Thyssen und spätere Kunstimperialist zum ersten Mal bei einer Wasserzeichnung, einem Aquarell von Emil Nolde aus dem Jahr 1909, das er zu Beginn seiner Sammlerlaufbahn erwirbt. Er zahlt dafür 180000 Mark. 1986 wird ein ähnlicher Nolde bei Sotheby's in London für 1,5 Millionen Mark vom Museum des Scheichtums Oman ersteigert. Thyssen-Bornemiszas Kommentar: »Nun frage ich Sie, was verstehen die von Nolde?« Mit den Jahren wird der Enkel des legendären Stahl- und Schlotbarons August Thyssen wahrlich zum Herrn der Bilder. Im Treppenhaus der Villa Favorita, dem Wohnhaus eines der reichsten Männer der Schweiz in Lugano-Castagnola, hängt ein Tiepolo, im Entree ein Schwitters. Eine Wohnung vom Feinsten. Da ist Picassos »Harlekin«, dort Cézannes »Bauer«. Überall sind Werke der Großen der Kunstgeschichte an den Wänden platziert, hängen so selbstverständlich, als wären es Familienbilder: Degas, van Gogh, Gaugin, Klee, Beckmann ... Ehemals Deutscher, seit 1950 Schweizer, ehemals einer vom ungarischen Adel, einer, der seine ständige Großzügigkeiten als »Wohltaten« herunterspielt, wird Thyssen-Bornemisza die schillerndste Figur dieser Familie. Sein Leben ist so angelegt, als wolle er partout aufs Ungewöhnliche hinaus.

Hans Heinrich Thyssen-Bornemisza ist der letzte herausragende Repräsentant einer Familie, die ein Jahrhundert lang zu den mächtigsten Europas gehörte und an der Spitze eines Imperiums von Schwerindustrien gestanden hat. Dr. Horst A. Wessel, Mannesmann-Archivar und Herausgeber einer Unternehmensbiografie der Thyssens, stellt trocken fest: »Der Name Thyssen steht heute allgemein für ein Unternehmen von Weltgeltung sowie ... für eine der kostbarsten privaten Kunstsammlungen.« Doch während in den vielen Firmen, die den Namen Thyssen tragen, kein Namensträger mehr in führenden noch anderen Positionen tätig ist, steht der Name Thyssen in der Kombination mit dem Namen Bornemisza für milliardenschwere Kunstschätze und für den Besitzer dieser Schätze. »Das Unternehmen, das heute den Namen Thyssen trägt, ist von August Thyssen gegründet worden ...; die Kunstsammlung ist im wesentlichen erst durch dessen Nachfahren zusammengetragen worden.«

In den letzten Lebensjahren jedoch machen Häme und Spott den alten Mann nahezu lächerlich, als der mit seinem Sohn um Geld und Einfluss vor Gericht streitet, als er redselig Interview auf Interview absondert, dabei sein und seiner verflossenen Frauen Liebesleben ungeniert öffentlich ausplaudert, dass es kaum zu fassen ist, und er in die Nähe einer Karikatur rückt. Dieses verwandtschaftliche Mit- und Gegeneinander böte Stoff für Psychiater und Psychologen; es unterscheidet sich vom Zank in jeder deutschen Reihenhaussiedlung nur durch die Höhe des Bankkontos.

Die deutsche Wochenzeitschrift *Die Zeit* belächelt ihn, als sie seinen Kose- und Spitznamen aufgreift und ihn als »Millionen-Heini« veralbert. Zu seinen lebenslustigeren Zeiten ließ er sich als

Heini von Freunden anreden. Das reiche Erbe hat er zwar auch als Kaufmann zur Mehrung wirtschaftlicher Bedeutung genutzt, doch stachelt es ihn offenbar noch mehr an, einen speziellen Sachverstand und die dafür notwendige Begierde zu entwickeln, um zu einem der größten Kunstsammler des 20. Jahrhunderts zu werden. »Deutscher Vater, ungarische Mutter, in Holland geboren, Schweizer Staatsbürger, verheiratet mit einer Spanierin, Hauptwohnsitz England, Firmensitz Curaçao: ein Mann von Welt und Geld.« So rafft die *Zeit* diese Biografie zusammen: »Vom Stahl-Erben zum Kunst-Tycoon.«

Stets verfolgt ihn das Bonmot, »Sammler alter Meister und junger schöner Frauen« zu sein. Die Regenbogenpresse interessiert sich mehr für seine fünf Ehen und seine Affären. Tatsächlich hat dieser Thyssen mehr als alle anderen Verwandten vor ihm die Presse beschäftigt. Doch für die Museen der Welt ist sein Faible für die alten Meister und der gute Kunstgeschmack sowie ein in vielen Jahren kultivierter Instinkt beim Erwerben erlesener Kunst von größerer Bedeutung.

Obwohl er 1950 mit der Annahme der Schweizer Staatsbürgerschaft den Adelstitel ablegt, wird er weiterhin »der Baron« genannt. Er selbst sagt von sich: »Ich fühle mich als Europäer, als Deutscher nicht unbedingt, eher noch als Schweizer, denn der Schweiz verdanke ich mein Leben.« Spitzbübisch, wie viele seiner Äußerungen, ist auch diese Selbsteinschätzung: »Ich bin ein Deutscher mit norddeutschem Einschlag.« Als er sich 1988 für Madrid als endgültigen Standort seiner Sammlung entscheidet, grollt er der Schweiz, vor allem Lugano, wo er 40 Jahre gelebt hat: »Meine Nachbarn wussten nicht einmal, wie mein Name geschrieben wird. Auf der Straße grüßte mich niemand.« Zehn Jahre zuvor sind es keineswegs europäische Gefühle, die den Mann bewegen, Lugano bei der Finanzverwaltung nicht mehr als Hauptwohnsitz anzugeben, sich dafür Monte Carlo auszusuchen. 1978 weinen die

Tessiner ihrem größten Steuerzahler und Geldgeber nach, der wie andere Reiche aus dem Sonnenkanton Tessin flieht und Monegasse wird. Immerhin zahlte Thyssen-Bornemisza 1973/74 der Gemeinde Lugano, dem Kanton Tessin und dem Schweizer Bund jeweils eine halbe Million Schweizer Franken an Steuern.

Als Unternehmer mit Firmen in 27 Ländern, doch noch mehr als Manager seines eigenen Kunstimperiums lebt der Mann an vielen Orten. Der Europäer Thyssen-Bornemisza darf mit seinem Privatjet, Typ Falken 50, sogar in Moskau landen. Doch die sowjetischen Kunstbemühten bestehen darauf, der Pilot müsse ein Russe sein. Bei einem Abendessen in Köln fragt ihn der sowjetische Botschafter, warum er immer so schöne Ausstellungen in Amerika mache und nicht in Russland. Thyssen-Bornemiszas Antwort sind Bilder: In Leningrad, Moskau und Kiew bestaunen eine Million Besucher vierzig alte Meister aus seinem Besitz. Die Antwort der Sowjets ist gleichfalls großzügig: Impressionisten aus sowjetischen Museen ziehen mehr als die sonst üblichen 25 000 Kunstenthusiasten an; diesmal pilgern zehnmal so viele Besucher in die Ausstellung in Thyssens Villa Favorita. Immer reger wird der Ausstellungsaustausch zwischen dem kapitalistischen Kunstkenner und den staatskapitalistischen Kommunisten. »Gold- und Silberschätze aus der Eremitage« holt Thyssen beispielsweise in den Westen zur öffentlichen Zurschaustellung, wobei er sich selbst als erfolgreicher Spurensucher erweist und in einer Depotecke einen schwarzen und verschmutzten, doch wertvollen Tabernakel entdeckt. Im Gegenzug funkeln seine Juwelen im damaligen Leningrad. Was ist es, dass diesen Mann außer Reichtum und Bilderbesitz zu einem Mittler über den Eisernen Vorhang macht? Eine englische Expertin charakterisiert das Verhältnis der Sowjets zu Thyssen-Bornemisza: Die Russen schätzten besonders an ihm, »dass er geradeheraus und äußerst umgänglich ist. Dazu kann er Wodka trinken wie ein richtiger Mann.«

»Die heutige Aufgabe von kulturellen Zentren – die das Interesse und die Bewunderung von jedermann finden, weil sie die Quellen und Gedanken sind, die zur Freiheit und besonders zum Frieden führen – ist zu vergleichen mit der Rolle der Kirche im Mittelalter, die als Zentrum der Erziehung, der Betrachtung und Barmherzigkeit diente.« Diese Überzeugung vertritt Thyssen-Bornemisza 1987, als er zum zweiten Male Impressionisten und Postimpressionisten aus russischen Museen nach Lugano holt. Die Ausstellung, ein erster Höhepunkt seiner Kunstarbeit für alle Welt, ist ihm obendrein Anlass, die Rolle seiner fünften Ehefrau, Carmen Cervera, offen zu legen: »Meine Frau und ich sind fest entschlossen, unsere Anstrengungen weiterhin in diese Richtungen zu lenken.«

Leisten kann er sich alles: beste Weine, bestes Essen, schönes Wohnen, schöne Reisen, erlesene Kunst, Frauen ... seine Frauen, mit oder ohne Ehering, sind das Gegenteil von Heimchen am Herde. Ein schwarzer Panther zur Hochzeit. Ein Schloss in Frankreich zum Abschied. Eine Insel in der Südsee. Ein Halsband aus schwarzen Perlen. Großzügig ist er. Sie könnten sich nicht beklagen. Ein treuer Mann? Wohl erst spät. Nur einer bleibt er seit dem Tode des Vaters treu: der Kunst. In einem Falle bekommt die große Liebe einen Namen: Giovanna degli Albizzi Tornabuoni, eine Florentinerin, auf Leinwand verewigt von Domenico Ghirlandaio, Maler des 15. Jahrhunderts. An ihr himmelt der Kunstsammler, der sich bei den Frauenbildnissen als begehrlicher Liebhaber outet, das »wunderbar Klassische« an. Die Geschichte dieses Bildes berichtet auch etwas vom Lebensverständnis seines Besitzers. Bei Ausstellungen in aller Welt, beispielsweise Ende 2001 in der National Gallery in Washington, D. C., ist Giovannas Porträt stets Mittelpunkt und Glanzstück.

1486 wird die Schöne vom steinreichen Bankherrn Lorenz Tornabuoni geheiratet, doch stirbt sie, gerade zwanzigjährig, zwei

Glanzstück und Mittelpunkt seiner Leidenschaft: Hans Heinrich Thyssen-Bornemisza und Giovanna degli Albizzi Tornabuoni, Florentinerin aus dem 15. Jahrhundert.

Jahre später bei der Geburt des zweiten Kindes. Einst stand dieses kostbare Bild in dem mit samtigen Renaissancemöbeln gestylten Wohnraum von Amerikas mächtigstem Bankier Pierpont Morgan. Der Kunstkritiker Willibald Sauerländer beschreibt dieses Bild: »Wie auf einem Epitaph ist die junge Frau mit dem Schwanenhals, dem makellosen Profil, den blonden Locken in Schönheit erstarrt. Ihr Umriss hebt sich vor einer dunklen Wandnische ab, in welcher man ein Gebetbuch erkennt. Das Bild ist nach dem Tode Giovannas gemalt. Der fast erschreckende Kontrast zwischen dem leuchtenden Gelb und Orange ihrer Gewandung, dem Elfenbeinton ihres Teints und dem Schwarz des Hintergrunds scheint auf den Gegensatz von strahlender jugendlicher Schönheit und jähem Tod anzuspielen.« Ist der Tenor der Beschriftung des Bildes nicht auch Teil des Lebensgefühl des Bildbesitzers Hans Heinrich Thyssen-Bornemisza? »Oh Kunst, könntest du Gesittung und Geist wiedergeben, schöner würde auf Erden keine andere Tafel sein.«

Auch die Leinwandmädchen müssen bei diesem Thyssen schön sein. Ein Mädchenporträt von Rembrandt, das ihm angeboten wird, lehnt er ab: »Zu häßlich.« Das Schöne scheint die erste seiner Leidenschaften zu sein – leibhaftig oder als Bildnis. Der Mann erschafft sich so sein eigenes Arkadien. Dort hinein stellt er schönes Lebendiges, weiblich, als wäre es Teil seiner Kunstsammlung. Der Sammler und Kunsthändler Heinz Berggruen hat dazu ein persönliches, doch treffendes Charakterbild dieses Mannes geschrieben: »Thyssen hatte etwas entwaffnend Naives. Erbe eines Wirtschaftsimperiums, war er weder durchtrieben überschlau, weder hochmütig, noch arrogant. Er hatte, um den amerikanischen Ausdruck zu gebrauchen, den Ruf eines ›Womanizer‹. War er das wirklich? Weil er vor ein paar Jahren zum fünften Mal geheiratet hatte? Ich glaube, zu Anfang waren alle seine Ehen romantische Entscheidungen, ohne Kalkül. Er war kein Casanova, kein Ladykiller, keiner, der sich partout von einer Eroberung in die nächste stürzte. Seine Beziehungen zu den Frauen seines Lebens waren von Stimmungen und Reminiszenzen bestimmt, von über das Tägliche hinweggehenden Leidenschaften – wie zu den Bildern, die er sammelte.«

So müssen seine Frauen seine erste Leidenschaft mit ihm teilen, eben jenes zwanghafte Sammeln schöner Dinge. Doch erst die fünfte Ehefrau, Carmen, von ihm und Freunden »Tita« gezärtelt, tut dabei kräftig mit, schließlich wetteifert sie sogar mit ihm. Sie bestärkt ihn offensichtlich dabei, seine beträchtlichen Energien und den Appetit auf Leben mit noch mehr Lust auf die Kunst zu konzentrieren. Der vierundzwanzig Jahre ältere Ehemann lobt sie, weil sie ihn auf seinen Kunstreisen begleite: »Die anderen Frauen sind nie mitgefahren, haben sich, wenn ich weg war, selber amüsiert. Deswegen ist es auch immer schief gegangen.«

Von einer Episode zu Beginn der Verbindung Thyssens zu seiner fünften Ehefrau berichtet Heinz Berggruen. Er ist damals noch Kunsthändler in Paris, vermittelt Thyssen in Genf ein wichtiges kubistisches Gemälde aus dem Besitz eines Picasso-Freundes. Thyssen lädt ihn nach Lugano ein: »Mein Flugzeug wartet auf uns.« Berggruen will noch seine Frau fragen, wendet ein, er habe nicht einmal eine Zahnbürste dabei. Doch Thyssen: »Zahnbürsten haben wir immer für unsere Gäste, Pyjamas in allen Größen.« Berggruens Frau werde er bitten, sie für ein Wochenende in die Südschweiz zu entführen. Doch man müsse erst noch eine junge Dame abholen. Der frisch geschiedene Thyssen-Bornemisza, berichtet Berggruen, »strahlte«. Die Ex-Miss, Carmen Cervera, »war elegant, schön anzuschauen, temperamentvoll«. Ein prächtiges Nachtmahl wird genossen in Lugano. Zu stockdunkler Nacht geleitet Thyssen seinen Gast, ob des vielen und guten Rotweins leicht schwankend, einige hundert Meter weit in das Gästehaus, warnt dabei vor schussbereiten Bodyguards und umarmt überraschend den Mann: »Mein lieber Heini, ich bin so glücklich, weil wir Namensvettern sind, ich heiße Heinz so wie du, schade, dass wir kein Glas dabei haben, jetzt sollten wir Brüderschaft trinken. Schlaf gut, mein lieber Heini, und träume wilde, süße Träume.« Er drückt den Mann an die Brust, küsst ihn links und rechts auf die Wange. Doch am nächsten Morgen beim Frühstück gibt es nur einen knappen Händedruck: »Guten Morgen, Herr Berggruen.« Die beiden Herren waren sich bereits 1980 in New York begegnet. Aus einer Berggruen-Sammlung von zwölf Klee-Aquarellen hatte sich Thyssen-Bornemisza eines ausgesucht. Warum gerade dieses? »Weil es von 1921 ist. Das ist mein Geburtsjahr.«

Bei diesem Mann ist es kaum verwunderlich, dass er auf seine Weise einen Beitrag zur Weltpolitik beisteuert und insgeheim an einem Gipfeltreffen in Genf teilnimmt. Für den Händedruck zwischen dem amerikanischen Präsidenten Ronald Reagan und dem sowjetischen Ministerpräsidenten Michail Gorbatschow leiht Thyssen-Bornemisza das Bild einer amerikanischen Landschaft. Die Malerei hängt über dem Kamin einer Genfer Villa, doch nur für jenen Augenblick, an dem die Kameraaugen festhalten, wie sich die Vertreter der beiden Großmächte vertragen. Nach drei Stunden wird es abgehängt. Der Bilderkapitalist erhält sein Kunstkapital wohl verpackt zurück. Was für ein Stück! Lächeln und Händedruck der beiden Mächtigen der Welt! Da sollte die Umgebung stimmen. Ronald Reagan, der sich stets auch als Mann der amerikanischen Landschaft sehen wollte, lässt bei Thyssen-Bornemisza anklopfen. Ob der nicht …? Er hat. Doch schon vor dieser kaum in die Öffentlichkeit gedrungenen Bilddekoration nennen die Zeitungen den Mann einen »Botschafter in Sachen Kunst«. Fürwahr!

Hans Heinrich Thyssen-Bornemisza hat seine Sammelwut manchmal so dargestellt, als sei er durch spezielle Umstände zu ihr gedrängt worden. Als der Vater Heinrich 1947 stirbt, setzt sich der Sohn Hans Heinrich zum Ziel, die durch Erbteilung um die Hälfte geschrumpfte Kollektion durch Rückkäufe wiederherzustellen und durch Neuerwerbungen zu ergänzen. Ihm bleibt nach der Teilung mit seinen Geschwistern Stefan, Margit und Gabriele zwar noch mehr als die Hälfte von Vaters Sammlung, doch will er sie wieder komplettieren. »Der Nachteil der Sammlung als Ganzes wurde so in einem gewissen Sinne zu einem Vorteil für mich«, berichtet Thyssen über seinen Beginn als Kunstkäufer. »Ich hätte sonst wohl nie Bilder zu sammeln begonnen.« Schon ein Jahr nach des Vaters Tod trifft der damals 28-Jährige eine mutige Entscheidung: Er verabschiedet sich von der väterlichen Kunstintimität, nimmt der Galerie die Privatheit und damit der Sammlung ihr verborgenes Geheimnis und verleiht ihr das demokratische Prinzip »Kunst für alle«. Die Unsummen, die er für Kunst ausgibt, kommen einem weltweiten Publikum durch Ausstellungen zugute – ein Milliardär für Millionen. Als Vorstand der Familienstiftung muss er den größten Teil des Kunsterbes verwalten. Seine drei Geschwister erhalten den Rest. Bild für Bild, Objekt für Objekt kauft der Mann in den kommenden Jahren Vaters Besitz von den Geschwistern zurück. »Wiederherstellungsdrang« nennt er es. Das Oberste Gericht der Schweiz hatte auf Betreiben von Thyssen-Bornemiszas Schwestern eine Testamentsverfügung des Vaters aufgehoben, die es verbot, die Bilder wieder aus dem Land zu schaffen. Die Schwestern wären ansonsten leer ausgegangen – und deshalb die Rückkäufe der durch dieses Urteil zerrissenen Sammlung. Als er sie wieder alle beisammen hatte, »fing ich selber zu sammeln an«. In Hamburg wird er 1992 dafür mit einer Goethe-Medaille geehrt, »die durch Erbteilung zerstreute Sammlung seines Vaters« zurückerworben und systematisch erweitert zu haben – ein Verdienst zur »Erhaltung des europäischen Kulturerbes«.

Am Ende des 20. Jahrhunderts tun es viele deutsche Sammler Thyssen-Bornemisza gleich, indem sie ihren Sammelfleiß dem so genannten breiten Publikum offerieren. Doch der schwerreiche Erbe Hans Heinrich Thyssen-Bornemisza steht in der Tradition jener großbürgerlichen Überzeugung, dass Kunst in privaten Händen gut aufgehoben ist, aber als kulturelles Allgemeingut der Öffentlichkeit zur Verfügung stehen sollte. Inzwischen ist diese Sammlung von makelloser Qualität dreimal so umfangreich wie die vom Vater ererbte und durch Rückkauf »wiederhergestellte«. Als dieser Thyssen in der dritten Generation im Nachkriegseuropa in der vom Krieg verschont gebliebenen schönen Schweiz sein Kunstgut dem Publikum in seiner Villa Favorita zur Ansicht freigibt, beginnt auch eine ungemein lebendige Ausstellungstätigkeit im Luganer Prominentenviertel und später bei aufregenden Präsentationen an vielen Orten der Welt. Gleichzeitig wird die Öffnung der Sammlung zum gelungenen Schachzug eines Ausstellungsmachers: Thyssen-Bornemisza zieht Kunstgut nach Lugano und überall hin mit seinem weltumspannenden Ausstellungsmanagement. Ob Vater Heinrich mit dieser Galerie für jedermann einverstanden gewesen wäre? »Er wäre entsetzt«, sagt der Sohn. »Aber ein Bild ist nicht nur für mich alleine da. Der Maler hat es geschaffen, damit jeder es sehen kann.« Als Unternehmer hat der Mann noch einen weiteren Grund, sein Kunstkapital auch von anderen betrachten zu lassen. »Es gibt steuerliche Vorteile«, gesteht er freimütig. Kaufte er als Privatmann ein Bild in London, muss er in der Schweiz und anderswo Erwerbsteuer zahlen. »Eine öffentliche Galerie ist von diesen Abgaben befreit.«

Palmen und Zypressen umsäumen den Landsitz von Hans Heinrich Thyssen-Bornemisza, als solle er versteckt werden. Baron Heinrich Thyssen-Bornemisza hatte ihn von Prinz Leopold von Preußen erworben. Die Villa in Lugano wird zur reich gefüllten Schatztruhe. Welche Werte der Baron heranschafft, wird der Öffentlichkeit unter anderem selbst durch kleinste Meldungen in den Kulturteilen der Zeitungen bewusst; beispielsweise kommt im Frühjahr 1998 eine silberne Suppenterrine des Rokoko in New York unter den Hammer: 15 Millionen Mark. Auch der junge Hans Heinrich Thyssen-Bornemisza weiß anfangs nicht, was der Vater an Werten anhäuft. Wenn der Vater ab und zu im Büro verschwindet, sagt er zum Sohn, er studiere Bücher. »Mehr wusste ich nicht«, erinnert der Erbe. Von den späteren, nahezu täglichen Galerierundgängen mit dem Vater berichtet Hans Heinrich: »Wir standen dann vor einem Bild, und er sagte etwas über die Technik des Künstlers oder über das Verhältnis des Meisters zu seinem Schüler – mit anderen Worten, es war eine fachliche Betrachtung der Gegebenheiten ... Er konnte stundenlang vor einem Bild stehen und es studieren.« Der Sohn wird es später vor allem mit seinen Frauen ebenso halten. So wird bei beiden Männern das Sammeln auch zu Wissen. Die Kunstschätze von Altdorfer über Dürer bis Tizian und Watteau sind für den Sohn anfänglich eine unbekannte Seite des Vaters. Auch Freunden zeigt der Mann selten, welche Schätze er bewahrt, ja: verwahrt. Wem es vergönnt ist, ihrer ansichtig zu werden, den führt er selbst. Wenn der Kunstverliebte nicht in Castagnola ist, wird die Galerie geschlossen, keiner darf hinein. Die Kataloge, die der Mann von seiner Sammlung drucken lässt, schickt er niemandem, doch er widmet sie dem Andenken seines Vaters. Der, August Thyssen, schreibt 1911 an den französischen Bildhauer Auguste Rodin, er möge das Schloss Rohoncz seines Sohnes Heinrich besuchen, denn es sei angefüllt mit Kunstgegenständen.

Als Heinrich Baron Thyssen-Bornemisza 1938 zum letzten Mal in Deutschland ist, wird er bei der Ein- und Ausreise durch Zollbeamte und Angehörige der Geheimen Staatspolizei peinlichst untersucht. Es müsse, vermutet Baumann, »eine wenig freundliche Korrespondenz gegeben haben« mit Hitler oder mit Leuten aus Hitlers Nahbereich. Zwei Jahre später jedenfalls versucht Adolf Hitler, den Mann heimzusuchen. Gerade hat die Gestapo seinen Bruder Fritz und seine Schwägerin Amélie an der französischen Riviera verhaftet und Fritz in die Nervenheilanstalt von Neubabelsberg geschafft. Da schickt Adolf Hitler einen Beauftragten nach Lugano. Der Gesandte des Naziführers eröffnet Thyssen-Bornemisza, Hitlers Wille sei es, Thyssen solle Hitler ein Geschenk machen. Der Führer wünsche, der Baron solle ihm die »Liegende Quellnymphe«, auch »Ruhende Diana« genannt, von Lucas Cranach dem Älteren, schenken. Baumann beschreibt den weiteren Gang dieser bedrohlichen Familiensituation: »Als Gegengabe ließ Hitler gewisse Briefe anbieten, und damit sollte

›alles vergessen‹ sein.« Welche Briefe? Die des Bruders Fritz an Hitler und Göring, die Hitlers Propagandaminister Goebbels als »landesverräterisch« und als »Schweinestück« bezeichnet hatte, waren inzwischen der Welt bekannt – als Artikel in ausländischen Zeitungen. Heinrich Thyssen-Bornemisza lehnt ab.

Der Kommentar des Thyssen-Kenners Carl-Friedrich Baumann dazu: »Das Ansinnen Hitlers war durchsichtig. Er und seine Paladine hätten eine ›Verständigung‹ mit Heinrich gegen das in ihrer Gewalt befindliche Ehepaar Fritz Thyssen erpresserisch ausgenutzt.« Die Brisanz dieser Familiensituation wird noch schärfer: »Die Einstellung seines Bruders Fritz zum Nationalsozialismus war ihm unverständlich, wahrscheinlich unerklärlich; sie blieb es auch nach dessen öffentlichen Bruch mit Hitler. Es ist auffällig, dass Fritz nach seiner Flucht aus dem Reich in die Schweiz nicht bei seinem Bruder in Lugano Zuflucht gesucht hat; allerdings kennen wir die näheren Gründe und Umstände nicht.« Wirkten hier die unterschiedlichen Auffassungen der beiden Brüder aus den zwanziger Jahren des. 20. Jahrhunderts tragisch weiter, als der eine, Fritz, das Familienunternehmen in eine nationale Aktiengesellschaft eingliedern will, und der andere, Heinrich, die Verantwortung dafür ablehnt und dem Bruder vorhält, dieser Trust werde das Familienunternehmen zerschlagen?

Heinrich Baron Thyssen-Bornemisza nimmt 1930 ein wenig von seiner verliebten Heimlichkeit des bilderreichen Kunstliebhabers Abstand. Er öffnet sozusagen seine *arca*, in der er hinter Schloss und Riegel den Gegenstand seiner Liebe hält, Bilder vom Allerfeinsten. Einige seiner Schätze lässt er in der Münchener Neuen Pinakothek ausstellen, doch seine Autorenschaft bleibt verschlüsselt. Dass diese Bildertruhe sein Eigen ist, wird für die Öffentlichkeit nicht plakatiert: In der Münchener Pinakothek wird die »Sammlung Schloß Rohoncz« präsentiert. Der Mann, von dem nur wenige Fotografien existieren, ganz im Gegensatz zum Sohn, ist ein konsequenter Anwalt seiner Künstler. Den Plan, der Stadt Düsseldorf ein Museum für eine Sammlung zu stiften, lässt er leider fallen, als die Stadt einen falschen Cranach ankauft. Wer auf unechte Gemälde hereinfalle, dem will er seine Bilder nicht anvertrauen.

1921 wird in Den Haag Sohn Hans Heinrich geboren. In der Erziehung durch eine deutsche »linkssozialdemokratische« Gouvernante ist wohl Thyssen-Bornemiszas aufs Gemeinwohl zielende Kunstleidenschaft zu suchen, sicherlich aber auch seine Förderungen, von denen er kein Aufhebens macht: Rettung der Fresken von Florenz, Restaurierung der Fresken von San Marco und von Skulpturen im Vatikan. Er unterhält die Mindszenty-Stiftung für ungarische Studenten in Innsbruck, unterstützt eine Organisation, die sich für die Rechte der ungarischen Minderheit in Rumänien einsetzt, beispielsweise in Transsylvanien, woher der Name Bornemisza stammt.

Diese »linkssozialdemokratische« Gouvernante, wie Hans Heinrich selbst das Kindermädchen und seine spätere Erzieherin nennt, muss lange nachgewirkt haben. Sie ist nach der Scheidung der Eltern Mutterersatz – eine Wiederholung der Geschichte des Thyssen-Gründers August, für dessen Kinder auch eine »Vizemutter« beschafft wurde. Der Vater stellt sie ein, als er sich um den Knaben kümmern muss. Er entlässt sie aber auch sofort, als Hans Heinrich 18 Jahre alt wird. Oft erzählte er, Tochter Francesca plauderte es aus, ein ungarischer Zigeuner habe ihm aus der Hand gelesen: Arm und völlig allein werde er sterben. Als wäre sein Leben ein Einspruch gegen diese Weissagung. Ein Freund meint, Heinis Fehler sei es, er habe nie eine Frau geheiratet, sondern immer nur eine seiner Geliebten. Von Gesellschaften berichten Beobachter, der Mann habe sich oft so verhalten, als wolle er Aufmerksamkeit erregen, im Mittelpunkt stehen, sei dabei sogar regelrecht albern gewesen. Selbst sein

Kunsterwerb mute wie ein Angehen gegen dieses Handlesen an: Wenn er nicht pro Woche ein Bild erwerbe, gesteht der Bilderbaron, sei er unglücklich. Doch zu jedem Jahreswechsel verkündet er ein Versprechen, künftig nie mehr zu sammeln, sich zufrieden zu geben und ruhiger zu sein. Doch schon nach wenigen Wochen bietet er bei Auktionen mit. Eines seiner Gemälde, besonders klein, zeigt ein schwarzes Segelschiff, das in einen Hafen einfährt. Die Sonne geht unter. Das Bild ist schwarz. Caspar David Friedrich hat es in seinem Todesjahr gemalt. Es ist das letzte Bild, das dieser Großsammler gekauft hat.

In Den Haag besucht Hans Heinrich das deutsche Realgymnasium. Die Kriegsjahre verbringt er nach der Flucht über Holland und Frankreich in der Schweiz. Doch Kunst spielt noch keine Rolle in seinem Leben. Als Hitler deutsche Museen plündert und die »entarteten Künstler« aus den Museen vertreibt, entsteht 1937 in Lugano Thyssen-Bornemiszas Sammlung der alten Meister. Da ist Sohn Hans Heinrich gerade 16 Jahre alt. Vaters Leidenschaft und Geheimniskrämerei, tatsächlich süchtige Liebhaberei in reinster Form, die alles Erlesene und Erwählte nur für sich will, ist mit dem Bau der eigenen Pinakothek vorbei. Alle Wohnräume, auch die des Heranwachsenden, werden ausgefallene Kunstorte. In diesem Klima führt der Vater den 16-jährigen durch die neue Galerie. Es sind gerade Schulferien. Das Abenteuer der alten Meister überfällt den Heranwachsenden zum ersten Mal, offensichtlich nachhaltig. Altdorfer, Caravaggio, Carpaccio, Coreggio, Cranach, Dürer, van Dyck, Jan van Eyck, Ghirlandaio, Goya, Frans Hals, Holbein, Memling, Palma Vecchio, Pantenier, Piero della Francesca, Raphael, Rubens, Tizian, Uccello, Velázquez ... Sie umgeben ihn nun täglich: »Ich wurde vollkommen im Geist der Alten Meister erzogen.« Dem 16-jährigen mag vielleicht schwindelig geworden sein bei diesem ersten Galerierundgang angesichts der wunderbarsten und auch damals schon sündhaft

teuren Kunststücke. Hat er sich doch just in andere, kleinere Bildchen mit gezackten Rändern vergafft – der junge Hans Heinrich
sammelt Briefmarken. Später als Student der Rechts- und Wirt-
schaftswissenschaften von 1940 bis 1945 in Bern und Fribourg/
Schweiz interessiert er sich kaum für Kunst, mehr und vor allem
für Philosophie und Sport. Das Letzte hat sich lebenslang gehalten: Tennis, Schwimmen, Skilaufen nennt er seine liebsten Frei-
zeitbeschäftigungen. In der Blüte seiner Mannesjahre, als er die
Öffentlichkeit immer wieder mit seiner Vorliebe für so genannte
Klassefrauen unterhält, steht seine Erscheinung für sportlich
lässige Eleganz. Als Student hätten ihn die gelegentlichen Besuche
von Vorlesungen der Kunstgeschichte nicht ausgefüllt, bekennt er.
Baden und Fußballspielen hätten ihn mehr interessiert – und
Frauen natürlich.

Und doch findet er einen eigenen Weg zur Gegenwartskunst:
Die Malerei der deutschen Expressionisten zieht ihn in den düste-
ren Kriegsjahren an, »weil sie eine Art Anti-Nazi-Bewegung dar-
stellten«. Dem Vater sagen die Modernen der Malerei nichts. Die
Abstrakten hält der für Schwindel. Auch der Sohn hat Abnei-
gungen. Der Kunstsammler, der am liebsten Rot sieht, vor allem
beim Wein, Degas seinen Lieblingsmaler nennt, mag die »Neuen
Deutschen Wilden« nicht: »Da ist das Original der expressionisti-
schen Zeit einfach zehnmal besser.« Penck goutiert er zwar. Doch
für Baselitz hält er ein vernichtendes Urteil bereit: »Es ist Unsinn,
etwas auf den Kopf zu hängen, nur damit man sich für die
Malerei an sich interessiert.« Die Ikone des Popart, Andy Warhol,
serviert er gleichfalls ab: »Meine vorletzte Frau hat sich einmal
von Warhol porträtieren lassen. Der hat sie dann fotografiert.
Seine *Factory* hat Farbe draufgeklatscht, und dann hatte ich
meine Frau mit roten, blonden und schwarzen Haaren – das ist
doch keine Kunst.« Thyssen schickt Warhol das Bild zurück.
Francis Bacon und Lucian Freud, die er persönlich kennt, schätzt

er; Freud sitzt er 1981/82 für ein Porträt Modell. Doch für andere hat es kein Verständnis. Von einem Maler erzählt er, »der baut rechteckige Räume und nagelt eine Lampe in eine Ecke. Das Ganze nennt er dann ›Panzer‹. Zu so etwas habe ich einfach keine Beziehung. Ein Bild muss mich in der Seele anrühren. Sonst gebe ich kein Geld dafür aus.«

Es ist ein Werk eines Expressionisten, das beim jungen Thyssen-Bornemisza die Wende zur Moderne schafft, jenes schon erwähnte Nolde-Aquarell. Mit dem Kauf dieses Nolde-Werkes überwindet er die väterliche Abneigung gegenüber der modernen Kunst. Von da an erweitert er die Sammlung stetig – in seinem Sinne. Hans Heinrich Thyssen-Bornemisza und seine Geschwister erben nach dem Krieg nicht nur die Bilder des Vaters, sondern auch dessen Schulden. Der Kunsthistoriker Dr. Heinemann, der Heinrich Thyssen-Bornemisza Ende der 1920er Jahre und später berät, muss vor den Nazis in die USA fliehen. Damals, so erzählt Thyssen-Sohn Hans Heinrich, habe jeder verkauft, was er hatte. Doch Vater Heinrich kaufte und kaufte weiter. Die Kapitalausfuhr aus Deutschland war verboten. Vater Heinrich brauchte Geld. Er nahm Kredite auf bei einer kleinen Bank in Holland. Wie kommt man von diesem Schuldenberg nach 1945 herunter? Hans Heinrich Thyssen-Bornemisza hat keine Hemmungen, lächelnd die Wahrheit zu erzählen: »Mit einer gehörigen Portion Glück. Letztlich hat der holländische Steuerzahler meine Schulden bezahlt. Gegen alle Regeln und Gesetze machte der Finanzminister aus unseren Schulden einfach Vorkriegsdividenden. Zum Schluss hatte ich damit auch noch Geld zum Leben.«

Zu Beginn der neunziger Jahre des 20. Jahrhunderts loben Fachleute die Anstrengungen von Vater und Sohn über den grünen Klee: »Die Leidenschaft zweier Kenner alten Stils, wie sie heute immer seltener werden, haben diese einmalige kunsthistorische Übersichtssammlung, die einem großen Museum Ehre machen würde, zusammengetragen.« Zwar kauft Thyssen-Bornemisza weiter alte Meisterwerke, doch steckt er sich nun zum Ziel, Gemälde amerikanischer Künstler als Grundstock einer weiteren Sammlung zu entdecken und zu erwerben: Copley, Cole, Church, Homer, Sargent, Hopper, O'Keeffe, Lichtenstein und Estes. Er kauft Werke der deutschen und französischen Romantik, Kubisten, Futuristen, russische Konstruktivisten, erwirbt Außergewöhnliches bis hin zu Balthus und Wesselmann. Nicht nur kostbare Monets besitzt er, auch Cézannes und Gauguins. Sein Eigen sind Meisterwerke aus dem 20. Jahrhundert: Ensor, Derain, Kirchner, Feininger, Marc, Kokoschka, Schiele, Gris, Léger, Picassos (gleich zehn Mal, von dem er allerdings sagt, der werde überschätzt, »weil er zu viel gemalt hat«), Severini, Chagall, Dali, Ernst, Pollock, Rauschenberg, Lichtenstein, Freud, Bacon, Schwitters, Mondrian, die Photorealisten. Die Sammlung wird wie ein Museum geführt. Doch Supersammler Thyssen gibt pro Jahr mehr aus als jedes deutsche Museum. Thyssen-Bornemisza setzt sich keinen Etat, dafür hat er einen Verwaltungsleiter.

Den Mann muss ein Sammelfieber ergriffen haben. Das illustriert am beeindruckendsten sein Kauf von Mondrians »Komposition in Grau und Blau« von 1912. Davon berichtet der Kunstkritiker Roman Hollenstein: »... erwarb Thyssen im April 1982 auf abenteuerliche Art. Auf einer Fahrt durch Paris hatte er sie in einem Auktionskatalog gesehen. Sogleich von leidenschaftlicher Sammelwut gepackt, ließ er sich weder von einem Essen in der amerikanischen Botschaft noch von einem Stromausfall daran hindern, sie noch am gleichen Abend telefonisch in London zu ersteigern.« Sammeln ist offenbar eine Leidenschaft der Familie Thyssen. Dynastiegründer August hatte mit Skulpturen von Rodin begonnen. Das hat sich bis zu den jüngsten Nachfahren gehalten. Thyssen-Bornemiszas jüngste Schwester, die Baronin Gabriele Bentinck, wird Baby genannt. Baby steht auf alten

Kram. Ihre Antiquitätensammlung ist so umfangreich, dass sie nicht weiß, wohin mit all dem Zeug. Der große Bruder hilft und stellt sein Depot zur Verfügung. Georg Heinrich, Thyssens ältester Sohn, mit dem er zur Milleniumswende in juristischem Streit liegt, sammelt Bauernmöbel aus dem Engadin.

Andere Verwandte sammeln auch oder sammelten. Durch verwandtschaftliche Bindungen ist beispielsweise eine sehr kleine Eichentafel, auf die der Niederländer Petrus Christus im 15. Jahrhundert die »Madonna zum dürren Baum« gemalt hat, über Umwege in die Sammlung Thyssen gelangt. Das Kleinod gehörte Baronin Amélie Thyssen, Hans Heinrichs Tante, Ehefrau seines Onkels Fritz. In Fritz Thyssens Sammlung gelangt das Bild 1937 aus Berliner Privatbesitz. Tante Amélie, die es nach dem Tode ihres Mannes erbt, will es ihrem Neffen Hans Heinrich schenken, das verspricht sie ihm. Da lässt sich der Neffe gerade zum zweiten Mal scheiden, diesmal von dem dunkelhäutigen Starmannequin Nina Dyer. Tante Amélie rümpft sehr die Nase, bricht ihr Versprechen und verschenkt die Madonna. Der Beschenkte ist der deutsche Bundeskanzler Dr. Konrad Adenauer. Katholik Adenauer und Katholik Thyssen sind früh befreundet. Adenauer begleitet 1924, damals Kölner Oberbürgermeister, Unternehmensgründer August Thyssen zwei Jahre vor dessen Tod auf Thyssens letzter Grubenfahrt in die Duisburger Steinkohlenzeche »Deutscher Kaiser«. Die »Madonna zum dürren Baum« ist ein ausgesprochen katholisches Bild: Maria mit dem Kinde wird von den Zweigen eines dürren Baumes umrahmt wie von einer Dornenkrone, wie ein Rosenkranz ohne Blüten und Blätter. Die Schenkung des Bildes ist Tantes Amélies Dank für das Große Bundesverdienstkreuz mit Stern und Schulterband, das Adenauer ihr eigenhändig im August 1960 umhängt als Anerkennung ihrer und Tochter Anitas Fritz Thyssen Stiftung. Amélie Thyssen ist die erste Frau, die diese Ehrung erfährt. Neffe Hans Heinrich spottet: »Es war

Vater und Sohn auf Museumsbesuch: Hans Heinrich und Georg in der Städtischen Kunsthalle Düsseldorf anlässlich der Ausstellung »Moderne Malerei« aus der Sammlung Thyssen-Bornemisza.

nur zweiter Klasse.« Adenauer, nie zimperlich, verscheuert das Bild erster Güte, beziehungsweise lässt es verhökern. Den Käufer kennt er nicht. Eines Tages sieht Adenauer die kleine Madonna wieder. Der Deutschen Kanzler steht als Besucher in Thyssens Villa Favorita plötzlich vor seinem ehemaligen Bildchen. Nahezu nebenbei fragt er, wie teuer so ein Bild sei. Eine Million Mark. Er hat sich nichts anmerken lassen, der alte Rosenzüchter vom Rhein, als er cool zum nächsten Bild geschritten ist.

Jedes Bild hat seinen Preis. Bei Thyssen-Bornemisza hat jedes Bild seine spezielle Geschichte, erzählt auch die des Sammlers Hans Heinrich und die seines Vaters Heinrich. Die Antwort auf viele Fragen der Kunstinteressierten, warum die oder der dies oder das oder so gemalt hat, ist oft einfacher als vermutet. Hans Heinrich Thyssen-Bornemisza und gegenwärtige Künstler kannten sich oder waren Freunde. »Einmal fragte ich Chagall, warum er in den Himmel auf seinen Bildern immer eine Geige spielende Kuh male. Ganz einfach, sagte Chagall, er sei auf dem Lande aufgewachsen und deshalb immer von Kühen umgeben gewesen. Deshalb male ich, wo immer es geht, Kühe in den Himmel.«

Ein Sammlungs-Höhepunkt ist Holbeins Porträt »Heinrich VIII.« Ein Bild, das in die Sammlung der britischen Königin passen würde, doch eben dort fehlt. Vater Heinrich Thyssen-Bornemisza, der Bilder mehr als alles andere begehrte, hat es einem Autonarren abgehandelt. Der Verkäufer war der Earl of Spencer, der Großvater von Lady Di, Traumprinzessin der Briten, die auf tragische Weise bei einem Autounfall zu Tode kam. Vom Preis für das Bild des achten Heinrich hat sich deren Großvater einen schnellen und teuren Schlitten, einen Bugatti, geleistet. Dieses Holbein-Bildes wegen soll Prinz Charles nach Lugano gejettet sein. Er sei reizend gewesen und habe sich große Mühe gegeben, befindet Hans Heinrich Thyssen-Bornemisza. Charles und Prinzessin Margaret misst der Mann etwas Kunstverstand zu. Und Queen Elizabeth II., die mit ihm in der Bedeutung der Privatsammlungen konkurriert? Da ist Thyssen-Bornemisza wieder Schelm: Na ja, einmal, in Ascot, habe man über Pferderennen gesprochen, im Übrigen sammle sie nicht selber, sondern ihre Bilder seien Teil ihres Erbes.

Manchmal ist der Herr der vielen Bilder nur liebenswerter und guter Berater. Dem Publizisten Peter Sager erzählt Hans Heinrich Thyssen-Bornemisza vom Zusammentreffen mit einem anderen Milliardär, Kunstsammler und Museumsstifter: »Einmal traf ich den alten Getty in Lugano auf der Straße. Er wohnte in einem ganz miesen Hotel am Bahnhof. Ich lud ihn ein, mein Gast zu sein. I have a girlfriend, sagte er. – Bringen Sie Ihre Freundin ruhig mit, sagte ich. – I have a body-guard. – Die brauchen Sie nicht, Leibwächter haben wir hier auch. – Er wollte drei Tage bleiben.

Dann blieb er drei Monate. Er hat hier Familiensitzungen abgehalten, ab und zu kamen andere Freundinnen angereist. Es gefiel ihm sehr gut hier. Ich habe Getty überredet, nicht nur billige Kunst zu kaufen, sondern auch gute.«

Im September 2001 bestaunt die Kunstwelt eine der zwei Leidenschaften des Lebemanns Thyssen-Bornemisza. Gemalte Galanterien bis zur amerikanischen Romantik sind in 84 »Landschaften von Brueghel bis Kandinsky« versammelt. Ort: Kunst- und Ausstellungshalle der Bundesrepublik Deutschland, Bonn. Viele der Staunenden gedenken angesichts der knalligen Farben André Derains »Waterloo Bridge«, der kleinteiligen Venedig-Vedute Canalettos, der idealen Idylle auf der Flucht nach Ägypten von Claude Loraine, Jan van Goyens wunderbarer Winterlandschaft oder der poetischen »Einsamkeit« von Camille Corot, insgesamt eine leicht verdauliche, schlüssige, wenn auch keineswegs lückenlose enzyklopädische Stilgeschichte des Landschaftsbildes in der Kunst der vergangenen 500 Jahre, ach wie schön, wären diese Kostbarkeiten ständig an diesem Ort zu besichtigen.

Auch die Bundesrepublik Deutschland hatte am Wettbewerb teilgenommen, Kunstbaron Thyssen-Bornemisza den besten Platz für dessen Sammlung anzudienen. Die Frage, für welchen Ort sich der Kunstmilliardär entscheiden werde, bewegt ab 1987 Reiche und Regierende. In jenem Jahr macht er Pläne für einen Galerieneubau in Lugano publik. Dabei wird auch sein Interesse bekannt, Teile seiner Sammlung in eine Stiftung einzubringen. Ein spektakuläres internationales Gerangel um den künftigen Verbleib der kostbaren Gemälde beginnt. Die Angebote kommen aus aller Welt, aus Spanien, Kalifornien, Deutschland, England, selbst aus Neuseeland. Mehrere deutsche Städte und Landesregierungen bieten mit. Baden-Württembergs Ministerpräsident Lothar Späth beispielsweise offeriert die ehemalige Residenz der Herzöge von Württemberg, das Schloss Ludwigsburg, als ständiges Domizil.

Thyssen-Bornemisza beurteilt dieses internationale Feilschen zunächst als »ganz amüsant und interessant«. Doch es berühre ihn peinlich, gesteht er, »wenn man den Eindruck hat, dass ich den einen gegen den anderen ausspielen will«. Ihm sei es unangenehm »zu fragen, wer bietet mehr?« Es sei doch keine Versteigerung. Vom Bonner Oberbürgermeister Daniel lässt sich der Bildermilliardär vom Hubschrauber aus die schönsten Plätze der Stadt für ein mögliches Museum zeigen. Das Begehren nach gehäufter erlesener Kunst lässt manchmal auch große Lichter als Funzeln erscheinen. Kunstimperialist Thyssen-Bornemisza berichtet von einer Phrase des deutschen Kanzlers Dr. Helmut Kohl, der dachte, eine neue Thyssen-Galerie könnte eine Bonner Attraktion sein für die Frauen der vielen Staatschefs.

Die Überzeugungsarbeit am Rhein schlug ebenso fehl wie die in Stuttgart. Im April 1988 sind auch die Träume des Baden-Württembergers Späth ausgeträumt, sich mit den Thyssen-Schätzen schmücken zu können. Thyssen-Bornemisza ist Bonn zu klein und in Stuttgart, oh nein, da will der Mann nicht leben. Am Ende beweist sich wieder einmal die banale Erkenntnis, das Blut dicker als Wasser ist, vereinen sich seine zwei Leidenschaften, und er entscheidet sich für Spanien, der Heimat seiner fünften Ehefrau. Madrid erhält den Zuschlag. Der spanische Staat richtet dem Sammler für dessen Gönnertum gegenüber dem Prado ein großzügiges Museum ein. Der Herr der Bilder folgt seinen Schätzen und lässt sich in Madrid nieder. Seit Oktober 1992 sind Spitzenwerke des jahrzehntelangen Sammelfleißes des Kunstbarons und seines Vaters im eigens dafür hergerichteten Palacio Villahermosa für die Öffentlichkeit zum Bewundern zugänglich. Aus über 13 000 Werken besteht die Sammlung. Nach des Besitzers Schätzungen sind es zur Hälfte alte Meister und zur Hälfte moderne Maler, einschließlich des 19. Jahrhunderts. »Spanien ist die beste Lösung«, sagt er. »Die Lage in Madrid ist einmalig, das hätte ich weder in Paris noch London besser haben können, und Stuttgart ist keine Weltstadt.« Nach einem Rahmenvertrag verleiht er die Werke zunächst für zehn Jahre. Dabei erweist sich Thyssen-Bornemisza als Kaufmann: Ihm steht eine »Leihgebühr« zu, die mit 7,5 bis neun Millionen Mark pro Jahr angegeben wird. Obendrein richtet die spanische Regierung eine Stiftung mit einem Kapital von 138 Millionen Mark ein, Stiftungsvorsitzender: Hans Heinrich Thyssen-Bornemisza. Dieser staatlichen Stiftung verkauft er die ausgeliehene Sammlung für 560 Millionen Mark. Die Versicherung der Kunstwerke übernimmt gleichfalls die spanische Regierung. Die edle Großherzigkeit des Bilderkapitalisten hat also doch einige Schrammen.

Arg enttäuscht von der Entscheidung des Barons für Madrid sind die Londoner. Hatten sie doch sozusagen ihre erste Garde in den Wettbewerb geschickt. Die eiserne Lady der Briten, Premierministerin Thatcher, reicht eine »detaillierte schriftliche Offerte« ein. In den britischen Zeitungen erscheinen bereits Architektenentwürfe für »home for Thyssen art«, ungemein heftig wird öffentlich für und gegen die Übernahme dieser Sammlung debattiert. Prinz Charles fliegt am Steuerknüppel seines Jets nach Lugano, um dafür zu plädieren, die Sammlung samt Holbeins Bildnis von verehrten König »Heinrich VIII.« in London anzulanden.

Die Rache der Briten ob des Korbes durch den Bilderbaron bleibt nicht lange aus, von feiner englischer Art ist sie nicht. Die britische Presse, auch die seriöse, berichtet vom gerichtlichen Streit des Sammler-Ehepaares wegen einer Malerrechnung für das zweite Anstreichen eines Badezimmers; die Bezahlung verweigere Ehemann Hans Heinrich. Die britischen Zeitungen breiten die Querelen der Hausherrin mit den Madrider Handwerkern, Architekten und Ausstattern genüsslich aus. Dabei wird Carmen Cervera Thyssen-Bornemisza geradezu zur Nationalheiligen, als die Entscheidung für Madrid bekannt wird. Die Londoner Zeitung *Independent on Sunday* zitiert den Designer Julian Fernández: »Diese Frau hat keine Ahnung von dem, was sie tut. Von Kunst und Innenarchitektur versteht sie nichts. Man muss nur sehen, wie vulgär sie sich anzieht, um zu erkennen, dass sie keinerlei Geschmack hat.« Doch gerade in dieser Zeit wirkt die Thyssen-Gattin Carmen aktiv an der Erweiterung der Sammlung durch eigene Kunstkäufe mit. Ehemann Hans Heinrich Thyssen-Bornemiszas Kommentar zur englischen Pressekampagne ist wie bei früheren und späteren Gelegenheiten für ihn typisch lapidar: »Zu spät«, sagt er, hätten sich die Briten um seine Sammlung bemüht, »zu spät!«

Carmen »Tita« Cervera, 1961 »Miss Espana«, bald darauf dritte bei den Wahlen zur »Miss World«, acht Jahre danach Witwe des Tarzan- und Old-Shatterhand-Darstellers Lex Barker (»Der hatte den tollsten Körper, den ich je gesehen habe«), hat tatsächlich den Ausschlag gegeben für Madrid, obwohl sie und er betonen, der spanische König höchstselbst wäre es gewesen. An der Seite eines Mannes, für den der Luxus millionenteurer Kunstwerke kein Luxus ist, Vergnügen zwar, doch wohl mehr eine sich selbst gestellte Aufgabe (»Erst einmal finde ich Kunstsammeln durchaus etwas Gutes«), bekommt die fünfte Ehefrau zunehmend Geschmack an kostbaren Leinwänden und entwickelt gleichfalls den Sinn, sie zu finden. Von Schlaganfällen geschwächt, mit dem Herzen zwar immer noch an der Kunst hängend, doch nicht mehr mit gesundem, überträgt er in den letzten Jahren des 20. Jahrhunderts das Kunstkaufen seiner »Tita«. Firmen- und Sammlungsgründer August Thyssen hätte seine Freude an Carmen Cervera, verehelichte Thyssen-Bornemisza. Dass die Sammlung nach und nach wächst, ist auch dem Ehrgeiz dieser Gattin zuzurechnen. Sie stockt das große Bilder-Konvolut nahezu um eine komplette weitere Sammlung auf. Während die Alten Meister ausnahmslos aus den Beständen der alten Thyssen-Sammlung stammen, tragen viele Werke der Moderne den Besitzervermerk »Sammlung Carmen Thyssen-Bornemisza«; alle seit 1993 erworbenen Kunstwerke sind Teil dieser ihrer Sammlung.

Doch Ehemann Hans Heinrich legt den Grundstock dazu. Er schenkt ihr zwei jener Rodin-Skulpturen, um die sein Großvater August 1905 beim französischen Bildhauer buhlt und sie schließlich als Auftragswerk ersteht. Ehemann Hans Heinrich überlässt seiner Frau Carmen einige Italiener aus dem 18. Jahrhundert, Goyas »Bettler am Brunnen«, eine Anzahl von Impressionisten, Brücke-Maler und anderes mehr: »Mit der Verantwortung für diese Arbeiten warf ich meine Frau sozusagen ins kalte Wasser.« Gemeinsam besuchen sie die wichtigsten Museen der Welt. Als wäre sie seine Seminaristin, sitzt er stundenlang, wie sein Vater früher mit ihm, mit ihr vor Bildern, erklärt und doziert. Kein Wunder, dass sie dies als ihr größtes Erlebnis sieht: An drei Tagen haben »nur Heini, unser Kurator und ich rund 775 Bilder im Villahermosa-Palast aufgehängt. Wir arbeiteten die Nächte durch wie im Rausch. In jenen Tagen entstand in mir der Wunsch, Kunst zu sammeln.«

Rausch – Stichwort für das Leben des Hans Heinrich Thyssen-Bornemisza? In den vielen Interviews, in denen sein Leben auch verewigt ist, tauchen stets ähnliche Formulierungen auf: »... wenn er nicht gerade wieder unterwegs ist, seiner schönen Bilder wegen.« Er ist ständig unterwegs: zu schönen Bildern, zu schönen Frauen, zu seinen Unternehmungen. Dieses Leben erscheint als das eines Ruhelosen, den drei Dinge offenbar nicht ruhen lassen, der immer etwas von den Dreien rauschhaft im Blick hat: Frauen, Kunst und Aktien. Das deutet sich in der Studentenzeit mit Unmengen von Alkohol an. Er jedenfalls gibt an (oder gibt er nur an?), als Student 120 kleine Gläser Bier an einem Abend getrunken zu haben, vor dem Frühstück sechs große Biere, zum Mittagessen zwei, drei Flaschen Weißwein plus sechs Kirsch. Heute, so sagt er 1986, vertrage er nicht mehr so viel. Wein trinke er noch gerne, Wodka bekäme ihm auch, doch es sei ganz angenehm, dass man in Russland nur noch ab 19 Uhr trinken dürfe.

Carmen Thyssen-Bornemisza wird im Bonner Katalog zu Ehren ihres sammelnden Gatten auf den ersten Seiten mit dem unbescheidenen Jubel zitiert, die Ausstellung sei »Anlass für ein einzigartiges Ereignis, denn zum erstenmal werden meine Gemälde neben denen des Museo Thyssen-Bornemisza in einer thematischen Ausstellung präsentiert«. Immerhin ist sie, Carmen Baronin Thyssen-Bornemisza, die Vizepräsidentin vom »Patronat der Fundación Colección Thyssen-Bornemisza«, der ihr Mann als Ehrenpräsident vorsteht. Und Thyssen-Filius Alexander ist eines von zehn Komiteemitgliedern dieser Fundación.

Rund 500 Arbeiten umfasst zur Zeit der Bonner Ausstellung im September 2001 die Kollektion der Sammlergattin. 1996 ersteigert sie bei Sotheby's in London Vincent van Goghs »Wassermühle bei Gennep« für 500 000 Pfund. Ein Jahr später bezahlt sie bei Christie's für eine Landschaft von George Braque 3,52 Millionen US-Dollar. 1999 zieht sie ein Frühwerk Gaugins, »Landschaft mit Hunden«, für 500 000 Pfund und eine Flussufer-Szene von Corot für 1,6 Millionen US-Dollar in ihren Besitz. Einmal soll es gewaltig gekracht haben zwischen den Eheleuten. Das katalanische Blut der Señora ging beim Millionen-Kauf einer Stierkampfszene eines zweitrangigen spanischen Malers durch, viel zu teuer eingestuft, folkloristisch angehaucht. Dazu meint der Ehemann oberlehrerhaft, jedem unterliefe einmal ein Fehler. Die besten Kunststücke der sammelnden Gattin sind eben doch Geschenke des sammelnden Gatten. Einige Fachleute vermuten allerdings, mit den Geschenken sollten diese Privatschätze aus den Rechtsstreitigkeiten der Familie Thyssen herausgerettet werden. Wie das? An den schönen Dingen dieses reichen Lebens klebt am Ende

*Carmen »Tita« Bornemisza, fünfte Ehefrau und Witwe Hans Heinrichs,
mit Kronprinz Felipe von Spanien.*

doch Schmutz wie an der Wäsche. Vater Hans Heinrich und Sohn Georg Heinrich Thyssen-Bornemisza liegen im Streit. Und es geht – wie so oft – ums Geld.

Dabei scheint mit Maria del Carmen Cervera y Fernández de la Gore, die Thyssen-Bornemisza im August 1985 ehelicht, relative Ruhe ins Leben dieses Mannes gekommen zu sein. Sie wäre nicht erpicht darauf, die Hauptrolle zu spielen, hebt er als den für ihn wichtigsten Vorzug seiner fünften Gattin hervor. Sie wäre arbeitsam, doch vor allem: »Sie ist sehr lustig. Und ihre Figur ist nun auch nicht gerade schlecht.« Die Figuren der Vorgängerinnen sind gleichfalls »nicht gerade schlecht«, sozusagen Klassefrauen. So genannte Stars sind sie alle, die Damen dieses Mannes. Die Wahl seiner fünf Ehefrauen ist obendrein kosmopolitisch. Die Erste wird die Prinzessin Therese zu Lippe-Weißenfeld, die von 1946 bis 1954 sein Eheweib ist. 1950 wird Sohn Georg Heinrich geboren. Der Prinzessin folgt das englische Mannequin Nina Dyer, dunkelhäutige Tochter eines Plantagenbesitzers auf Ceylon. Drei Jahre lässt sich das Starmodel des Pariser Salons Schiaparelli umwerben, bevor sie nur für ein Jahr 1954 Frau Thyssen-Bornemisza wird. Nach einer so genannten großen Liebe zum Aga-Khan-Sohn Prinz Sadruddin quälen sie Depressionen bis zum Suizidversuch. Die dritte Frau an Thyssen-Bornemiszas Seite wird die britische Admiralstochter Fiona Campbell-Walter, die aus einem alten schottischen Hochland-Clan stammt und Nachfahrin einer ungarisch-siebenbürgischen Szeklerfamilie ist, die von Kaiser Karl VI. (Vater der Kaiserin Maria Theresia) in den Freiherrenstand erhoben worden war. Das Bild des damals schönsten Fotomodells Englands ziert nicht nur die Titelseiten von *Life* und *Vogue*, sondern auch die Spindwände in den Kasernen aller westlichen Armeen. Beim Galopp-Derby in Hamburg läuft sie dem Stahl-Erben über den Weg. Er über sie: »Fiona ist die vollkommene Ehefrau.« In der achtjährigen Ehe mit ihr kommen die Kinder Francesca Anna, geboren 1958, und Lorne Johannes, geboren 1963, auf die Welt. Nach der Scheidung taucht Fionas Name in Zeitungsmeldungen dieser Art auf: »... amüsiert sich die schöne Fiona jetzt mit dem holländischen Fett- und Ölmilliardär Henry Jürgens.« Oder von einer Affäre mit dem 16 Jahre jüngeren Onassis-Sohn Alexander wird geklatscht. Mit der vierten Ehefrau wird es feurig. 1967 heiratet Thyssen-Bornemisza die brasilianische Bankierstochter Liane Denise, geborene Shorty; 17 Jahre hält die Ehegemeinschaft mit ihr. Liane Denise wird Mutter von Wilfrid Alexander, geboren 1974. Von allen vier Frauen trennt sich der Mann. Alle Ehen werden geschieden, diese letzte 1984.

Ob ein frühes Kindheitserlebnis, die Trennung seiner Eltern, die sich scheiden lassen, als er sechs Jahre alt ist, traumatisch fortwirkt und sich in den Trennungen von vier Ehefrauen offenbart, bleibt Vermutung. Doch einmal gesteht er: »Zu den schwärzesten Stunden gehörte immer auch die schwierige Entscheidung der Trennung von einer Frau.« Der letzte Scheidungsgrund ist Carmen Cervera, die spätere fünfte Ehefrau, damals 45 Jahre schön, Spanierin. Als sich beide 1981 kennen lernen, starrt er auf Sardinien an der Costa Smeralda die Blondine bei einer Regatta des Aga Khan so auffällig an, »dass ich dachte, er betrachtet jemanden hinter mir. Er schaute mich an wie ein Kunstwerk, das er kaufen wollte«, erinnert sie sich an die erste Begegnung mit ihrem Drittgatten. Der zweite Carmen Angetraute nach »Tarzan« Lex Barker ist der Señor Santoni aus Venezuela, der ihr eine Filmrolle an der Seite des deutschen Schauspielers Curd Jürgens verschafft, allerdings ohne größere Publikumswirkung. Doch dieses Eheglück wird schwer getrübt: Carmen sitzt einem Bigamisten auf, Santoni ist bereits verheiratet. Da wird Hans Heinrich Thyssen-Bornemisza bei der Begegnung auf Sardinien zum Rettungsanker: »Wir haben uns seitdem nie mehr getrennt. Er ist mein Märchenprinz. Manchmal lege ich ihm Gedichte auf den Schreibtisch.«

Doch Denise Thyssen-Bornemisza, Noch-Ehefrau Nummer vier, lässt, heißt es, den Ehemann von Privatdetektiven bespitzeln. Der soll das Gleiche veranlasst haben. Liliane Denise Shorto zieht von England in die Schweiz, weil ihr dort größere Rechte zuständen, doch die Trennung findet 1984 in London statt. Lang und breit wird vom Streit des ehemaligen Paares über Schmuck und Juwelen berichtet. In der Tat geht es um Millionen. Thyssen-Bornemisza fordert beispielsweise den Verlobungsring im Wert von 1,5 Millionen Mark zurück, auch anderes Geschmeide, das er in vergangenen Jahren seiner Verflossenen zum Frühstück neben die Kaffeetasse gelegt haben soll. Der Londoner Richter verfügt: Denise müsse die Juwelen im Gegenwert von 40 Millionen Mark herausgeben. Das seien, so soll sie gesagt haben, Almosen, es habe sich um Geschenke unter Eheleuten gehandelt. Behalten darf sie: Schmuck im Wert von 12 Millionen, zwei Villen in Marbella, eine Villa am Meer in Sardinien, Rennpferde, eine Yacht und – wie Zeitungen es formulieren – »ein bißchen Taschengeld, rund eine Million«.

Im April 1987 wird den seriösen Schweizern in der Zeitung *Blick* im Bericht eines Polizeireporters dieser Gesellschaftskrimi vorgeführt: »1984 wurde die Ehe nach zehnjähriger Dauer wegen Ehebruchs des Barons geschieden. Danach begann eine Schlammschlacht um Geld, Juwelen, Bilder, Häuser und Pelze. Der Baron fordert allein fünf Millionen Franken für den Schmuck, den er ihr in glücklicheren Tagen geschenkt hatte. Denise beharrte darauf, die Juwelen seien ihr Eigentum. Darauf ließen Thyssens Anwälte die Frau mit dem wallenden Engelhaar wegen Veruntreuung per internationalem Haftbefehl in Vaduz festnehmen. Sie wurde an die Schweiz ausgeliefert und nach der ersten Einvernahme gegen eine Millionen-Kaution freigelassen. Denise setzte sich ins Ausland ab, steht aber den Schweizer Behörden jederzeit zur Verfügung. Der neueste Schlag des Barons: Er ließ auf einer Zürcher

Bank die Alimentenzahlungen sperren, die er für den gemeinsamen Sohn Alexander geleistet hat.« 1988 spricht ein Schweizer Gericht die Ex-Ehefrau vom Vorwurf der Veruntreuung frei.

Mit den ersten vier Frauen hatte der reiche Mann sicherlich schöne Stunden, doch kein Glück von Dauer. Im Rentenalter berichtet er freimütig von unerfüllten Erwartungen: »Mit der Vorstellung einer Frau fürs ganze Leben habe ich angefangen. Die erste Gemahlin, die sehr nett ist und aus einer guten Familie kommt, hat den Fehler begangen, mit meinen Geschwistern Schwierigkeiten wegen der Erbschaft meines Vaters zu machen, hat schließlich gar den Mann meiner Schwester heiraten wollen und solche Sachen. Auch wenn das sehr nobel ist, ich hielt es ein wenig für übertrieben und fand es auf die Dauer unerträglich.« Wohl erst die letzte Frau erfasst seinen Kaufmanns-, Sammler- und Lebenssinn. Noch während der Scheidung von Denise schreibt eine Zeitung unter anderem von Carmen Cervera, dass »die liebevolle und herzensgute Carmen mit einem schönen spanischen Familienleben – das Kind brachte sie mit – den in Zeiten seiner früheren Ehen misstrauisch, ungesellig, ja oft recht verbittert wirkenden Baron Heinrich Thyssen zu einem jetzt stets gut gelaunten, menschenfreundlichen Mann gemacht« habe.

Verbitterung nistet sich später durch andere Umstände in seinem Leben ein. Bei einem seiner Kinder, dem ältesten Sohn, erlebt der Vater zur Milleniumswende und an der Schwelle zum Greis sein Fiasko. »Ich habe den Eindruck, sie sind alle wohlgeraten.« Wie schön, wenn dies ein Vater von seinen Kindern sagen kann. Das war im August 1987. »Bin ich nicht ein glücklicher Mann?« Von Georg Heinrich, seinem Ältesten, sagt er damals: »Er ist der Seriöse in unserer Familie.« 2001 führt Vater Thyssen-Bornemisza gegen den Firmentrust unter der Leitung seines Sohnes Georg Heinrich einen Prozess. Angeblich kommt der Junior den vertraglichen festgelegten Zahlungsverpflichtungen gegenüber dem Vater nicht nach. Ehefrau Carmen gilt, heißt es, als die treibende Kraft des Rechtsstreits, an dem die Anwälte bisher am meisten verdient hätten. Mehr als 230 Millionen Mark soll das Verfahren bis zum Herbst 2001 bereits gekostet haben.

So kommt es, dass im September 2001 in der Kunst- und Ausstellungshalle der Bundesrepublik Deutschland in Bonn der Sammlungsbesitzer bei der Ausstellungseröffnung mit Landschaften von Brueghel bis Kandinsky aus Anlass seines 80. Geburtstags nicht anwesend ist und seine Schätze nicht selbst zur Besichtigung freigibt. »Mein Jüngster, Alexander, scheint meine Begeisterung für Kunst geerbt zu haben. Er ist jetzt elf und hält sich stundenlang in der Galerie auf.« So sagt Baron Thyssen-Bornemisza 1985. Im September 2001 verfolgen ungerührt links und rechts von der Bühne bullige Bodygards die Pressekonferenz zu dieser Ausstellung. Ihr Augenmerk gilt der Baronin und dem Sohn. Carmen Cervera bringt ihren Sohn Borja aus vorehelichen Zeiten 1985 bei der Heirat mit in die Ehe, leiblicher Vater unbekannt, heißt es hier, spanischer Schauspieler, heißt es dort; Thyssen-Bornemisza adoptiert den damals 8-Jährigen. Zur Familie der fünften Frau scheint er enge Bindungen zu knüpfen. Bei einer Ausstellungseröffnung ordnet er zum Erstaunen aller Gäste eine Schweigeminute für seine verstorbene fünfte Schwiegermutter an.

Diesem schillernden Leben fügen die Kinder eigene Farbtupfer hinzu. Im Februar 1993 ist Hans Heinrich Thyssen-Bornemisza operettenhaft gewandeter Brautvater. Tochter Francescas Zeit, in der sie ihr Glück als Popsängerin versucht, ist Vergangenheit, auch jene der verführerischen Posen als Modell für Unterwäsche. Dies, gewiss auch andere Qualitäten, entzünden die Liebe von Karl von Habsburg-Lothringen, des damals 32-jährigen Enkels des letzten österreichischen Kaisers, ältester Sohn des Europa-Politikers Otto von Habsburg, des ehemaligen Kronprinzen von Österreich-Ungarn und Chef des Hauses Habsburg.

Strahlend blau ist der Himmel. Der Schnee liegt einen halben Meter hoch. Im österreichischen Wallfahrtsort Mariazell läuten die Hochzeitsglocken: Geld und Adel vermählen sich. »Die cremefarben verschleierte Braut Francesca sucht ihren Tränenfluß im weißen Schnupftuch zu sammeln«, berichtet der *Stern*. Der Brautvater bekleidet sich des Anlasses entsprechend: Hans Heinrich Baron von Thyssen-Bornemisza de Kászon weiß, was er seinen Altvorderen schuldig ist, und erscheint zur Hochzeit als der, der er auch ist, als Ungar. Seine Mutter war die Ungarin Baronin Bornemisza, mütterlicherseits eine Nachfahrin eines der Pilgerväter der Mayflower, jenes Schiffes, mit dem die ersten Aus- und Einwanderer Europa verließen und Amerika gewannen. Die Adoption durch den Schwiegervater macht aus Heinrich Thyssen einen Baron von Bornemisza, der diesem Namen den seines Vaters Thyssen voranstellt. Dass der Sohn 1950 das Schweizer Bürgerrecht erwirbt und damit landesüblich offiziell auf den Titel Baron und das »von« verzichtet, stört kaum jemanden. Thyssen bleibt der Baron, die fehlende Adelssilbe »von« wird leicht verschmerzt.

Als dieser Baron Bornemisza erscheint er in Samt und Seide in der Robe eines ungarischen Adeligen mit Pelzmütze, mit Trossen und Kokorden zur Hochzeit seiner Tochter. Wer zur Hochzeit des niederen Adels von Bornemisza nicht kommt, ist europäischer Hochadel. Kein Vertreter der Krone Spaniens ist in Mariazell, einst von Habsburgern regiert. Die Onkel Robert, Felix, Carl Ludwig und Rudolph von Habsburg weisen auf »wichtige Geschäfte« hin, deretwegen sie nicht erscheinen könnten. Und, oh Gott, obendrein spricht die »flotte« Francesca kaum Deutsch, sondern nur Englisch und Französisch, und katholisch ist sie auch nicht, sondern gehört der anglikanischen Kirche an. Als wär's ein Stück aus einem anderen Jahrhundert! Nachrichtendienste berichten von dieser Familienfeier: »Ein Teil der Verwandtschaft aus dem Hause Habsburg und des europäischen Adels machte seine Drohung wahr und bleibt der Feier fern.« Bei den Habsburgern soll sich so etwas wie ein »familieneigener Aufstand gegen die Verbindung« ereignet haben. Habsburgs Chef Otto solle die »traditionsschädliche« Vermählung untersagen. Und den in Adelskreisen bescheidenen Baron-Titel trügen die Thyssen, bittschön, schließlich erst in der dritten Generation. Der *Stern* delektiert sich in seiner Berichterstattung über diese Verbindung: Heini Thyssen könne »nun mit der hochwohlgeborenen Oberliga anbandeln, und die Habsburger kommen zu einer ansehnlichen Mitgift«. Thyssen-Bornemisza kommentiert das wie immer knapp und scheinbar ungerührt: »Jede Heirat hat mit Geld zu tun.« Auch die nun junge Habsburgerin, geborene Thyssen-Bornemisza, stört dies unfeine Gerede offenbar nicht; sie macht am Tag nach der Trauung ihrem Vater alle Ehre und bereitet sich auf die Eröffnung einer Ausstellung vor.

Der, den der inzwischen alte Hans Heinrich Thyssen-Bornemisza einst den Seriösen der Familie genannt hatte, hat Ende des 20. Jahrhunderts anderes im Sinn als sein Vater. So jedenfalls stellt es sich der Öffentlichkeit dar. Der Vater klagt gegen den Sohn. Wie bei vermögenden Familien häufig, ist es am Ende der Reichtum, aus dem Streit erwächst. Bei Thyssens ist es ähnlich wie bei den Krupps, deren ehemals schärfsten Stahlkonkurrenten. Des letzten Krupps Vertrauter und dessen Generalbevollmächtigter Berthold Beitz überzeugt (Intimkenner sprechen von überreden) Arndt, den Sohn von Alfried Krupp von Bohlen und Halbach, auf das Firmenerbe zu verzichten, um die Umwandlung der Firma aus den bestehenden Besitzverhältnissen, eines einzelnen Kapitalisten, Krupp von Bohlen und Halbach nämlich, in eine Kapitalgesellschaft auf der Grundlage einer gemeinnützigen Stiftung möglich zu machen. Des Sohnes Verzicht auf eine etwa fünf Milliarden Mark wertvolle Firma, sein Einverständnis, sich

»nur« mit dem immerhin doch millionenschweren privaten Erbe von Vater und Großmutter und anderen Verwandten zu begnügen, das er schließlich verprasst, bringt keine Ruhe in die Sippe um Herrn Krupp. Die Familie, aus der der letzte Krupp entstammt, die von Bohlen und Halbachs, will nicht ausgebootet sein. Die Bohlen und Halbachs klagen Sitz und Stimme und damit auch Macht in den Gremien der Stiftung ihres weltweit prominenten Verwandten Krupp ein. Acht Jahre dauert der Prozess. Am Ende verlieren die Verwandten vor dem Bundesverfassungsgericht und bleiben außen vor.

Beim Verfahren Thyssen-Bornemisza gegen Thyssen-Bornemisza schätzten Fachleute die Prozessdauer gar auf über vier Jahre. Der Bankier Genillard unkt: »Solche Prozesse können zehn Jahre dauern. Solange keine Annäherung stattfindet, werden nur die Anwälte reich.« Zwar werden die Anwälte vermögend, doch es kommt am Ende – überraschend – anders. Thyssen-Ehefrau Carmen klagt 1999 zu Prozessbeginn: »Dies sollten eigentlich die ruhigsten Jahre für meinen Mann sein, aber der Stress hat ihn gesundheitlich mitgenommen.« Ihr Mann trägt inzwischen einen Herzschrittmacher und muss von Zeit zu Zeit im Rollstuhl bewegt werden. Die Behauptung, sie, Carmen Thyssen-Bornemisza, wolle durch diesen »Jahrhundertprozess«, wie ihn das britische Fachblatt *Commercial Lawyer* nennt, an das gesamte Thyssen-Vermögen gelangen, bestreitet sie vehement. Die *Berliner Morgenpost* spricht ihr diese Rolle zu: »Doch schon 1997 versuchte sie, einen Keil zwischen Vater und Sohn aus erster Ehe zu treiben, indem sie behauptete, ihr Mann sei nicht der Vater von Heini jr. Reportern der Illustrierten *Bunte* hielt sie mit verschwörerischer Geste zwei Fotos unter die Nase. Eines zeigte Heini jr., das andere den Grafen Ivan Batthyány, den Schwager ihres Mannes (verheiratet mit der Schwester Margit. Anmerkung des Autors). Die Ähnlichkeit der beiden war verblüffend.« Auch verdatterten Reportern des *Wall Street Journal* zeigt Carmen diese Fotografien zum Vergleich. Die Anwälte beider Parteien wiegeln ab: kein Prozessgegenstand, interessiere nur die Presse. Auch Hans Heinrich Thyssen-Bornemisza erklärt während des Prozesses in Interviews, dieses Thema sei ihm zu heikel, er wolle dazu nicht Stellung nehmen. Ende 1999 ist er offensichtlich anderer Ansicht gewesen, da ist er mehr als gesprächig. Es könnte sein, das Georg nicht sein Sohn sei, zitiert ihn eine große Illustrierte. Der habe nicht seinen Charakter. Alle anderen Kinder seien auch nicht von ihm: »Ich bin der legale, doch nicht unbedingt der biologische Vater aller meiner Kinder aus den früheren Ehen.« Francesca ja, die kennt er als legitim an, für Lorne und Alexander nennt er mögliche andere Erzeuger, beispielsweise den Kunsthändler Rapetti, der unter nie geklärten Umständen bei einem Fenstersturz in New York ums Leben kommt.

Es scheint, als vollziehe sich mit diesem Prozess eine Wandlung bei Hans Heinrich Thyssen-Bornemisza. War es früher so, als habe er sich angewöhnt, die Spektakel der Welt und jene um seine Person mit viel Gelassenheit und spöttischem Geist an sich vorüberziehen zu lassen, scheinen sie ihn nun so zu treffen, dass er doch aus der Haut fährt und Intimes preisgibt. Zum Sohn Georg beispielsweise, gegen den er klagt, erzählt er eine Kurzgeschichte, die ihn als den gehörnten Ehemann durch Ehefrau Prinzessin Teresa zur Lippe und Schwager Graf Ivan Batthyány hinstellt: »Ich war wegen Geschäften auswärts, da sind sie zusammen nach Paris gefahren. Sicher hatten sie dort ein Verhältnis. Jedenfalls hatten sie einen Autounfall und lagen dann zusammen im Krankenhaus. … In den Augen meiner ersten Frau war ich ein Piefke und sie eine Prinzessin.« 1999 erklärt sich die Prinzessin: »Unsere achtjährige Ehe war nicht immer glücklich. Aber an einen Seitensprung habe ich nie gedacht. Georg Heinrich ist unser gemeinsamer Sohn. Er ist sogar bereit, sich einem Bluttest zu unterziehen.« 1997 geistert gar die Meldung durch die Blätter, Batthyánys Leichnam solle zwecks Gentest ausgegraben werden. Dass die Ruhe des Verblichenen nicht durch Exhumierung gestört worden ist, hat der Graf wohl der Adelsetikette zu verdanken; dies wäre ein noch nie dagewesener Skandal für die Aristokratie, wird gefürchtet.

In vielen Interviews, die ab 1997 bis Mitte 2001 erscheinen, geht Hans Heinrich Thyssen-Bornemisza nicht etwa nur schonungslos mit seiner engeren und ehemaligen Verwandtschaft um; es ist, als zwänge ihn, um seinem Sprachgebrauch nahe zu kommen, ein »Offenbarungsdrang« zu unglaublichen, möglicherweise unüberlegten Äußerungen. Die meisten dieser »Gespräche« in den Medien lesen sich wie »Privatgespräche vor Millionen«, wie so etwas die Medienpsychologin Bettina Fromm nennt. Da sagt er über seine erste Frau Teresa zur Lippe: »Intrigantin.« Von seiner zweiten Frau Nina Dyer berichtet er ungeniert: »Hat viele Leute fasziniert. Sie war nett. War lesbisch. Ich habe es ihr abgewöhnt.« Auch sie hat er verwöhnt. Als sich das Ehepaar November 1954 für das Hotel Ambassador als seine New Yorker Herberge entschließt, erhalten Ninas Pekinesen-Hündchen Sou, Suki und Bambi ihr eigenes Zimmer, um sich von den Strapazen des Atlantikflugs erholen zu können. Über seine dritte Frau Fiona Campbell sagt Thyssen-Bornemisza: »Sexy, aber furchtbar blöd.« Über die vierte Frau Denise Shorto: »Lange blonde Haare, Brasilien, sonst nichts.« Die Frage nach der Würde dieser Frauen scheint er sich bei diesen und anderen abfälligen Urteilen wohl nicht gestellt zu haben. Fällt nicht auf ihn zurück, was er über sie sagt? Er hat seine Frauen mit Geschenken überhäuft und soll ihnen immerhin vierhundert Millionen Mark Abfindung gezahlt haben. Oder ist das die Sprache eines Enttäuschten? Einem Publizisten gesteht er: »Die Begegnung mit Bildern bedeutete mir immer mehr als die Begegnung mit den meisten Menschen.«

Doch dann kommt sie, Carmen Cervera. Er über sie: »Meine

große Liebe. Ich bin glücklich mit Tita. Sie ist mein Leben. Sie macht mich reich. Das Glück an ihrer Seite ist das Einzige, was mich interessiert. Ich wollte nie wieder tauschen. In diesem Moment sind mein Reichtum ein Glas Wein und Tita. So sehr wie Tita habe ich noch nie eine andere Frau geliebt.« Sie: »Er gibt mir das Gefühl, die Königin der Welt zu sein. Jeden Morgen sagt er mir, dass er mich liebt.« Bei anderer Gelegenheit schwärmt sie, er habe ihr die Augen geöffnet für die Kunst, von seinem großen Wissen profitiere sie, doch bei Kunstauktionen biete sie nur noch per Telefon mit, da ihr sonst die Pferde durchgingen. Der Mann, der fünf Ehefrauen wahrlich sein Eigen nannte und dem unzählige Affären nachgesagt werden, verblüfft: »Ich bin von Natur aus monogam. Warum habe ich vier Frauen vor Tita heiraten müssen, bis ich das Glück fand?« Doch im gleichen Interview wird er mit einer Schimpfkanonade über seinen Sohn Georg Heinrich unter anderem so zitiert: »Mir ist es scheißegal, was Georg jetzt macht. Er ruft mich nicht an. ... Er haßt Tita. Tita ist mein Leben. Also haßt er mich.« Der Verdacht kommt auf, ob sich da jemand etwas von der Seele reden will? Wie auf dem Sofa einer Fernseh-Talkshow? Ähnlich Unerhörtes erschrickt nicht etwa nur einmal, es steht gehäuft in deutschen, britischen, französischen, amerikanischen und anderssprachigen Zeitungen und Zeitschriften, auch in seriösen. So ist sogar von »einer schriftlichen Kriegserklärung gegen Tita« durch den Sohn Georg Heinrich die Rede, oder davon, dass Vater Hans Heinrich durch den Sohn das Fliegen mit dem Firmenjet verweigert wird. Doch immer wieder wird Vaters Rede von den Kindern zitiert: »Sie sind meine Erben.« Aber richtig klar wird kaum, was gemeint ist. Oder doch? Einmal soll er gesagt haben: »Sie müssen Borja (Carmens Sohn) akzeptieren, den habe ich adoptiert. Wenn sie es nicht schlucken, gibt es Prozesse. Fünfzig Prozent meines Erbes sind für Tita, ein Fünftel des Restes ist für Borja. Das ist alles nach Schweizer Recht so festgelegt.« Kaum nachzuvollziehen sind solche Interviewstellen: »Ich habe noch nie jemanden umgebracht. Aber Georg würde ich umbringen.« Was mag diesen Mann dazu verleiten, aller Welt Dinge mitzuteilen, die man nicht einmal guten Freunden, allenfalls seinem Therapeuten anvertraut?

Das Familientribunal beginnt im goldenen Oktober 1999. »Für die Klatschpresse ist es eine Gottesgabe, für die Geschäftsleute ein Ärgernis und für die Familie ein trauriger Höhepunkt des tiefen Zerwürfnisses«, kommentiert die *Frankfurter Allgemeine Zeitung*. Doch da irrt die *FAZ*. Nicht nur die Klatschpresse hat ihre »Gottesgabe«, auch seriöse Blätter weiden sich an diesem Familienstreit. Eine winzige Auswahl von Überschriften: »Der Krieg der Heinis«, »Schlammschlacht vom Feinsten«, »Heinis letztes Gefecht«, »Hauen und Stechen«, »Unstillbarer Hunger nach mehr«, »Wo versteckt der Sohn Vaters Rente?«, »Giftige Gemahlin«, »Bröckelndes Erbe«, »Heinrich, mir graut's vor dir«. Das Zerwürfnis zwischen Vater und Sohn bestätigt die alte Sprichwortweisheit, dass das Chaos umso größer ist, je größer der Besitz. In den Medien wird von einem der bizarrsten Prozesse in der Welt der Superreichen geschrieben. Das Verfahren verspreche eines der teuersten in der internationalen Rechtsgeschichte zu werden, verheißen Kenner. Der unendliche Familienkrieg »Heini gegen Heini« wachse sich zur kostspieligsten Privatklage aller Zeiten aus. Im Juli 2001 stellt *Der Spiegel* die Kontrahenten dieses Prozesses vor: »Hans Heinrich Thyssen-Bornemisza, genannt Heini oder der Baron, geboren 1921 in Den Haag; Vater und Adoptivvater von fünf Kindern aus ebenso vielen Ehen. Ein famoser Kunstkenner und gerissener Geschäftsmann. Schwäche: Frauen. – Georg Heinrich Thyssen-Bornemisza, von Freunden ebenfalls Heini genannt, von anderen Junior, geboren 1950 im schweizerischen Lugano; Sohn des Barons aus dessen erster Ehe mit einer Prinzessin zur Lippe. Ein kühler Rechner, der sein Privatleben abschirmt. Schwäche: sein Vater. – Carmen Thyssen-Bornemisza, genannt Tita oder Baronin, geboren 1943 in Barcelona unter dem Namen Cervera Fernández, fünfte Frau von Heini senior, Witwe des Schauspielers Lex Barker; Mutter eines Sohnes, leiblicher Vater unbekannt, adoptiert vom jetzigen Ehemann. Eine willensstarke, lebenslustige Schönheit (Miss Spanien 1961). Schwächen: Geld, Ruhm, Titel, Zigaretten.«

1983 überträgt der ältere Hans Heinrich den Vorstand der Familienstiftung, die damals auf etwa fünf Milliarden Mark geschätzt wird, an den jüngeren Georg Heinrich, seinen ältesten Sohn. Der ist damit Chef der Thyssen-Bornemisza-Firmen und Hüter des Vermögens, auch der Bildersammlung. 35 Millionen Mark »Jahresrente« etwa soll dafür der Vater erhalten. »Offenbar von allen guten Geistern verlassen«, so rätselt das deutsche Fachblatt *Wirtschaftswoche*, »verklagt Hans Heinrich Thyssen-Bornemisza auf dem Steuereiland Bermuda sämtliche Treuhänder, in deren Hände er Anfang der achtziger Jahre sein Industrieimperium gelegt hatte.« Der Vater beschuldigt den Sohn, die vereinbarten Zahlungen an ihn 1995 gestoppt und als unveräußerlich vereinbarte Kunstwerke doch auf den Kunstmarkt gebracht zu haben. Ein Familienvertrag verbiete das Auseinanderreißen der Sammlung, deshalb habe er, Hans Heinrich Thyssen-Bornemisza, drei Kategorien für die Bilder festgeschrieben, A-, B- und C-Kunst, von denen eine, die A-Sammlung, etwa 300 Bilder, ebendiese unveräußerliche sei. Sind Werke durch den Sohn auf den Kunstmarkt gelangt? Ein Fall für Kunstdetektive. Wie auch immer, die Stiftung schulde ihm, dem Vater, inzwischen 132 Millionen Mark und der Junior verwalte das Industrieerbe gegen seine Interessen. Dabei, so glaubt zum Ende des 20. Jahrhunderts ein deutsches Wirtschaftsmagazin zu wissen, soll sich unter der Geschäftsführung des Juniors das Kapital mehr als verfünffacht haben.

Teams von Anwälten aus London und der Schweiz tragen die Familienfehde aus. 1,1 Millionen Mark – in dieser Höhe werden zu Beginn des 21. Jahrhunderts die Gerichtskosten geschätzt. Die Gesamtrechnung der beiden britischen Anwaltskanzleien und ihrer 17 mit dem Fall befassten Juristen werden für die erwartete Prozessdauer auf 180 Millionen Mark hochgerechnet. So schwindelerregend die Summen dieses Prozesses sind, so skurril ist auch sein Ort. Eingetragener Sitz der Familienstiftung sind die Bermudas. Die 54 Quadratkilometer große britische Kolonie mit 60 000 Bewohnern ist dank ihrer Steuerfreiheit eines der größten Rückversicherungszentren der Welt. In der Inselhauptstadt Hamilton befindet sich der Gerichtssaal: eine ehemalige Halle der Heilsarmee, auf Thyssen-Kosten für eine halbe Million Mark zum Justizort umgebaut, ist Schauplatz des wohl teuersten Familienkrachs aller Zeiten. Dort »entfaltet sich ein Melodrama aus der Welt des Geldadels, das alle Zutaten einer Seifenoper zu enthalten scheint«, resümiert die *Frankfurter Allgemeine Zeitung*. Auch die *FAZ* stellt die Teilnehmer dieses Familienkrimis vor: »Auf der einen Seite ein kranker alter Herr und dessen fünfte Ehefrau, eine ehemalige Schönheitskönigin mit exzentrischem Lebensstil, der vorgeworfen wird, sich das Erbe ihres Mannes erschleichen zu wollen, auf der anderen Seite der Sohn, ein nüchterner Geschäftsmann, der das Geld zusammenhält und eine Reihe prominenter Industrieller um sich versammelt hat.« Wer wird am Ende das Sagen haben in diesem großen Familienclan und in der über Europa und die halbe Welt verstreuten Thyssen-Bornemisza-Gruppe mit Banken-, Bergwerks- und Brauereien-Interessen in 27 Ländern?

965 Kilometer vor der amerikanischen Küste, zu nördlich für tropisches Klima, doch einsam und sonnig genug, um den Traum von Schätzen zu nähren, befindet sich auf den Bermudas seit 1983 der Sitz des Familien-Trusts mit dem Namen »Continuity«. Im

Continuity Trust ruht die Thyssen-Bornemisza Group N. V., kurz TBG genannt. Fachleute sagen despektierlich, es sei ein still, doch effizient werkelnder Gemischtwarenladen im Wert von mehr als vier Milliarden Mark mit über zweihundert Unternehmen, der bis 1983 Hans Heinrich Thyssen-Bornemisza allein gehört. Die TBG Holding N.V. ist sozusagen das weitgespannte Firmendach, unter der unterschiedliche Hersteller in Europa und Amerika arbeiten, solche von Satellitenantennen, Pumpen, Eiersortiermaschinen, Betreiber von Datenbanken, eine Ölhandelsfirma und vieles andere mehr.

Anfang der achtziger Jahre des 20. Jahrhunderts überlässt der Vater dem Sohn die Kontrolle der Unternehmen: Hans Heinrich Thyssen-Bornemisza überträgt am 18. April 1983 auf den Bermudas seinem Sohn Georg Heinrich Thyssen-Bornemisza die Verantwortung für die gesamte Firmengruppe und den größten Teil der künftigen Erbansprüche. »Der Erstgeborene scheint als Verwalter des Familienvermögens prädestiniert«, meint der Wirtschaftspublizist Walter Pellinghausen, »gerade weil er das genaue Gegenteil seines Vaters ist: kein Playboy mit ständig wechselnden, teuer abgefundenen Ehefrauen, sondern unverheiratet und ein gewissenhafter Arbeiter, kein Darling der Regenbogenpresse, sondern eher öffentlichkeitsscheu.« Zwar will »Heini junior« lieber in den Aufsichtsrat, doch Vater »Baron Heini« entscheidet anders. Der Erbe ist einverstanden, wenn er auch »lieber ein paar Jahre später« die Macht übernommen hätte. So ist er seit Anfang 1984 Konzernchef. Eine Aussage von Vater und Sohn ist deckungsgleich: »Ich habe immer gern gearbeitet.« Der Nachsatz vom Sohn, »sonst langweile ich mich«, trifft für den Vater nicht zu, der geht mit Kunstsammeln und mit der Neigung zu Frauen gegen Langeweile an. Für das gesellschaftliche Leben, das der Vater so genießt, hat der Sohn weniger übrig. Die Rechtsübertragung auf den Sohn wird mit einem Essen im feinen »Lobster Pot« abgeschlossen. Der Vater, nun der alte, ehemalige Chef, wünscht dem Sohn, dem neuen Chef, in einem Schreiben »Vertrauen, Kraft und Weitblick«. Entscheidungen fällen Vater und Sohn allein, berichtet aus dieser Zeit ein Firmeninsider, »die zwei haben ein sehr gutes Verhältnis. Der Vater dominiert noch etwas, aber das nimmt ab.«

Beide haben mit ihren Beratern ein verzweigtes Geflecht von Firmen und Firmengruppen ausgearbeitet, wie sich herausstellen wird, ausgeheckt, in dessen Mitte wie von guten Polstern geschützt der besagte Continuity Trust steht. Damals reden Vater und Sohn Gutes vom anderen. »Der ist viel seriöser als ich«, sagt der Vater. Auch der Sohn sei »ständig unterwegs«. Das »auch« bezieht sich auf ihn selbst, Vater Hans Heinrich, der, wie er sagt, seit dem Krieg noch nie länger als drei Wochen an ein und demselben Ort gewesen ist. Geschäftliche und kulturelle Verpflichtungen wären Grund für sein nomadenhaftes Leben, die ihn rund um den Erdball führen. Arbeit nennt der Mann als erste seiner Tugenden. Zeit genug dafür hat er: Nur fünf Stunden Schlaf benötige er. »Mit mir!«, habe dazu Ehefrau Carmen verraten, will ein High-Society-Magazin den Lesern weismachen. Damals, als der Sohn den Vater an der Konzernspitze ablöst, nimmt der Sohn den Vater in Schutz: »Mein Vater war im Konzern um einiges aktiver, als das verzeichnete Bild in der Öffentlichkeit ahnen lässt.« Er hätte schließlich den zerstörten Konzern zielstrebig nach dem Zweiten Weltkrieg wieder aufgebaut, ebenso zielstrebig die Schwestern Margit und Gabriele abgefunden und anschließend »viele unternehmerische Entscheidungen« getroffen, »die gut waren«.

In diesen Trust hinein fließt Vaters Geld, sein privates Industrievermögen. Doch nach Vaters Tod, so das juristisch fest geknüpfte Netz, sollen die Kinder genau bemessene Anteile erben. Aber, aber! Nichts dürfen sie aus der Firmengruppe herauslösen oder selbstständig herunterwirtschaften. Gar verkaufen? Das ist nicht drin. Hans Heinrich Thyssen-Bornemisza will mit seinen von ihm geleiteten, von ihm erfundenen und aufgebauten Unternehmen überleben. Nicht nur der Name, vor allem die Firmengruppe seines Namens will er nicht in Erbschaftskämpfen untergehen lassen. Ein verständlicher Wunsch eines Mannes, dessen Wirtschaftsleben abseits der Amouren und der Kunst gleichfalls eine abendfüllende Lektüre abgeben könnte; den langfristigen Bestand seines Lebenswerkes will er sich mit juristischen Finessen sichern. Deshalb die Gründung des Trusts.

Gleichzeitig will der Mann auch versorgt sein. Damals, 1983, ist er noch mit der vierten Frau Denise verheiratet, die Scheidung ist noch nicht perfekt, der Streit um Juwelen, Pelze und Villen wogt vehement. Eine neue Ehe, die fünfte, die mit Carmen, ist erst in Vorbereitung. Also lässt er festlegen, er, der Senior, erhält aus den Gewinnen der Firmengruppe jährlich eine ansehnliche Ausschüttung. Zum Zeitpunkt des Prozesses zur Schwelle zum 21. Jahrhunderts jedoch legen Juristen die Stirn in Falten: Die Vereinbarungen sind so kompliziert ausgeklügelt, dass sie so oder so ausgelegt werden könnten, Fallstricke sind reichlich vorhanden. Beispiel: Der Senior, Hans Heinrich Thyssen-Bornemisza, hätte Anspruch auf 22 Millionen US-Dollar im Jahr. Die Firmengruppe schüttet 30 Prozent der Gewinne an ihn aus, investiert das übrige Geld wieder. Wenn die Geschäfte schlecht laufen und keine 22 Millionen US-Dollar zusammenkommen, erhält der Baron zunächst weniger Geld. Doch hat er Anspruch auf Nachzahlung, wenn die TBG wieder Kasse macht. Die Geschäfte laufen nach 1983 nicht übel. Aber auch nicht jedes Jahr brummt es bei den Thyssens. Der Neue, der Sohn, hat beim Alten, dem Vater, plötzlich Schulden, die sich von Jahr zu Jahr mehren.

Nicht genug, dass der Vater Schulden einklagt, er besinnt sich nach fast zwei Jahrzehnten eines anderen. Er verlange die Auflösung der damals von ihm genehmigten Vereinbarungen und wolle stattdessen den Zugriff seiner Ehefrau ausbauen, heißt es. Der Sohn habe ihn bei In-Kraft-Treten der Stiftungsvereinbarung hinters Licht geführt, vertrete nicht, wie vorgesehen, die Interessen seines Vaters. Schon 1997 unternimmt der Vater die ersten gerichtlichen Schritte gegen den Sohn. Doch erst im Herbst 1999 beginnt nach englischem Recht der Prozess dort, wo der Firmenzusammenschluss der Familie aus steuerlichen Gründen eingetragen ist – auf den Bermudas. Was von diesem Prozess in die Öffentlichkeit dringt, ist geeignet, Thyssen-Bornemiszas Ruf als seriöser Industrieller zu beschädigen, aber auch die Seriösität des verantwortungsvollen und einmalig herausragenden Sammlers.

Anteile und Verkäufe dieses Mannes machen den wirtschaftlichen Einfluss seiner Familie deutlich. Ab Januar 1977 lebt Thyssen-Bornemisza bevorzugt bei seiner internationalen Industrieholding in Monte Carlo. Zeitweise bezeichnet er sein englisches Landschloss Daylesford in Gloucestershire als Hauptwohnsitz. 1988 verkauft er es für 40 Millionen Mark. Doch als er die Sammlung aus Lugano abzieht und sie in Madrid beheimatet, folgt er ihr nach, wohnt in Madrid, da er mit und für seine Bilder lebt. Der Sammler ist nie abwesend von seinen Dingen, Thyssen-Bornemisza ist auch mit ihnen verheiratet.

Als Geschäftsmann hat er zwar bei deutschen Wirtschaftskreisen kein gutes Image, doch ist er renditebewusst und überrascht immer wieder durch Operationen auf dem Aktienmarkt. Seine Aktien von deutschen Stahlwerken, Zechen, Gas- und Wasserwerken verkauft er meist schon in den siebziger Jahren. Als habe er den Untergang der deutschen Werften geahnt, trennt er sich auch von dortigen Mehrheiten. Früh verkauft er seine Anteile an der August-Thyssen-Bank AG an die Berliner Handels-Gesellschaft, seinen Anteil an der Stahl- und Röhrenwerke Reisholz GmbH an Mannesmann sowie 100 Prozent der Bergwerksgesellschaft Walsum AG für 143 Millionen Mark an den Energie-Konzern STEAG.

Mit Konkursen und Verkäufen, bei denen er große Gewinne erlöst, erregt er Aufsehen. 1970 wird ihm frühkapitalistisches Verhalten vorgeworfen in einer »Mischung aus Willkür und Nonchalance, gespeist aus dem Gefühl der persönlichen Macht, der Verfügungsgewalt über Produktionsmittel«. Den Aufsichtsräten und Managern der Pintsch-Barmag AG sagt er: »Ich will nicht mehr zuschießen.« Er hatte bereits 73 Millionen zugeschossen, doch am Ende stehen Entlassungen und ein Verlust von 100 Millionen. Zwar gilt er bei den 30000 Beschäftigten aller seiner Gesellschaften als »Herr vom Stand«, doch keiner ist sich sicher, dass der Herr ihn nicht mitsamt der Firma einem neuen Arbeitgeber verkauft. 1973 gibt er die Übernahme von 750000 Aktien des amerikanischen Indian-Head-Mischkonzerns bekannt. In diesen deutschen Jahren wollen seine Schwestern aus dem Geschäft aussteigen. Er hält 50 Prozent der Anteile und beschließt, wirtschaftlich aus Deutschland ganz rauszugehen, doch ziehen sich die Verkäufe 15 Jahre hin. In Deutschland verkauft er unbeirrt weiter: die Niederrheinischen Gas- und Wasserwerke an die Gelsenwasser AG und 59 Prozent seiner Anteile an der Flensburger Werft. Zudem trennt er sich von der Aktienmehrheit der notleidenden Bremer Vulkanwerft.

Ein Mitarbeiter des deutschen Bundeskanzlers Dr. Konrad Adenauer bietet ihm bei einer Verhandlung »viel Geld für mein Versprechen, für immer aus Deutschland zu verschwinden«. Thyssen-Bornemisza steht auf und geht grußlos. Jahre später vermutet er, Vertreter der Ruhrgebiets-Industrie hätten hinter diesem Versuch der deutschen Regierung gestanden, ihn und seinen Einfluss loszuwerden. Das Ruhrgebiet hätte schon immer seine eigenen Regeln gehabt, und er habe die Männer in Schlüsselpositionen dort wie in einem regelrechten Clan-System erlebt: »Als ich

Ende der Bergherrenschaft: Das letzte Fördergerüst der Zeche Friedrich Thyssen 2/5 wird im April 1978 demontiert. August Thyssen hatte diesem Schacht den Namen seines Vaters gegeben.

versuchte, die Gaswerke zum Abschluss eines riesigen Importvertrages für holländisches Gas zu bringen, wurde ich wie ein Verräter behandelt.« Tatsächlich hebt im »Industrieclub« in Düsseldorf der Vertreter der Kohleindustrie sein Glas zu diesem Trinkspruch: »Ich möchte auf die Vernichtung von Herrn Thyssen trinken.« Thyssen-Bornemisza: »Mein Herr, ich wünsche Ihnen, daß Sie stark genug sein mögen, mich zu vernichten.« Der Mann stirbt einen Monat später an einem Herzinfarkt. Thyssen-Bornemisza: »Der arme Kerl.«

Seine deutsche Konzernstelle in Düsseldorf löst Thyssen-Bornemisza 1973 auf. Er investiert im Ausland, sucht für seine Thyssen-Bornemisza-Gruppe (TBG) steuerfreundliche Orte wie Monaco, Amsterdam, Curaçao, die britische Kronkolonie Bermuda. Nach 1983 ist Thyssen-Bornemisza Ehrenvorsitzender und Hauptaktionär des Mischkonzerns mit seinem Namen. Und zwischen diesen Transaktionen, die beste Marktkenntnisse, Wachsamkeit und wirtschaftliche Witterung erfordern, treiben ihn die Abenteuer schöner Frauen und schöner Bilder um, bei der Kunst erfolgreich, bei den Frauen auch mit Niederschlägen.

Vieles davon kommt in der ehemaligen Heilsarmee-Halle von Hamilton zur Sprache. Das ist bei Prozessen Brauch. Doch was sich im Gerichtssaal und auf den Bermudas in und um diesen Prozess abspielt, ist kaum zu glauben. Das Verfahren, so urteilen Beobachter, entwickelt sich zum großen Fressen gerissener Haie der Juristerei. Noch immer gibt es Taucher, die in den zahlreichen Schiffswracks des Korallenriff-Gürtels der sieben Bermuda-Inseln nach Goldbarren und Juwelen suchen. Doch wer auf den Bermudas die Netze nach dem finanziellen Glück auswirft, macht dieses Zitat deutlich: »Too much money.« Angewidert urteilt so das Fachblatt *Commercial Lawyer*, es sei zu viel Geld im Spiel. Ein kleines Heer von teuren Anwälten käme mit Perücken und Roben regelmäßig zusammen. Die weichen und weißen formvollendeten

Küstenlinien der Bermudas sind so verlockend wie die dortige Bikinilinie auch. Einige Angehörige dieses Juristenheeres seien mit Familie sogar auf die Insel gezogen, wird berichtet. Von Juristenpartys ist die Rede. Zur Mitte des Jahres 2000 beliefen sich die Anwaltskosten auf rund 230 Millionen Mark, wöchentlich kämen siebenstellige Summen hinzu. Von anwaltlichen Stundenlöhnen um die 500 Pfund wird gesprochen, das sind 750 Euro. 120 Millionen DM als Prozessgegenstand – 230 Millionen Anwaltskosten. Lohnt sich das?

Die Anwälte reden und reden. Einer ist darin Meister, Crystal sein Name. Wie in geschliffenem Kristall bricht sich dieser Fall in den weitschweifigen Auslassungen dieses Stars unter den Londoner Advokaten. Crystal ist einer von drei Anwälten dieses Prozesses, die hinter ihrem Namen das Ehrenkürzel »QC« setzen dürfen, »Berater der Königin«. Ein wahres Heer »normaler« Advokaten arbeitet ihnen zu. Von allen Seiten beleuchtet Crystal als Anwalt des Thyssen-Bornemisza senior die Angelegenheit: 66 Tage lang beherrscht der Mann mit 121 959 Dokumenten den Prozess. Das geht ins Geld. Im Juli 2001 vermuten die Berichterstatter, der Prozess wird als »teuerstes Zivilverfahren ins Guinnessbuch der Rekorde eingehen« – nach Saul Bellow beklagen sich tragische Helden bei den Göttern, die komischen streiten sich endlos mit ihren Familien.

Natürlich fällt Geld von Anfang an die Hauptrolle zu. Robert Genillard, ehemals Vizechef der Schweizer Bank Credite Suisse, vermutet: »Für den Baron und seine spanische Frau geht es ums Geld, für seinen Sohn um die Ehre.« Doch Frau Carmen Thyssen-Bornemisza klagt über den angeheirateten Sohn in der spanischen Zeitung *ABC*: »Georg will uns alles wegnehmen, Geld und Firmen.« Der Öffentlichkeit präsentieren sich die Verhältnisse so: Sie, die ihren Mann für ihren »Märchenprinz« hält, wolle, dass der neue Plan Hans Heinrich Thyssen-Bornemiszas in Kraft tritt.

Der sähe vor, anstelle der geltenden Vereinbarungen die TBG-Unternehmungen einer neuen Stiftung zu übertragen, die den Jahresgewinn vor allem an sie, Frau Carmen, ausschütten würde. Ihr Ehemann wolle die Vereinbarungen, die er mit dem Sohn ausgeklügelt und unterschrieben hat, rückgängig machen. Die Sicht von Frau Carmen ist verständlich, ginge sie doch, nach den bestehenden Vereinbarungen, beim Tode ihres Mannes leer aus, abgesehen von den mehreren Millionen US-Dollar, die sie jährlich aus der Kunststiftung erhält.

Heinrich Weiss, ehemaliger Präsident des Bundesverbandes der Deutschen Industrie, der im Aufsichtsrat der Thyssen-Gesellschaften sitzt, kommentiert die Absichten des Ehepaars: »Es drängt sich die Vermutung auf, dass die Baronin den Zugriff auf die Firma erreichen möchte.« Ehemann Thyssen-Bornemisza wehrt sich gegen Vorwürfe, er sei von seiner Frau gesteuert: »Das ist mein Kampf.« 1994 wird er an der Aorta operiert, erleidet einen Schlaganfall, fällt in ein mehrere Tage dauerndes Koma, weitere Schlaganfälle folgen. Doch im Prozess besteht er darauf, anzuerkennen, dass er es ist, der handelt: »Ich fühle mich zufrieden stellend, und meine Frau kümmert sich gut um mich.« Dem fern stehenden Beobachter drängt sich die Frage auf, wer schützt diesen Mann, vor allem, wer schützt ihn vor sich selbst? Bei anderer Gelegenheit bekennt er, ohne seine Tita wäre er schon längst tot. Als Ziel des Verfahrens nennt er »ein gerechtes Ende«. Der Sohn verweist auf bereits erfolgte Rückzahlungen an den Vater.

Sohn Georg Heinrich lebt abseits von Blitzlichtern der Regenbogenpresse regelrecht isoliert, wird vor der Öffentlichkeit abgeschirmt, dass diese Diskretion ihm den Spitznamen »das Phantom« einträgt. Er übt sich in Medienenthaltsamkeit, will keine Schlagzeilen produzieren, sondern das Vermögen mehren. Im März 2002 kann seine Mutter Teresa Prinzessin zu Fürstenberg, geschiedene von Thyssen-Bornemisza, geborene Prinzessin zu Lippe-Weißenfeld, die Nachricht nicht für sich behalten, ihr Sohn habe sie zur Großmutter gemacht. Nein, verrät sie einem Fachblatt für Schickeria-News, ihr Sohn sei kein Junggeselle mehr: »Heini hat eine sehr nette Frau. Die zwei haben einen Stammhalter namens Simon, der drei Monate alt ist. Ein Erbe, alles ist also okay.« Dem jungen Vater Georg Heinrich Thyssen-Bornemisza bescheinigen Fachleute, er sei nicht nur unwahrscheinlich arbeitsam (was auch der Vater von sich sagt), sondern wegen »seiner Integrität und seines Engagements am besten geeignet, die Firma zu führen«. Da wird die Hoffnung verbreitet, die Geschäfte mögen durch den in der Öffentlichkeit ausgetragenen Familienkrieg keinen Schaden nehmen.

Wird der Familienstreit ausgehen wie das Hornberger Schießen, nur mit dem Unterschied, dass in Hornberg die Kosten nicht so hoch gewesen waren? »Auf allen Seiten wächst der Wunsch nach einer Einigung«, wird Francesca von Habsburg zitiert, Thyssen-Bornemiszas Tochter aus dritter Ehe, die nach Zeitungsberichten einmal sogar von Leibwächtern an der Madrider Villa des Vaters abgewiesen worden sein soll. »Wir wollen Frieden.« Verständlich. Denn alles andere als Shakespeares Vorstellung von diesen Bermuda-Inseln ist der Gang des Prozesses. Der Bericht von einem Hurrikan, der 1609 das Flaggschiff einer britischen Expedition auf die Insel verschlagen hatte, inspiriert den englischen Dramatiker zu seinem letzten Schauspiel »Der Sturm«. Nein, nicht wie ein Sturm verläuft dieser Prozess, er scheint sich mehr am Tempolimit für Automobile zu orientieren: Obwohl auf den Bermudas immer noch der Tiger in den Tank gepackt wird, ist die Höchstgeschwindigkeit auf 35 Stundenkilometer festgesetzt. Die Einheimischen drücken auf die Hupe, wenn sie sich mit dem Auto begegnen (was seltener geschieht). Nach britischer Sitte wird die Teestunde geruhsam zelebriert. Idylle auf den Bermudas? Es schleppt sich hin in der Heilsarmee-Halle von Hamilton bis zu einem bestimmten Tag. An diesem Tag hat der Prozess keinen Richter mehr. Richter Mister Denis Mitchell steigt aus. Am 106. Tag, am 27. März 2001, sagt er: »Mir reicht's!« So wird von seiner Lordschaft Emotionsausbruch gekündet. In wenigen Monaten laufe sein Vertrag aus, doch heute schon lege er sein Amt nieder. Als Schotte sei er mit einer gehörigen Portion Respekt für Geld groß geworden. Doch »die Beträge, die in diesem Fall verschwendet wurden, sind ausgesprochen obszön«. Dass er einen so höllisch komplizierten Fall bearbeiten müsse, davon hätte er keine Ahnung gehabt, als ihn der Gouverneur berufen habe. Und so habe ihn der Gouverneur »schwerwiegend irregeführt«. Sagt es und verschwindet – nachdem seiner Forderung, sein Gehalt möge um das Dreifache erhöht werden, nicht stattgegeben worden ist.

Da fehlen allen die Worte. Irres Ende eines irren Prozesses? Nach längerer medialer Pause wird in London gemunkelt, ein Nachfolger für den geflohenen Richter hätte sich gefunden. Dieser Londoner Lord wolle dem Prozess kurzen Prozess machen und ihn nach London holen. Dort ist das Verfahren nie angekommen. Ist es im großen Meer des Schweigens den Bach runter gegangen im Zuge einer außergerichtlichen Einigung mit der Vereinbarung: Wir sagen nichts?

Als kaum noch jemand mit einer Offenbarung rechnet, überraschen die Thyssen-Bornemiszas Mitte Februar 2002 die Öffentlichkeit. Die seriösen Londoner Blätter *Independent* und *Times* verkünden das Ende dieses Super-Kampfes (»Thyssens vs. Thyssen: end of a superfight«) und zitieren ein »discrete statement« der neu wiedervereinten Familie, die »das Ende der Bitterkeit« markiere: »Die Familie bedauert es außerordentlich, dass es zu Missverständnissen kam, die zu Gerichtsverfahren führten, welche heute beendet oder zurückgezogen sind, und auch, dass die Familie, ihre Mitglieder und die Angestellten, die mit der Familie gearbeitet

Das ThyssenKrupp-Logo an der Fassade der Konzernzentrale in Düsseldorf: Unberührt von den fernen Familienfehden plant der Konzern für das 21. Jahrhundert – kein Thyssen ist mehr daran beteiligt.

haben, Objekte widriger Medien-Berichterstattung im Zusammenhang mit diesen Missverständnissen geworden sind.«

Wohltuende Worte am Ende einer sündhaft teuren Familienfehde? Am 15. Februar 2002 wird in Basel nach sieben Stunden Verhandlungen eine Familienübereinkunft getroffen. Die außergerichtliche Vereinbarung zwischen Baron Hans Heinrich Thyssen-Bornemisza und seinem Sohn Georg Heinrich Thyssen- Bornemisza über die Kontrolle des Vermögens von 2,7 Milliarden Pfund, bei anderen Versionen heißt es 3,1 Milliarden Euro, und über den Kunstbesitz, lege fest: Die Firmenstruktur sei untrennbar mit der Familie verbunden, werde als Bermuda-Stiftung nicht geändert. Allerdings ist die Leibrente des alten Herrn neu vereinbart. Der soll sein Testament neu geschrieben haben. Details werden nicht preisgegeben. Carmen Cervera Thyssen-Bornemisza bleibt »on the board« der Thyssen-Bornemisza-Fundación in Madrid, nah an den teuren Bildern, also nicht fern von Millionen. Aber auch Tochter Francesca wird nun Mitbestimmung eingeräumt. So werden wohl Thyssens Bilder in Museen und Galerien in aller Welt weiterhin alle Welt entzücken. Die Ästhetik glanzvoller Kunst-Trophäen liegt weiterhin wie Blendwerk schützend über dieser Familie.

Zeittafel

1842 *Geburt*
Am 17. Mai wird August Thyssen in Eschweiler bei Aachen als Sohn des Drahtseilfabrikanten Friedrich Thyssen geboren.

1867 *Erstes Unternehmen*
Am 1. April gründet Thyssen in Duisburg mit belgischen Kompagnons das Bandeisenwalzwerk Thyssen, Foussoul & Co.

1871 – 1880 *Familienunternehmen*
Thyssen löst den Gesellschaftsvertrag auf. In Styrum (heute ein Stadtteil von Mülheim) kauft er ein Bauerngut und errichtet mit dem Vater das Stahl- und Walzwerk Thyssen & Co. In den folgenden Jahren baut er es stetig aus, legt weitere Walzwerke an, lässt Reparatur- und Ersatzteilwerkstätten bauen, kauft Beteiligungen an Zechen und Eisenwerken. Im Jahre 1878 wird im Walzwerk die Produktion von Röhren aufgenommen.

1872 *Thyssen-Ehe*
Der 30-jährige Thyssen heiratet die 18-jährige Hedwig Pelzer, deren Mitgift ins Unternehmen gesteckt wird. Vier Kinder werden geboren: Fritz (1873 – 1951), August (1874 – 1943), Heinrich (1875 – 1947) und Hedwig (1878 – 1960). 1885 wird die Ehe geschieden, die Kinder wachsen beim Vater auf.

1871/1877/1889 *»Deutscher Kaiser«*
Am 28. 11. 1871 beginnen in Hamborn (heute ein Stadtteil von Duisburg) die Abteufarbeiten des ersten Schachtes des Steinkohlenbergwerkes »Gewerkschaft Deutscher Kaiser«. 1877 kauft Thyssen die ersten

Anteile des Bergwerkes. 1889 übernimmt er als neuer Inhaber der Anteilsmehrheit den Vorstandsvorsitz dieser Grubengesellschaft.

1880 Konfession und Arbeit

Ruhrindustrielle bevorzugen Arbeiter ihrer eigenen Religionszugehörigkeit. Katholik Thyssen gewinnt Arbeitskräfte in den katholischen Gebieten Westpreußen, Posen und Polen, während beispielsweise der evangelische Unternehmer Grillo zur gleichen Zeit Arbeiter im protestantischen Ostpreußen anwerben lässt.

1888 Tod des Vaters

Eine weitere Zeche der Gewerkschaft Deutscher Kaiser wird in Duisburg errichtet. August Thyssen gibt ihr den Namen seines Vaters, der in diesem Jahr stirbt: Zeche Friedrich Thyssen II/V.

1891 Weiterer Zechenausbau

Nach zwei Jahren Bauzeit wird im Dezember das Stahlwerk von August Thyssen in Bruckhausen (heute ein Stadtteil von Duisburg) in Betrieb genommen. Thyssen baut die Steinkohlenzeche »Deutscher Kaiser« zu einem integrierten Hüttenwerk am Rhein aus, zum so genannten Vertikalkonzern von der Kohle bis zur Eisenverhüttung und Maschinenbau. Im Oktober 1891 kommentiert die *Ruhrorter Zeitung* die umwälzenden Bauarbeiten: »Wie ein Märchen aus 1001 Nacht erscheint beinahe die Verwandlung der hiesigen Gegend.«

1897 – 1899 Thyssen-Stinnes-Geschäfte

August Thyssen errichtet in Dinslaken ein Bandeisenwalzwerk sowie ein Warmwalz- und Röhrenwerk. Es wird Weltgeltung erlangen. Zusammen mit dem 27 Jahre jüngeren Mülheimer Stinnes gründet Thyssen den Mülheimer Bergwerksverein. Gemeinsam übernehmen sie die Aktienmehrheit der Saar-Mosel-Bergwerksgesellschaft. Sohn Fritz tritt in den Konzern ein, wird in den Grubenvorstand »Gewerkschaft Deutscher Kaiser« gewählt.

1900 Neue Thyssen-Ehe

Fritz Thyssen heiratet gegen den Willen des Vaters Amélie Zur Helle.

1900 – 1902 Expansion

Thyssen Senior und Stinnes erwerben die Aktienmehrheit des Rheinisch-Westfälischen Elektrizitätswerks in Essen und bauen es zum mächtigen

Versorgungsunternehmen aus. Thyssen-Zechen und der Schalker Verein in Gelsenkirchen erwerben Land- und Erzgewinnungsrechte im Kaukasus, 1902 auch in Algerien.

1903 *Schloss Landsberg*
August Thyssen wird Schlossbesitzer. Er lässt Schloss Landsberg und das umfangreiche Waldgebiet restaurieren, den Bestand sichern und baut ein Wohnhaus an.

1906 *Adlige Eheschließung*
Heinrich Thyssen, Bruder von Fritz, wird durch Eheschließung und Adoption Baron von Thyssen-Bornemisza. Er heiratet Baroness Margit Bornemisza de Kászon (1887 – 1971).

1909 *Anita Thyssen*
Anita Thyssen wird geboren, einziges Kind von Fritz Thyssen, die 1936 Graf Gabor Zichy (1910 – 1972) heiraten wird: Das Paar hat zwei Söhne: Frederico (*1937) und Claudio (*1942). Anita Zichy-Thyssen stirbt 1990.

1910 *Scheidung von Stinnes*
Stinnes befürwortet ein Kanalbauprojekt, das den wirtschaftlichen Interessen der Werke Thyssen zuwiderläuft. Die Zusammenarbeit zwischen beiden ist damit beendet.

1914/1915 *Weltkrieg und internationale Expansion*
August Thyssen verlangt nach einem siegreichen Ende des Weltkrieges, das französische Erzbecken und Teile der französischen Kanalküste sowie Belgien Deutschland einzuverleiben. Die baltischen Provinzen, die russische Halbinsel Krim und den Kaukasus sollen ebenfalls in deutschen Besitz kommen. Die dortigen Erzvorkommen sollten unter der deutschen Eisenindustrie aufgeteilt werden. 1915 greifen Vertreter der deutschen Schwerindustrie dieses Verlangen in einer Eingabe an die Reichsregierung erneut auf: Die Weltmachtstellung Deutschlands sei nur durch die Sicherung der deutschen Schwerindustrie zu erreichen. Kurz vor dem Krieg beginnt die Internationalisierung des Konzerns: Unternehmungen in den Niederlanden, Großbritannien, Frankreich, Russland, Mittelmeerraum und Argentinien.

1918/1919 *Neustrukturierung*

Nach Kriegsende engagiert sich Fritz Thyssen bei rheinischen Separatisten, die sich vom Deutschen Reich abspalten wollen. Die veränderte wirtschaftliche Situation nach dem verlorenen Krieg zwingt die Ruhrindustriellen zu Zusammenschlüssen – entweder mit anderen Unternehmen oder im eigenen. Durch die Bildung großer Konzerne soll die gesamte Produktion von der Rohstoffgewinnung bis zum Fertigprodukt zusammengefasst werden. Gleichzeitig werden die Belegschaften verkleinert. Thyssen gehört zu den Unternehmen, die mit Umgruppierungen und Rationalisierungen dem Rohstoffmangel, den zahlreichen Streiks und dem wachsenden Absatzrückgang begegnen wollen. Thyssen beginnt mit der Umwandlung seiner Unternehmensgruppe in mehrere selbständige Kapitalgesellschaften. Er trennt Zechen und Hütten, also Kohle und Stahl. Die Zechen werden in »Gewerkschaft Friedrich Thyssen« umbenannt, die stahlverarbeitenden Betriebe führen ihre Arbeit als »August Thyssen-Hütte« (Dinslaken/Duisburg) weiter. Gleichzeitig wird die Schachtbau GmbH (Mülheim) gegründet sowie die Niederrheinische Gas- und Wasserwerke GmbH. Im gleichen Jahr wird mit dem Bau einer Siedlung für die Stammbelegschaft der Fabriken begonnen: Zweigeschossige Häuser mit vier bis fünf Zimmern pro Wohnung und einer im Stallgebäude untergebrachten Toilette.

1921 *Geburt Hans Heinrichs*

Hans Heinrich Thyssen, später von Thyssen-Bornemisza, wird am 13. April 1921 geboren.

1923 *Deutschnationaler Widerstand*

Das Ruhrgebiet wird von französischem und belgischem Militär besetzt. Die französische Hüttenindustrie hat Interesse an der Kohle des Ruhrgebietes, um die eigene Produktion auszubauen. Viele Unternehmen verlagern in Nacht- und Nebelaktionen ihre Firmensitze weitab vom Ruhrgebiet. Fritz Thyssen, Wortführer der Zechenbesitzer, beteiligt sich am Widerstand gegen die Ruhrbesetzung und verweigert jegliche Zusammenarbeit mit den französischen Behörden. Verhaftet, in Mainz vor ein französisches Militärgericht gestellt, zu Geldstrafen verurteilt, wird er nach seiner Rückkehr in Duisburg wie ein Held empfangen. Ende des Jahres schließen die deutschen Zechenbesitzer mit den Franzosen Verträge über Sachlieferungen ab. Thyssen wird Mitglied des Reichsverbandes der Deutschen Industrie, Mitglied der Deutschnationalen Volkspartei und steht in Verbindung zu Adolf Hitler.

1924 *Konfessioneller Regionalismus*

In den Werken der August Thyssen-Hütte werden umfangreiche Neubau- und Modernisierungsarbeiten ausgeführt: Nunmehr gilt die Hütte als eines der modernsten deutschen Werke. Am 21. Juli unternimmt August Thyssen mit 82 Jahren auf der Zeche Lohberg bei Dinslaken seine letzte Grubenfahrt – zusammen mit Dr. Konrad Adenauer, Oberbürgermeister von Köln, und dessen Frau Auguste. Thyssen und Adenauer sind Verfechter einer vom protestantischen Preußen unabhängigen westdeutschen katholischen Rheinisch-Westfälischen Republik. Fritz Thyssen wird Vorsitzender einer neuen »Rohstahlgemeinschaft«.

1925 *Finanzspritze*

Seit 1923 herrscht im Deutschen Reich Mangel an Finanzkapital. Unternehmen legen während der Inflation Bargeldbestände in Sachwerten an. Im Januar unterzeichnet die August Thyssen-Hütte bei einem amerikanischen Bankhaus einen Kreditvertrag über 12 Milliarden Dollar.

1926 – 1928 *Erbe und Fusion*

4. April 1926 – August Thyssen stirbt auf Schloss Landsberg im Alter von 84 Jahren. Das industrielle Erbe wird zwischen den Söhnen Fritz und Heinrich aufgeteilt. Fritz Thyssen wird Nachfolger an der Konzernspitze im Stahlbereich. Heinrich übernimmt die Vermögenswerte, die nicht auf die Vereinigten Stahlwerke übergehen, von denen die meisten später in der selbständigen Unternehmensgruppe Thyssen-Bornemisza zusammengefasst werden. Einen Monat nach August Thyssens Tod schließen sich die Montanunternehmen Rheinelbe-Union, die Thyssen-Gruppe, die Phoenix-Gruppe und die Rheinstahl AG zum größten deutschen Hütten- und Bergwerkskonzern zusammen, der Vereinigten Stahlwerke AG. Aufsichtsratsvorsitzender wird 1928 Dr. Fritz Thyssen. Das Unternehmen wird nur noch vom amerikanischen Eisenkonzern United States Steel Corporation in der Größe übertroffen.

1928 – 1933 *Annäherung an die Nationalsozialisten*

Rudolf Hess, Stellvertreter Adolf Hitlers, fragt bei Thyssen nach einer Spende für die Zentrale der NSDAP in München an. Thyssen bürgt für einen Kredit von 300 000 Reichsmark. Später tritt Thyssen aus der Deutschen Nationalen Volkspartei (DNVP) aus. Am 1. Mai 1931 tritt Thyssen in die NSDAP ein. Adolf Hitler hält am 27. Januar 1932 im Düsseldorfer Industrieclub eine Rede; Thyssen verabschiedet ihn mit den Worten »Heil, Herr Hitler«. Thyssen lässt im Werk ein Büro der NSDAP einrichten. Er unterstützt die »Harzburger Front« zur Bekämpfung der Weimarer Republik. Thyssen unterzeichnet eine Eingabe an den Reichspräsidenten, Hitler zum Reichskanzler zu berufen.

1938 – 1945 *Konfrontation mit den Nazis*

Fritz Thyssen protestiert gegen die Behandlung der Juden in Deutschland und legt sein Amt als Preußischer Staatsrat nieder. Am 31. August 1939 lehnt er die Aufforderung ab, an der nächsten Reichstagssitzung teilzunehmen: »Ich bin gegen den Krieg.« Thyssen flieht in die Schweiz. Er wird aus der NSDAP ausgeschlossen, sein gesamter Besitz wird zugunsten des Preußischen Staates beschlagnahmt, er und seine Frau Amélie werden ausgebürgert. Tochter Anita flieht mit ihrem Mann Gabor de Zichy. In Frankreich interviewt der amerikanische Schriftsteller Reves Thyssen und stellt aus den Interviews das Buch *I Paid Hitler– by Fritz Thyssen (Ich bezahlte Hitler)* zusammen, das in den USA, in Frankreich, England, später auch in Holland, Schweden und Argentinien erscheint. 1941 liefern die französischen Behörden das Ehepaar Thyssen an die Gestapo aus. Fritz Thyssen wird Konzentrationslagerhäftling in so genannter »Ehrenhaft«.

1945 – 1951 *Alliierten-Prozess und Tod*

Die Amerikaner befreien Thyssen – und internieren ihn erneut. 1948 steht er als »Hauptschuldiger« vor einem Entnazifizierungsgericht in Königstein im Taunus. Thyssen leugnet erfolgreich die Autorenschaft des Buches *Ich bezahlte Hitler.* Am Ende wird er als »minderbelastet« frei gesprochen. Im selben Jahr wird die August Thyssen-Hütte von der britischen Besatzungsmacht zur Demontage freigegeben. Der Protest gegen die Demontage wird beispielgebend für die junge Bundesrepublik. 1949 endet die Demontage. Die Werke werden wieder aufgebaut. Fritz Thyssen wandert zur Tochter nach Argentinien aus, am 8. Februar 1951 erliegt er einem Herzschlag.

1946 *Erste Ehe*

Hans Heinrich Baron von Thyssen-Bornemisza heiratet Prinzessin Teresa von Lippe-Weissenfeld (*1925), 1954 lassen sich die beiden scheiden.

1948 *Sammlung Thyssen-Bornemisza*

Hans Heinrich öffnet ein Jahr nach dem Tod seines Vaters dessen Kunstsammlung für die Öffentlichkeit und baut sie zur – neben jener der britischen Königin – größten Privatsammlung der Welt aus.

1950 *Dritte Thyssen-Bornemisza Generation*
Baron Georg Heinrich von Thyssen-Bornemisza wird geboren.

1953 *Aktiengesellschaft*
Die Vereinigten Stahlwerke werden zwar auf Betreiben der Siegermächte zunächst entflochten, doch gründet sich in diesem Jahr die August Thyssen-Hütte AG (ATH) neu – nun nicht mehr als Familienunternehmen, sondern als Aktiengesellschaft. Die ATH entwickelt sich zum größten Stahlkonzern der Bundesrepublik.

1954 *Zweite Ehe*
Hans Heinrich Baron von Thyssen-Bornemisza heiratet Nina Dyer (1930 – 1965), 1956 lassen sich die beiden scheiden.

1955 *Warmbreitbandstraße*
In der August Thyssen-Hütte wird die erste Warmbreitbandstraße mit prominenter Politikerbeteiligung in Betrieb genommen.

1956 *Dritte Ehe*
Hans Heinrich Baron von Thyssen-Bornemisza heiratet Fiona Campbell-Walter (*1932), 1965 lassen sich die beiden scheiden.

1960 *Offizielle Stiftungsgründung*
Am 18. Juli gibt der Kölner Bankier Robert Pferdmenges die Gründung der Fritz Thyssen Stiftung bekannt, Sitz Köln, die ein Jahr zuvor gegründet worden ist. In die Stiftung zur Förderung der Wissenschaften haben Amélie Thyssen und Anita de Zichy-Thyssen große Teile des Familienvermögens eingebracht.

1967 *Vierte Ehe*
Hans Heinrich Baron von Thyssen-Bornemisza heiratet Denise Shorto (*1942), 1984 lassen sich die beiden scheiden.

1985 *Fünfte Ehe*
Hans Heinrich Baron von Thyssen-Bornemisza heiratet María del Carmen Cervera y Fernández (*1943), genannt Tita.

1987 *Stahlkrise*
Die Stahl- und Zechenkrise im Ruhrgebiet erreicht ihren Höhepunkt. Die Thyssen Stahl AG gibt die Stillegung von zwei Hochöfen bekannt.

1997 *Werk ohne Familie*

Frederico und Claudio Zichy-Thyssen, Urenkel von August Thyssen, kündigen ihren Rückzug aus der Thyssen AG an und verkaufen ihren Anteil (15,38 Prozent) an die Commerzbank. Seit März 1997 gibt es keine Beteiligung mehr von Nachkommen des Unternehmensgründers am Unternehmen. 1997 fusionieren die beiden größten deutschen Stahlunternehmen, Krupp Stahl AG und Thyssen Stahl AG, zum größten europäischen Stahlgiganten Thyssen Krupp Stahl AG, kurz: Thyssen-Krupp.

2002

Am 27. April stirbt der Kunstmäzen Hans Heinrich von Thyssen-Bornemisza in seinem Haus an der spanischen Costa Brava.

Register

Abs, Hermann 93
Adenauer, Auguste 127, 217
Adenauer, Konrad 81, 126,
    128 ff., 133, 177 f., 205, 217
Aga Khan III., Mohammed Shah
    187 f.
Aga Khan, Sadruddin Prinz 187
Alfried Krupp von Bohlen und
    Halbach-Stiftung 137, 193 f.
Allianz-Versicherung 134
Altdorfer, Albrecht 170, 173
Antwerpes, Josef 134
August Thyssen-Hütte (ATH) 72,
    84, 111, 115, 119, 128-132,
    216-219
August-Thyssen-Bank AG 204

Bacon, Francis 174, 176
Bagel, Klara siehe Thyssen, Klara
Balthus 176
Bank voor Handel en Scheepvaart
    152
Barker, Lex 183, 188, 199
Baselitz, Georg 174
Batthyány, Graf Ivan von 28,
    194 ff.

Batthyány, Gräfin Margareta
    (Margit) von 28, 167 f., 175,
    194, 202, 205
Bauert-Keetmann, Ingrid 41
Baumann, Carl-Friedrich 59, 64,
    72, 89, 170 f.
Baumann, Hans 13
Beckmann, Max 159
Beitz, Berthold 137, 193
Bellow, Saul 208
Bentinck, Baron von 28
Bentinck, Gabriele Baronin von
    28, 167 f., 175 ff., 202, 205
Berg, Adolf V. Graf von 66
Berg, Baron Maximilian von 28,
    51, 143, 145
Berggruen, Heinz 165 f.
Berg-Thyssen, Baronin Hedwig
    von 28, 43, 45 f., 50 f., 56, 81,
    101, 112, 118, 141-146, 214
Bergwerksgesellschaft Walsum
    AG 205
Berliner Handels-Gesellschaft 204
Berlin-Moabit (Gefängnis) 92
Bicheroux, Balbina (geb. Thyssen)
    47, 55 f., 62, 75
Bicheroux, Désiré 55 f.
Birrenbach, Kurt 129, 134

Bismarck, Otto von 73
Bissinger, Edgar 9, 85, 98, 106
Blum, Léon 108, 113
Bochumer Verein 91
Bornemisza de Kászon,
    Margareta (Margit) Baronin
    von siehe Thyssen-Bornemisza
    de Kászon, Margareta (Margit)
    Baronin von
Braque, George 185
Braunes Haus 84, 155, 218
Briand, Aristide 97
Brückner, Wilhelm 82
Buchenwald (Konzentrations-
    lager) 113 f., 124
Bundesverdienstkreuz (Amélie
    Thyssen) 133, 177
Burg Wetter 12

Campbel-Walter, Fiona 23, 158,
    187 f., 196, 219
Canaletto 180
Caravaggio, Michelangelo da 173
Carpaccio, Vittore 173
Cervera, Carmen siehe Thyssen-
    Bornemisza, Carmen
Cézanne, Paul 159, 176
Chagall, Marc 176, 179
Charles, Prinz von Wales 179,
    182
Christie's 185
Christus, Petrus 177
Church, Frederick Edwin 176
Churchill, Winston 108
Clay, Lucius D. 120
Cole, Thomas 176
Columbia-Universität 93
Commerzbank 137, 220
Continuity Trust (Thyssen-
    Bornemisza) 200 ff.

Copley, John Singleton 176
Corot, Camille 180, 185
Correggio 173
Cranach d. Ä., Lucas 170, 173
Crystal (Anwalt) 208

Dachau (Konzentrationslager)
    102, 113
Dali, Salvador 176
Daniel (Oberbürgermeister) 181
Degas, Edgar 159, 174
Delhove, François 45
Demontage 129 f., 218
Derain, André 176, 180
Deutsche Bank 134
Deutscher Kaiser (Bergwerk) 26,
    53, 138, 152, 177, 214 f.
Deutschnationale Volkspartei
    (DNVP) 88, 93, 217 f.
Diana, Prinzessin von Wales 179
Dürer, Albrecht 170, 173
Dyck, Anthonis van 173
Dyer, Nina 23, 177, 187, 196,
    219

Ebert, Friedrich 92, 105
Eden, Anthony 108
Ehrenhaft 218
Elisabeth II., Königin von
    Großbritannien 29, 71, 179,
    219
Ellscheid, Robert 115 f., 122,
    130, 134, 144, 146
Ensor, James 176
Entnazifizierungsprozess (gegen
    Fritz Thyssen) siehe Königs-
    teiner Verfahren
Erhard, Ludwig 131
Ernst, Max 176
Estes, Richard 176

Eyck, Jan van 173

Familienstiftung Thyssen-
  Bornemisza 168, 199 f., 204,
  212
Feininger, Lyonel 176
Felipe, Kronprinz von Spanien
  186
Fernández, Julian 183
Flensburger Werft 205
Francesca, Piero della 173
Franz Joseph I., Kaiser von
  Österreich 151
Freud, Lucian 174 ff.
Friedrich, Caspar David 173
Friedrich-Wilhelms-Hütte 10
Fritz Thyssen Stiftung 81,
  126-129, 131 f., 134-137,
  139 ff., 177, 219
Fromm, Bettina 196
Fundación Collección Thyssen-
  Bornemisza 185, 213
Fürstenberg, Teresa Prinzessin zu
  23, 187, 195 f., 198, 209 f.,
  219

Gaudig, Otto 124
Gaudig, Theo 124 f.
Gauguin, Paul 159, 176, 185
Gelsenkirchener Bergwerks AG
  105
Gelsenwasser AG 205
Genillard, Robert 194, 208
Gestapo 46, 48, 85, 107, 110,
  112, 121, 170, 218
Getty (Kunstsammler) 179 f.
Gewerkschaft Friedrich Thyssen
  216
Gewerkschaft Preußen siehe
  August Thyssen-Hütte

Ghirlandaio, Domenico 163, 173
Goebbels, Joseph 82, 98 f., 107,
  171
Goerdeler (Familie) 113
Goethe, Johann Wolfgang von 8
Goethe-Medaille 168
Gogh, Vincent van 159, 185
Gorbatschow, Michail 167
Göring, Emmi 143
Göring, Hermann 81 f., 85, 90 f.,
  99-102, 106, 108, 110, 112 f.,
  121, 143, 171
Goya y Lucientes, Francisco José
  173, 184
Goyens, Jan van 180
Grillo, Friedrich 13 f., 215
Grillo, Gabriela 14
Grillo, Marita 14
Grillo, Rainer 14
Gris, Juan 176
Grünewald, Herbert 136

Habsburg, Carl Ludwig von 192
Habsburg, Felix von 192
Habsburg, Francesca von 23, 28,
  172, 188, 191 f., 195, 210,
  213
Habsburg, Otto von 23, 191, 193
Habsburg, Robert von 192
Habsburg, Rudolph von 192
Habsburg-Lothringen, Karl von
  28, 191
Halder, Franz 113
Hals, Frans 173
Harkort, Fritz 12
Harzburger Front 218
Hatzfeld, Lutz 76, 92
Haus Froschenteich 63
Heine, Heinrich 30
Heinemann (Kunsthistoriker) 175

Heinrich VIII. (Porträt von Holbein d. J.) 179, 182

Helle, Amélie zur siehe Thyssen, Amélie

Herzinger, Freifrau Maximiliane Seßler von (geb. Berg-Thyssen) 28

Herzinger, Freiherr Victor Seßler von 28

Heß, Rudolf 84, 93, 218

Himmler, Heinrich 90

Hindenburg, Paul von 88, 218

Hinz, Ulrich 30, 37, 66

Hirtsiefer, Heinrich 91

Hitler, Adolf 11, 27, 79 f., 82, 84-94, 96 ff., 102 f., 106-109, 113, 125, 143, 154, 170 f., 217 f.

Hitler-Stalin-Pakt 85, 106

Hohenzollern 79, 91

Holbein d. J., Hans 173, 179, 182

Hollenstein, Roman 176

Homer, Winslow 176

Hoosemans, Fritz 55, 75

Hoosemans, Theresia (geb. Thyssen) 47, 55, 75

Hopper, Edward 176

Höppner, Erich 99

Hugenberg (Generaldirektor) 104

Huret, Jules 23 f., 52, 58 ff., 67 ff., 73

Hüttenwerke Phoenix 144

I paid Hitler (Buch) 80, 87, 100 f., 109 f., 114-117, 121 f., 124 f., 218

Indian-Head (Mischkonzern) 205

Industrieclub Düsseldorf 12, 80, 85 ff., 89, 102, 207, 218

Institut für Ständewesen (Ständevertretung) 89 f.

Internationale Rohstahlgemeinschaft 96

Intigriertes Hüttenwerk 26

Irrenanstalt am Grafenberg 13

Juan Carlos I., König von Spanien 157, 183

Judenverfolgung 84, 99, 218

Jürgens, Curd 188

Jürgens, Henry 188

Karl VI., Kaiser 187

Katholischer Akademikerverband 89

Kettwig vor der Brücke (Bahnhof) 40

Kielinger, Thomas 28, 126, 131, 139

Kirchner, Ernst Ludwig 176

Kirdorf, Emil 64, 70

Kissinger, Henry 134

Klee, Paul 159, 166

Kleist-Preis 61

Klöckner, Peter 105

Kluge, Hans Günther von 99

Kohl, Helmut 181

Kokoschka, Oskar 176

Kolbe, Georg 37

Kölscher Klüngel 127

König (Brauereibesitzer) 69

Königsteiner Verfahren 11, 79 f., 82, 85-89, 94, 100 f., 104 f., 113, 115, 117 f., 120, 124, 218

Konzentrationslager 48, 84 ff., 90 f., 94, 102, 110, 113, 120, 124, 218

Krupp, Alfred (Alfried) 11 ff., 16, 23, 26, 30, 42, 62-65
Krupp, Friedrich 11, 42
Krupp, Friedrich Alfred 12, 24, 59, 63
Krupp Stahl AG 220
Krupp von Bohlen und Halbach, Alfried 11 f., 193, 194
Krupp von Bohlen und Halbach, Arndt 12, 193 f.
Krupp von Bohlen und Halbach, Bertha 12, 15, 99, 151, 194
Krupp von Bohlen und Halbach, Gustav 11 f., 69, 84, 88, 104 f., 109, 151
Küng, Hans 52
Kunst- und Ausstellungshalle der BRD, Bonn 180, 191

Lando (Gutsherr) 66
Landschaften von Brueghel bis Kandinsky (Ausstellung) 180, 191
Landschloss Daylesford 204
Léger, Fernand 176
Lenbach, Franz 73
Lenin 60
Leo XIII., Papst 89
Leopold, Prinz von Preußen 169
Lichtenstein, Roy 176
Liesen, Klaus 136
Lippe-Weißenfeld, Teresa Prinzessin siehe Fürstenberg, Teresa Prinzessin zu
Llorens, Tomàs 155
Loraine, Claude 180
Lothringische Saar-Mosel Bergwerksgesellschaft 9, 215
Ludendorff, Erich 92, 96, 103

Mannesmann 204
Marc, Franz 176
Margaret, Prinzessin 179
Maria Laach, Kloster 89
Maria Theresia, Kaiserin 188
Marxismus 82
Memling, Hans 173
Merkle, Hans L. 136
Mindszenty-Stiftung 172
Mitchell, Denis 211
Moderne Malerei (Ausstellung) 178
Moltke, Helmuth Graf von 73
Mondrian, Piet 176
Monet, Claude 176
Montanunion 128, 132
Morgan, Pierpont 58, 60, 164
Mühlheimer Bergwerksverein 9, 215
Mühlheimer Stadtverordnetenversammlung 10
Mulvany, Thomas 12 f.
Münsterkirche, Essen 102
Museo Thyssen-Bornemisza 155, 185
Museum des Scheichtums Oman 159

National Gallery, Washington D.C. 163
Neu-Babelsberg (Nervenheilanstalt) 110, 112, 120, 170
Neue Pinakothek, München 171
Neufforge, Graf Ferdinand von 28, 51, 145
Neuter, Emanuel de 45, 112
Niederrheinische Gas- und Wasserwerke GmbH 205, 207, 216
Niemöller, Martin 99, 113

Nolde, Emil 159, 175
NSDAP 80, 84, 86-89, 91, 93,
    98, 103 f., 111, 120, 218
Nürnberger Prozesse 81, 117

O'Keeffe, Georgia 176
Onassis, Alexander 188

Palacio Villahermosa 181, 184
Patenier, Joachim 173
Pellinghausen, Walter 201
Pelzer, Hedwig siehe Thyssen,
    Hedwig
Penck, A. R. 174
Pétain (Regierung) 112
Pferdmenges, Robert 127 f., 130,
    132, 219
Phoenix-Gruppe 217
Phoenix-Rheinrohr 128, 132
Picasso, Pablo 159, 176
Pintsch-Barmag AG 205
Pius XI., Papst 89
Pollock, Jackson 176
Preußen AG für Beteiligungen
    111
Preußischer Staatsrat (Fritz
    Thyssen) 84 f., 98 f., 218
Pückler-Muskau, Hermann Fürst
    von 7, 62

Rapetti (Kunsthändler) 195
Raphael 173
Rasch, Manfred 37, 48 ff., 54
Rauschenberg, Robert 176
Ravel, Maurice 52, 54
Reagan, Ronald 167
Reger, Erik 61 f.
Reichstagsabgeordneter (Fritz
    Thyssen) 85

Reichsverband der Deutschen
    Industrie 88, 217
Rembrandt 165
Remnitz, Graf von 101
Renzetti (Generalkonsul) 82
Reparationsleistungen 93
Reusch (Generaldirektor) 105
Reves, Emery 108 ff., 114-117,
    122, 218
Rheinelbe-Union 217
Rheinische Bank, Essen 9
Rheinische Röhren-Werke AG
    144
Rheinisch-Westfälische Elek-
    trizitätswerke (RWE) 9, 74,
    215
Rheinisch-Westfälische Industrie-
    beteiligungs-AG 111
Rheinisch-Westfälische Republik
    217
Rheinstahl AG 217
Ribbentrop, Joachim von 102
Rilke, Rainer Maria 70
Rodin, Auguste 16, 29, 70 ff.,
    140, 170, 176, 184
Röhm, Ernst 82, 94, 96, 102 f.
Roter Radek (Arbeiterrat) 92
Rotsmann, Georg Carl Freiherr
    von 44 f.
Rubens, Peter Paul 173
Ruhrbesetzung 80, 92, 217
Ruhrkampf 92, 96, 155
Ruhrlade 104 f.

SA 91, 94, 99, 102 f., 111
Sachs, Nelly 140
Sachsenhausen (Konzentrations-
    lager) 113
Sack, Gustav siehe Thyssen, Fritz
Sager, Peter 179 f.

Sammlung Carmen Thyssen-
   Bornemisza 184
Sammlung Thyssen-Bornemisza
   71, 173, 178, 219
Santoni 188
Sargent, John Singer 176
Sauerländer, Willibald 164
Schacht, Hjalmar 59 f., 82, 113
Schalker Verein 13, 215
Schiele, Egon 176
Schlenker, Max 104
Schloss Fuschl 102
Schloss Landsberg 14, 16, 22 f.,
   25 f., 31, 40, 50 f., 55, 59,
   63-69, 72 f., 75, 102, 113,
   123, 143, 150, 152, 215, 217
Schloss Ludwigsburg 180
Schloss Rohoncz (auch Kunst-
   sammlung) 150 f., 170 f.
Schmid, (Regierungspräsident)
   100
Schneider, Wolf 7
Schulen für Wirtschaft und Arbeit
   der Deutschen Arbeitsfront der
   NSDAP 90
Schulte, Erzbischof Kardinal von
   Köln 93
Schumacher, Kurt 130
Schuschnigg, Kurt Edler von 113
Schwerindustriellen-Verein 104
Schwitters, Kurt 159, 176
Severing, Carl 95
Severini, Gino 176
Shakespeare, William 210
Shorty, Liane Denise 23, 174,
   188 ff., 196, 203, 219
Sicherheitshauptamt 90
Silverberg, Paul 105 f.
Sinn, Dr. (Anstaltsleiter) 112
Sotheby's 159, 185

Sozialdemokratische Partei
   Deutschlands (SPD) 130
Späth, Lothar 180 f.
Spencer, Earl of 179
Spethmann, Dieter 134 ff.
SS 103, 113
St. Anna, Klosterschule 99
Städtische Kunsthalle, Düsseldorf
   178
Stahl- und Röhrenwerke Reisholz
   GmbH 204
Stahlhelm-Bund der Frontsol-
   daten 93
Stahlkrise 220
Stauffenberg, Clemens Schenk
   von 114
Stauffenberg, von (Familie) 114
STEAG (Energie-Konzern) 205
Stinnes, Hugo 9 f., 50, 64, 70,
   73 f., 152, 215 f.
Stinnes, Hugo jr. 10 f.
Stinnes-Coupienne, Adeline 13 f.
Strasser, Georg 86
Streithof (Haus) 64
Stresemann, Gustav 97

Taunusheim (Krankenhaus) 119
Terboven, Josef 102 f., 106
Thatcher, Margaret 182
Thomas, General 113
Thyssen, Amélie 17, 27, 46 ff.,
   75, 81, 85, 94 f., 97, 107,
   110 ff., 114, 118, 120, 122,
   124, 126, 128-135, 141,
   143 ff., 170 f., 177, 215, 218 f.
Thyssen, Anita siehe Zichy-
   Thyssen, Gräfin Anita de
Thyssen, August 8-17, 21-26,
   28 ff., 32-52, 54-76, 80, 85,
   89, 92, 96, 100, 106, 123,

126 f., 130, 137 f., 140 ff.,
145 f., 149-154, 158 ff., 170,
172, 176 f., 183 f., 206,
214-217, 220

Thyssen, August jr. (Sohn von
August Thyssen sen.) 21, 43,
45 ff., 49 ff., 56, 214

Thyssen, Friedrich 42, 54 ff., 206,
214

Thyssen, Fritz 11, 14 ff., 22,
27 f., 33, 42 f., 45-50, 56 f.,
59, 61, 72, 79, 80-125, 129 f.,
139, 141-146, 149, 153 ff.,
170 f., 177, 214-218

Thyssen, Hans 49 f., 111, 153

Thyssen, Hedwig (Frau von
August Thyssen sen.) 42-46,
48, 56, 214

Thyssen, Hedwig (Tochter von
August Thyssen sen.) siehe
Berg-Thyssen, Baronin Hedwig
von

Thyssen, Heinrich siehe Thyssen-
Bornesmisza de Kászon,
Heinrich Baron von

Thyssen, Joseph 26, 33, 35, 43,
46, 48-52, 54, 56, 62, 75 f.,
149, 153

Thyssen, Juliana 75

Thyssen, Julius 49 f., 75, 111,
153

Thyssen, Katharina 54 f.

Thyssen, Klara 50, 56, 75

Thyssen-Bornemisza, Alexander
185, 188, 190 f., 195

Thyssen-Bornemisza, Borja 23,
191, 197, 199

Thyssen-Bornemisza, Carmen
22 f., 33, 161, 163, 165 f.,

181-188, 190 f., 194-197,
199 f., 202 f., 208 f., 212 f.,
219

Thyssen-Bornemisza, Francesca
siehe Habsburg, Francesca von

Thyssen-Bornemisza, Gabriele
siehe Bentinck, Gabriele
Baronin von

Thyssen-Bornemisza, Georg
Heinrich 28, 33, 149, 160,
177 f., 187, 190, 194 f.,
197-204, 208-212, 219

Thyssen-Bornemisza, Hans
Heinrich 17, 22, 27-30, 33,
57, 60, 73, 149 f., 154-170,
172-205, 207-212, 217, 219 f.

Thyssen-Bornemisza, Lorne 188,
195

Thyssen-Bornemisza de Kászon,
Margareta Baronin von 27,
149, 151, 161, 172, 192, 215

Thyssen-Bornemisza, Margareta
(Margit, Tochter von H.
Thyssen-Bornemisza) siehe
Batthyány, Gräfin Margareta
(Margit) von

Thyssen-Bornemisza, Simon 31,
210

Thyssen-Bornemisza, Stefan
167 f., 175

Thyssen-Bornemisza de Kászon,
Heinrich Baron von 17, 22,
27-30, 33, 43, 45 f., 49 ff.,
56 f., 67, 142, 149-156, 159,
161, 167-175, 178 f., 184,
192, 214 f., 217, 219

Thyssen Beteiligungsverwaltung
AG 137

Thyssen & Co. 34, 39, 50, 56,
111, 149, 214

Thyssen, Foussoul & Co.
(Bandeisenwalzwerk) 214

Thyssen-Krupp-Konzernarchiv 115

Thyssen Krupp Stahl AG (ThyssenKrupp) 11, 212, 220

Thyssen Schachtbau GmbH 137 f., 216

Thyssen Stahl AG 129, 137, 220

Thyssen-Bornemisza Group N. V. (TBG) 201, 203, 207, 209, 217

Tiepolo, Giovanni Battista 159

Tizian 170, 173

Tornabuoni, Giovanna degli Albizzi 163 f.

Tornabuoni, Lorenz 163

Treue, Wilhelm 7, 32, 36, 41

Turner Jr., Henry Ashby 117, 121

Uccello, Paolo 173

Ulmer, Professor 144

United States Steel Corporation 218

Vecchio, Palma 173

Velázquez, Rodriguez de Silva y V. 173

Vereinigte Stahlwerke 27, 49, 76, 79, 80, 86, 97, 111, 119, 143, 153 f., 217 ff.

Versailler Vertrag 91 ff.

Vertikalkonzern 16, 215

Villa Favorita 155 f., 159, 162, 168 f., 178

Villa Hügel 23, 30, 62-65, 69, 105

Vogelsang, Günter 135 f.

Vögler, Albert 87, 91

Vulkanwerft, Bremen 205

Warhol, Andy 174

Warmbreitbandstraße 131, 219

Watteau, Jean-Antoine 170

Wegener, Stephan 43, 55, 153

Weimarer Republik 87, 218

Weiss, Heinrich 209

Weltausstellung (Paris) 66

Weltwirtschaftskrise 93

Wesselmann, Tom 176

Wessels, Horst A. 63, 76, 160

Wheeler, Burton K. 118

Wiedenfeld (Wissenschaftler) 74 f.

Wilhelm I., Kaiser von Deutschland 73

Wilhelm II., Kaiser von Deutschland 24, 151

Winterhalder, Baron Guillermo 131

Wurmbrand-Stuppach, Graf Friedrich von 28

Wurmbrand-Stuppach, Gräfin Mignion von (geb. Berg-Thyssen) 28

Youngplan 92 f.

Zeche Friedrich Thyssen II/V 206, 215

Zeche Lohberg 217

Zichy, Graf Gabor de 28, 97, 100, 107, 112, 216, 218

Zichy-Thyssen, Gräfin Anita de 15, 18, 42, 81, 86, 97, 100, 107, 112, 114, 120 f., 126 ff., 131 f., 134-137, 141, 144 f., 177, 216, 218 f.

Zichy-Thyssen, Graf Claudio de 28, 121, 134-138, 216, 220

Zichy-Thyssen, Graf Frederico de 28, 100, 112, 121, 136 ff., 216, 220

Literatur

Monografien und Aufsätze

Arnst, Paul: *August Thyssen*. In: *Rheinisch-Westfälische Wirtschaftsbiographien, Band II*, Münster, 1937.

Bauert-Keetmann, Ingrid: *Deutsche Industriepioniere*, Tübingen, o. J.

Baumann, Carl-Friedrich: *August Thyssen – Ein Bürger Mülheims*. In: *Zeitschrift des Geschichtsvereins Mülheim a. d. Ruhr*, Heft 61, 1989.

Derselbe: *Fritz Thyssen und der Nationalsozialismus*. In: *Zeitschrift des Geschichtsvereins Mülheim a. d. Ruhr*, Heft 70, 1998.

Derselbe: *Schloss Landsberg und Thyssen*, Duisburg, 1995.

Baumann, Hans: *Männer und Mächte an Rhein und Ruhr*, München-Basel-Wien, 1973.

Bissinger, Edgar: *Männer und Mächte an Rhein und Ruhr*, Essen, 1951.

Buchstab, Günter: *Fritz Thyssen*. In: *Zeitgeschichte in Lebensbildern*, Bd. 9., Münster, 1999.

Däbritz, Walther: *August Thyssen*. In: *Stahl und Eisen*, Heft 32, 1942.

Ellscheid, Robert: *Fritz Thyssen – Sein Lebensweg*. In: *Rheinrohr*, Werkzeitung, März/April und Mai/Juni 1954, Duisburg.

Helmrich, Wilhelm: *August Thyssen, ein Unternehmer des Ruhrreviers*. In: *Tradition. Zeitschrift für Unternehmensgeschichte und Unternehmensbiographie*. Heft 3, 1958.

Huret, Jules: *In Deutschland, 1. Teil: Rheinland und Westfalen*, Leipzig-Berlin-Paris, 1907;

Derselbe: *Das Ruhrgebiet um 1900 – Zu Besuch bei Krupp und Thyssen*, Essen, 1998.

Kielinger, Thomas: *Amélie Thyssen*. In: Joachim Fest (Hrsg.): *Die großen Stifter*, Berlin, 1997.

Knopp, Gisbert: *Schloss Landsberg*, Duisburg, 1994.

Kösters, Hans G.: »… bis alles in Scherben fällt«. In: »essen – die stadt«, Essen, 1980.

Rasch, Manfred: *August Thyssen (1842 – 1926)*. In: Michael Fröhlich (Hrsg.): *Das Kaiserreich, Porträt einer Epoche in Biographien*, Darmstadt, 2001.

Derselbe: *Vom geplanten Bau eines Denkmals für August Thyssen in Hamborn*. In: *Duisburger Forschungen*, Band 45, Duisburg, 2000.

Reger, Erik: *Union der festen Hand*, Berlin 1931.

Rother, Thomas: *Gründer & Erben. Die großen Familien im Ruhrgebiet*, Bottrop, 1998.

Derselbe: *Die Krupps. Durch fünf Generationen Stahl*, Frankfurt am Main/New York, 2001

Tappe, Rudolf/Tietz, Manfred (Hrsg.): *Tatort Duisburg 1933 – 1945, Band II, Widerstand und Verfolgung im Nationalsozialismus*, Essen, 1993.

Thyssen, Fritz: *I Paid Hitler*, London, 1941. (Original-Impressum: by Fritz Thyssen – Published in association with Cooperation Publishing Co., Inc., New York)

Treue, Wilhelm: *Die Feuer verlöschen nie, August Thyssen-Hütte 1890 – 1926*, Düsseldorf und Wien, 1966;

Treue, Wilhelm / Uebbing, Helmut: *Die Feuer verlöschen nie, August Thyssen-Hütte 1926 – 1966*, Düsseldorf und Wien, 1969.

Turner Jr., Henry Ashby: *Fritz Thyssen and »I Paid Hitler «*. In: *Vierteljahreshefte für Zeitgeschichte*, Juli 1971.

Uebbing, Helmut: *Wege und Wegmarken – 100 Jahre Thyssen*, Berlin, 1991.

Walz, Eric: *Schwule Schurken*, Hamburg, 2002.

Wessel, Horst A. (Hrsg.): *Thyssen & Co. Mülheim a. d. Ruhr – Die Geschichte einer Familie und ihrer Unternehmung*, Stuttgart, 1991.

Winschuh, Josef: *Der alte August Thyssen*. In: *Die heitere Maske im ernsten Spiel*, Frankfurt am Main, 1960.

Fachperiodika, Quellen und Archive

Archiv der Westdeutschen Allgemeinen Zeitung, Essen.

Archiv der Neuen Ruhr- und Rhein-Zeitung, Essen.

Archiv und Bibliothek Kommunalverband Ruhrgebiet, Essen.

Gruner+Jahr Presse Datenbank, Hamburg.

interpresse archiv, Hamburg.

Katalog: *Landschaften von Brueghel bis Kandinsky, Die Ausstellung zu Ehren des Sammlers Hans Heinrich Baron Thyssen-Bornemisza*, Bonn, 2001.

Katalog: *Impressionisten und Post-Impressionisten aus sowjetischen Museen*, Lugano, 1987.

Niederrhein-Kammer, Zeitschrift der Niederrheinischen Industrie- und Handelskammer Duisburg, 1981, Nr. 4.

Munzinger-Archiv, Ravensburg.

Ruhrlandmuseum – Archiv Ernst Schmidt, Essen.

Schrift zum Festakt 100 Jahre Thyssen, 11. Juni 1991, Thyssen Aktiengesellschaft.

Spruchkammerverfahren gegen Dr. Fritz Thyssen in Königstein, Obertaunus, 1948, Hessisches Hauptstaatsarchiv, Wiesbaden: Verhandlungsprotokolle, 18. 8. 1948.

Stahl und Eisen, Zeitschrift für das deutsche Eisenhüttenwesen, 20. 5. 1926.

Thyssen – Porträt einer Unternehmensgruppe, Duisburg, 1976.

Thyssen Industrie AG – Porträt einer Unternehmensgruppe, Essen, o. J.

Thyssen Industrie AG – Organisation und Leistung, Essen, 1976.

ThyssenKrupp Konzernarchiv, Duisburg.

Zeitungen, Zeitschriften

Aktuelle: 27. 10. 1997/ 22. 6. 1998/ 23. 7. 2001

Art: 3-1985/ 3-1988/ 5-1988/ 1. 7. 1999

Berliner Morgenpost: 12. 4. 2001/ 8. 9. 2001

Bild: 16. 7. 2001/ 18. 7. 2001/ 29. 4. 2002/ 2.+3. 5. 2002

Bild am Sonntag: 15. 12. 1991

Bunte: 26. 9. 1985/ 20. 8. 1987/ 30. 4. 1997/ 29. 10. 1998/ 20. 5. 1999/ Nr. 11-2002

Capital: 9. 9. 1970

Das Neue Blatt: 28. 1. 1998

Daily Telegraph: 13. 10. 1999

Der Spiegel: 28. 8. 1948/ 17. 7. 1957/ Nr. 31-1960/ 15. 11. 1961/ 10. 7. 1963/ 4. 11. 1964/ 27. 7. 1970/ 12. 6. 1972/ 8. 6. 1987/ 2. 2. 1988/ 11. 4. 1988/ 16. 9. 1996/ 24. 3. 1997/ 16. 7. 2001

Deutsche Zeitung: 9. 11. 1973

Deutsche Volkszeitung/die tat: 26. 11. 1983

Die Welt: 9. 2. 1985/ 15. 7. 1986/ 2. 10. 1987/ 21. 1. 1988/ 4. 2. 1988/
 19. 3. 1988/ 7. 4. 1988/ 22. 2. 1997/ 26. 11. 1998/ 18. 9. 2001
Die Zeit: 30. 4. 1971/ 19. 3. 1972/ 22. 6. 1973/ 27. 3. 1987 (Magazin)/
 8. 1. 1988
Frankfurter Allgemeine Zeitung: 30. 7. 1960/ 2. 2. 1987/ 9. 4. 1987/
 18. 9. 1996/ 1. 11. 1997/ 18. 1. 2000/ 12. 4. 2001/ 4. 5. 2002
Frankfurter Rundschau: 12. 8. 1987/ 28. 6. 1988/ 1. 2. 1993
Frau mit Herz: 12. 1. 2000
Frau im Spiegel: 8. 1. 1998
Gala: 23. 6. 1999/ 18. 9. 1997
Gala France: 15. 8. 1996
Hamburger Abendblatt: 23. 10. 1987/ 15. 1. 1998
Handelsblatt: 22. 1. 1988,
Hello: 10. 9. 1994/ 16. 1. 2001
Independent: 22. 2. 2002
International Herald Tribune: 10. 11. 1984/ 10 10. 1992
Interpress: 3. 2. 1961
Kölner Express: 8. 5. 1999
L'Éxpress: 8. 7. 1983
Manager Magazin: 2-1985
Men's portfolio: 1. 10. 1997
Mülheimer Zeitung: 1. 4. 1922
Münchner Abendzeitung: 14. 12. 1967/ 17. 12. 1987/ 18. 1. 1993/
 11. 2. 1995/ 18. 12. 1999
Neue Zürcher Zeitung: 25. 12. 1976/ 10. 5. 1987/ 7. 7. 1987/
 15. 7. 1987/ 23. 4. 1988/ 23. 2. 1989
New York Times: 28. 5. 1982
Night and Day: 27. 6. 1999
Observer: 31. 7. 1988
Oh la!: 8. 1. 2001
Paris Match: 20. 1. 1998
Playboy: 4-1990
Point de Vue Image du Monde: 17. 10. 2001
Profil: 7. 11. 1988
Quick: 29. 5. 1985/ 11. 11. 1987,
Rheinischer Merkur: 5. 4. 1991/ 2. 10. 1992
Stern: 11. 10. 1973/ 20. 8. 1987/ 21. 1. 1988/ 18. 11. 1999
Stuttgarter Zeitung: 3. 10. 1987/ 12. 12. 1988
Süddeutsche Zeitung: 16. 3. 1985/ 16. 12. 1987/ 11. 9. 2001/
 24. 10. 2001

Sunday Times: 19. 6. 1988/ 3. 7. 1988
Tagesspiegel: 13. 6. 1999
The Economist: 19. 7. 1986/ 9. 5. 1987
The European: 4. 9. 1997/ 3. 5. 1991
Times: 26. 5. 1969/ 5. 8. 1986/ 16.+17. 3. 1988/13.+14. 6. 1988/
　　30. 6. 1988/ 23. 7. 1988/ 16. 2. 2002
Vanity Fair: 1-1989/ 1. 7. 1993/August 2002
Vorwärts: 16. 2. 1985
Weltkunst: 15. 6. 1985/ 15. 10. 1985/ 1. 11. 1988
Weltwoche: 9. 4. 1987/ 18. 2. 1988/ 24. 3. 1988/ 14. 4. 1988
Westdeutsche Allgemeine Zeitung: 18. 1. 1953/ 3. 4. 1998/ 24. 12. 1998/
　　8. 4. 2000/ 2. 5. 2002
Westdeutsche Zeitung: 27. 8. 1948
Wirtschaftswoche: 19. 11. 1998
Zürcher Woche: 9. 8. 1970

Danksagung

Bücher entstehen auch aus anderen Büchern. Den vielen Autoren, die sich um das Phänomen Thyssen, besonders um das des Firmengründers August, mühten, schulde ich Dank. Die Quellenlage für ein Persönlichkeitsbild des August Thyssen ist dürftig. Sie steht im Gegensatz zu jener über die Firma mit seinem Namen. Es ist, als habe der Alte dafür gesorgt, dass das Wenige über ihn das Geheimnisvolle um ihn vergrößert. Von besonderen Wert waren Hinweise von Dr. Manfred Rasch, Konzernarchiv ThyssenKrupp. Journalisten und Publizisten halfen mir beim Nachforschen: Stellvertretend nenne ich Ulrich Schilling-Strack, den Londoner Korrespondenten der *Westdeutschen Allgemeinen Zeitung* (Essen), und Ulrich Hinz, Westdeutscher Rundfunk Köln. Meine alten Freunde Theo Gaudig und Ernst Schmidt sind stets mit freundschaftlichem Rat hilfreich. Und Yolanda Rother gilt Dank für Übersetzungsarbeiten.

Thomas Rother, November 2002

Bildnachweise

Die angegebenen Ziffern beziehen sich auf die Seiten, auf denen die Bilder platziert sind.

dpa Frankfurt
123, 156, 164, 178, 186, 212

Ruhrlandmuseum Essen Archiv Ernst Schmidt
91

Archiv der ThyssenKrupp AG
25, 34, 35, 39, 45, 47, 53, 65, 75, 119, 127, 135, 206

Ullstein Bilderdienst
83, 101, 133, 150, 158

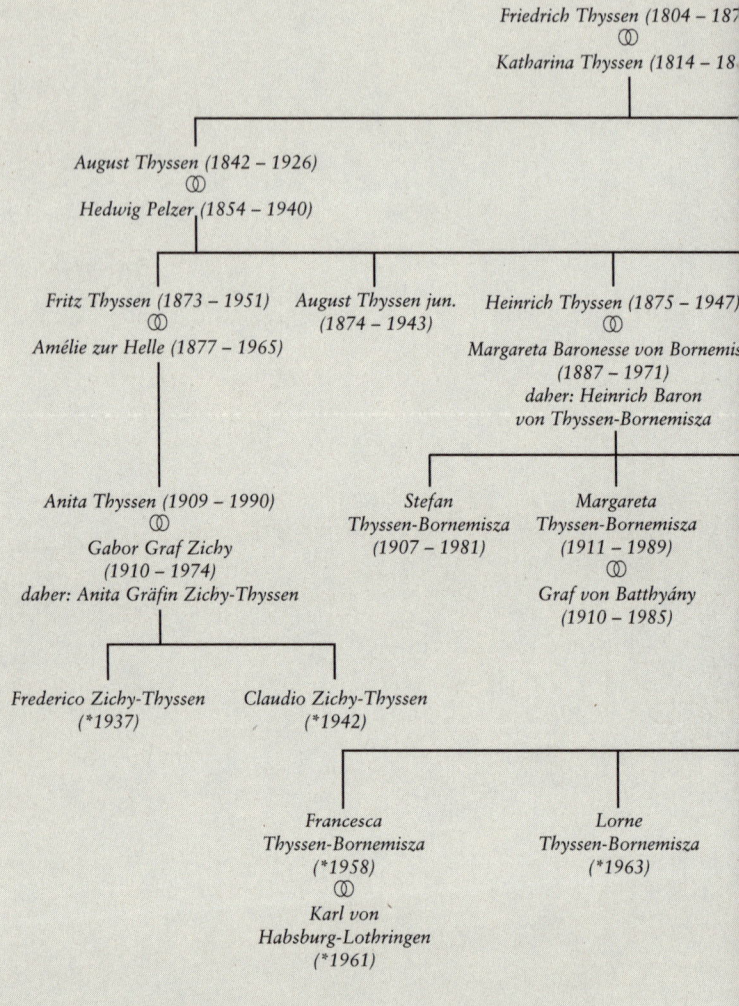

Friedrich Thyssen (1804 – 187
⊕
Katharina Thyssen (1814 – 18

August Thyssen (1842 – 1926)
⊕
Hedwig Pelzer (1854 – 1940)

Fritz Thyssen (1873 – 1951)
⊕
Amélie zur Helle (1877 – 1965)

August Thyssen jun.
(1874 – 1943)

Heinrich Thyssen (1875 – 1947)
⊕
Margareta Baronesse von Bornemis
(1887 – 1971)
daher: Heinrich Baron
von Thyssen-Bornemisza

Anita Thyssen (1909 – 1990)
⊕
Gabor Graf Zichy
(1910 – 1974)
daher: Anita Gräfin Zichy-Thyssen

Stefan
Thyssen-Bornemisza
(1907 – 1981)

Margareta
Thyssen-Bornemisza
(1911 – 1989)
⊕
Graf von Batthyány
(1910 – 1985)

Frederico Zichy-Thyssen
(*1937)

Claudio Zichy-Thyssen
(*1942)

Francesca
Thyssen-Bornemisza
(*1958)
⊕
Karl von
Habsburg-Lothringen
(*1961)

Lorne
Thyssen-Bornemisza
(*1963)

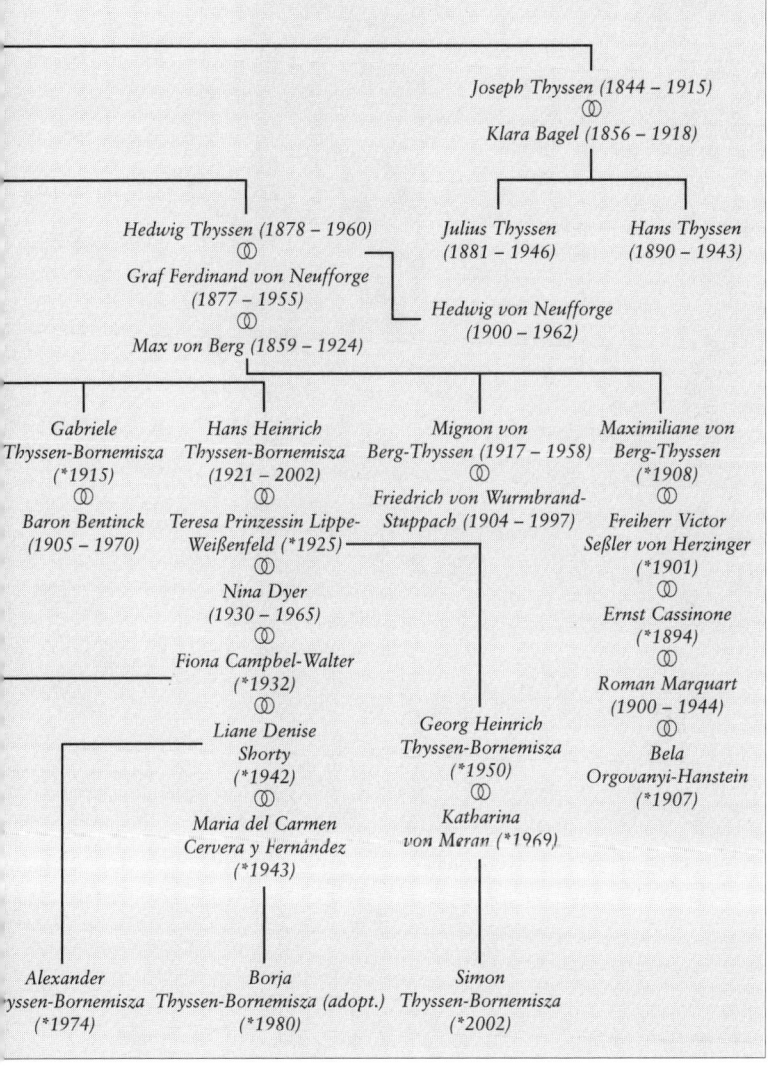

Joseph Thyssen (1844 – 1915)
⊗
Klara Bagel (1856 – 1918)

Hedwig Thyssen (1878 – 1960)
⊗
Graf Ferdinand von Neufforge
(1877 – 1955)
⊗
Max von Berg (1859 – 1924)

Julius Thyssen
(1881 – 1946)

Hans Thyssen
(1890 – 1943)

Hedwig von Neufforge
(1900 – 1962)

Gabriele
Thyssen-Bornemisza
(*1915)
⊗
Baron Bentinck
(1905 – 1970)

Hans Heinrich
Thyssen-Bornemisza
(1921 – 2002)
⊗
Teresa Prinzessin Lippe-
Weißenfeld (*1925)
⊗
Nina Dyer
(1930 – 1965)
⊗
Fiona Campbel-Walter
(*1932)
⊗
Liane Denise
Shorty
(*1942)
⊗
Maria del Carmen
Cervera y Fernández
(*1943)

Mignon von
Berg-Thyssen (1917 – 1958)
⊗
Friedrich von Wurmbrand-
Stuppach (1904 – 1997)

Maximiliane von
Berg-Thyssen
(*1908)
⊗
Freiherr Victor
Seßler von Herzinger
(*1901)
⊗
Ernst Cassinone
(*1894)
⊗
Roman Marquart
(1900 – 1944)
⊗
Bela
Orgovanyi-Hanstein
(*1907)

Georg Heinrich
Thyssen-Bornemisza
(*1950)
⊗
Katharina
von Meran (*1969)

Alexander
Thyssen-Bornemisza
(*1974)

Borja
Thyssen-Bornemisza (adopt.)
(*1980)

Simon
Thyssen-Bornemisza
(*2002)

Wolfgang Zdral
Die Hitlers
Die unbekannte Familie
des Führers
2005 · 257 Seiten · Gebunden
ISBN 3-593-37457-9

Familien-
geheimnisse

Adolf Hitler schuf den Mythos des Führers, der allein dem Volk angehört. Mit großem Aufwand und äußerst erfolgreich, verheimlichte und vertuschte er seine Verwandtschaft. Bis heute ist einer breiteren Öffentlichkeit nicht bekannt, wie die Angehörigen Adolf Hitlers vor, während und nach der Nazi-Herrschaft lebten. Wolfgang Zdral zeichnet die Chronik der ganzen Familie Hitler nach – vom nicht eindeutig nachweisbaren Großvater bis zum letzten lebenden Nachfahren, der noch den Geburtsnamen Hitler trägt und heute unter falschem Namen lebt.